郑永廷文集

郑永廷 ◎ 著

（第一卷）

中山大学出版社
SUN YAT-SEN UNIVERSITY PRESS

·广州·

图书在版编目（CIP）数据

郑永廷文集：共八卷／郑永廷著．—广州：中山大学出版社，2023.8
ISBN 978-7-306-07872-8

Ⅰ.①郑…　Ⅱ.①郑…　Ⅲ.①政治—中国—文集　Ⅳ.①D6-53

中国国家版本馆 CIP 数据核字（2023）第 143907 号

ZHENG YONGTING WENJI（DI-YI JUAN）

出　版　人：王天琪
策划编辑：嵇春霞　陈晓阳
责任编辑：陈晓阳
封面设计：曾　斌
责任校对：周昌华
责任技编：靳晓虹
出版发行：中山大学出版社
电　　话：编辑部 020-84110283，84113349，84111997，84110779，84110776
　　　　　发行部 020-84111998，84111981，84111160
地　　址：广州市新港西路 135 号
邮　　编：510275　　　　　传　真：020-84036565
网　　址：http://www.zsup.com.cn　　E-mail：zdcbs@mail.sysu.edu.cn
印　刷　者：恒美印务（广州）有限公司
规　　格：787mm×1092mm　　1/16
总 印 张：122 印张
总 字 数：2190 千字
版次印次：2023 年 8 月第 1 版　　2023 年 8 月第 1 次印刷
总 定 价：680.00 元（全八卷）

郑永廷（1944年6月25日—2021年7月19日） 男，湖北省仙桃市人，全国著名思想政治教育专家、原二级学科马克思主义理论与思想政治教育学科（现升级为马克思主义理论一级学科）创始人之一。1969年大学毕业后，先后在武汉大学和中山大学从事教学、研究和管理工作。曾经担任武汉大学党委副书记、中山大学党委常务副书记等职。曾任中山大学马克思主义学院教授，马克思主义理论一级学科、思想政治教育专业博士生导师，教育科学研究所所长，国家重点学科思想政治教育和教育部文科研究基地马克思主义哲学与中国现代化研究所学术带头人，正厅级巡视员。兼任全国高等学校思想政治教育研究会副会长及思想政治教育学术委员会主任，教育部思想政治理论课教学指导委员会副主任，全国教育科学规划领导小组德育组成员、思想政治教育学科建设组组长等职。同时还被清华大学、复旦大学等40余所院校聘为兼职教授，享受国务院政府特殊津贴。

郑永廷文集

编委会

张　静（河海大学马克思主义学院副院长、教授、博士生导师，博士）

张国启（华南理工大学马克思主义学院副院长、教授、博士生导师，博士）

刘社欣（华南理工大学马克思主义学院教授、博士生导师，博士）

程京武（暨南大学马克思主义学院院长、教授、博士生导师，博士）

荐志强（中山大学招生办公室主任，博士）

曾令辉（南宁师范大学马克思主义学院院长、教授、博士生导师，博士）

聂立清（河南师范大学党委宣传部部长、马克思主义学院教授、硕士生导师，博士）

柳恩铭（广州市天河区教育局局长，博士）

袁本新（广东财贸职业学院党委书记，暨南大学马克思主义学院教授、硕士生导师，博士）

孟源北（中共广州市委党校常务副校长、一级巡视员、教授，博士）

江传月（暨南大学马克思主义学院教授、硕士生导师，博士）

董伟武（广西师范大学马克思主义学院教授、硕士生导师，博士）

曹春梅（南宁师范大学马克思主义学院教授、硕士生导师，博士）

谢玉进（中央财经大学马克思主义学院副院长、教授、博士生导师，博士）

代玉启（浙江大学马克思主义学院副院长、教授、博士生导师，博士）

曹　群（番禺职业技术学院马克思主义学院院长、教授）

李雪如（广东药科大学马克思主义学院教授，博士）

曾　萍（广东药科大学马克思主义学院教授，博士）

朱白薇（广东药科大学马克思主义学院教授，博士）

唐元松（东莞理工大学马克思主义学院院长、教授，博士）

胡梅花（赣南师范大学马克思主义学院教授，博士）

张艳新（上海师范大学马克思主义学院教授、博士生导师，博士）

周　懿（华南师范大学马克思主义学院教授，博士）

张梅花（江西师范大学马克思主义学院教授，博士）

任志锋（东北师范大学马克思主义学院教授、博士生导师，博士）

郑永廷文集

　　郑永廷教授是思想政治教育学科的创始人之一。从学科的创办到今天的迅速发展，郑永廷教授做出了重要贡献。几十年来，郑永廷教授一直走在马克思主义理论学科、思想政治教育学科的前沿，发表了多篇学术论文，出版了多部著作和教材，培养了一大批优秀人才，奠定了思想政治教育学科的基本格局，为马克思主义理论一级学科建设做出了卓越贡献。

　　郑永廷教授一生成果非常丰富。其代表性著作有《现代思想道德教育理论与方法》、《社会主义意识形态研究》、《现代思想政治教育学》（合著）、《社会主义意识形态发展研究》、《政治观通论》、《人的现代化理论与实践》等；代表性教材有《思想政治教育方法论》《思想政治教育学原理》等；研究报告有《关于宗教迷信对高校学生的影响与对策研究》等；代表性论文有《论当代西方国家思想道德教育方法》《论思想道德教育发展的理论依据》《高校德育改革与德育在素质教育中的作用》《论现代高校的精神文化》《现代社会理想的功能发展》等，共240余篇；为中共中央宣传部、教育部提供研究报告6份；获国家级、省部级科研成果奖及教学成果奖12项。

　　《郑永廷文集》共8卷，收入文献节选自郑永廷教授已经出版和发表的部分重要著作，包括专著、教材、论文、研究报告、书评等。每一卷按照专题进行了适当分类：第一卷以思想政治教育为主题；第二卷以思想政治教育学科为主题；第三卷以意识形态为主题；第四卷以思想道德教育为主题；第五卷以德育前沿研究为主题；第六卷以精神文化、网络思想政治教育为主题；第七卷

1

以思想政治教育前沿研究、思想政治理论课研究为主题，并附有相关主题的书评；第八卷以人的现代化为主题。鉴于各卷间的体例问题，少数内容在卷间不可避免地存在交叉。文章不是按照发表时间顺序来排版的，而是按照研究问题的基本逻辑层层递进的。为了便于读者阅读，对相关内容做了必要的注释；为了体现文集的学术性，文献采取页下注释的方式；为了体现文献的时代性，对相关内容做了必要的节选、修改与补充。

《郑永廷文集》编辑委员会
2022 年 5 月

我与思想政治教育学科的不解之缘[*]

——《郑永廷文集》总序

郑永廷

在讲结缘经历与过程之前，先谈谈我参加思想政治教育学科建设之前的大致情况。1969 年，我毕业于武汉大学化学系，留校做了化学专业教师，兼做学生辅导员。不久，组织决定抽调我去给其他教师辅导马克思主义经典著作学习，并担任学生思想政治理论课教员，讲解《共产党宣言》《反杜林论》《唯物主义与经验批判主义》等著作，讲授辩证唯物主义与历史唯物主义课程。面对新的任务，我感到很茫然，不知从何入手。由于我们这代人长时间接受学校教育，具有较强的组织纪律性，于是，我接受组织安排，开始艰难地走入文科领域。我日夜苦读马克思主义经典著作，边学习，边备课，不自信地走上了讲台。不知是学生为了鼓励我，还是我花的功夫得到了回报，讲下来效果还不错，于是，我的信心增强了一些。接着，组织又决定安排我担任武汉大学团委书记兼宣传部副部长，随后担任宣传部部长、校党委副书记，分管学生工作、宣传工作和思想政治理论课教育，挑起了行政工作的担子。我不愿放弃教学、科研工作，而行政工作任务又繁重，"双肩挑"的压力比较大。不过，好在教学、科研和行政工作是相结合的，这为我走向思想政治教育学科奠定了理论与实践基础。我组织、参与思想政治教育学科建设，大致经历了以下四个阶段。

第一，创办思想政治教育专业阶段。1984 年，武汉大学招收了第一批思想政治教育专业的本科生。当时，专业课设置不明确，专业教材更是一本都没有，我们参与专业创办的教师面临很大的压力。我主动要求给这个专业的学生上专业课，但只能讲一些工作经验。现在回想起来，感觉对不起当时的学生。我们几位教师为了尽快改变这种状况，下决心开展研究，编写专业教材。经过一年多的努力，由我和另外两位教师主编的思想政治教育专业的第一部教材《思想政治教育方法论》于 1985 年在武汉大学出版社出版。

* 原载于《思想理论教育》2014 年第 3 期，收录本文集作为总序，有修改。

1986年，复旦大学陆庆壬教授主编的《思想政治教育学原理》在复旦大学出版社出版。教育部马上向创办思想政治教育专业的高校推荐了这两部教材。1999年，我和多所高校的教师一起参与修改了《思想政治教育方法论》，经教育部思想政治教育专业课程教材编写委员会审定，由高等教育出版社出版，并于2000年经修订再版。此外，我还与其他两位教师一起承担了《政治观概论》《比较思想政治教育》两部教材的编写任务。《政治观概论》于1991年由武汉大学出版社出版；《比较思想政治教育》由我提出编写提纲，后来我调离武汉大学，教材名称调整为《比较德育学》，于2000年由武汉大学出版社出版。

第二，建设思想政治教育教师队伍阶段。当思想政治教育专业的本科生教育有了一定基础并向社会输送了人才之后，教育部决定在一些有思想政治教育专业的院校开设第二学士学位班，以加快培养思想政治教育专业人才。这时，思想政治教育专业教师队伍的建设任务显得尤为突出：一方面要从其他专业调进教师，充实队伍；另一方面要稳定现有教师，通过教学、科研提高其专业水平。改革开放之初，各个专业的教师都比较缺乏，特别是具有高级职称的教师少，要吸引、稳定教师队伍，建设思想政治教育这样一个新学科，困难确实很大。为此，教育部决定直接由教育部组织思想政治教育学科进行首次高级职称评审。1985年，我有幸参加了评审，和其他院校的六位教师一起获得了思想政治教育副教授职称，开启了全国高校思想政治教育学科高级职称评聘的先河。紧接着，教育部、各省区市陆续开始评审思想政治教育学科教授职称。1987年，武汉大学思想政治教育学科获得硕士学位授予权，我也获得了硕士生导师资格，开始招收、培养思想政治教育专业硕士研究生。1992年，我向湖北省高级职称评审委员会、武汉大学申请了思想政治教育学科教授职称评聘并获得通过；同年，我被评为国家有突出贡献的专家，享受国务院政府特殊津贴。

第三，论证和申请学科博士学位点和国家重点学科阶段。进入20世纪90年代，思想政治教育专业已经招收、培养了几届硕士生。在教育部有关司领导的提议下，我与清华大学林泰教授、复旦大学陆庆壬教授、南开大学刘廷亚教授、华中师范大学张耀灿教授，于1992年至1994年进行了设置思想政治教育学科博士学位点的调研与论证，写出了论证报告，并上报了国务院学位委员会与教育部。国务院学位委员会与教育部的领导很重视，很快做出了肯定批复。1996年，全国高校进行各个学科硕士学位点、博士学位点评审，思想政治教育学科博士学位点评审启动。虽然我当时已调离武汉大学，但经教育部同意，我作为学术带头人参与了武汉大学思想政治教育学科博士学位点申报。那一年，中国人民大学、武汉大学、清华大学获得第一批马克思主义理论与思想政治教育学科博士学位授予权。1997年，我在武汉大学被遴选为博士生导师，接着在武汉大学，同时挂靠在中山大学马克思主义哲学专业博士学位点，分别招收了第一届博士生。

1993年，我由武汉大学调到中山大学任校党委副书记，仍然分管思想政治理论课教育。当时，中山大学思想政治教育专业停止了本科生招生，没有硕士学位点，思想政治理论课分散在各个院系，没有统一机构开展课程、队伍和学科建设。面对这种情况，我依靠组织，履行职责，坚信马克思主义在社会主义大学应当有自己的地位与尊严。我和教师们一起努力，终于把思想政治理论课教师队伍集中起来并成立了独立机构，动员、组织大家投入学科建设。1995年、1998年，我两次作为学术带头人，与其他教师一起申报硕士学位点、博士学位点并获得通过。2001年，我主持申报中山大学马克思主义理论与思想政治教育国家重点学科。最终，中山大学同中国人民大学、武汉大学一起，进入国家重点学科建设行列。

第四，参与大学生思想政治教育调研、文件起草与马克思主义理论学科论证阶段。2004年，我参加了中宣部、教育部、团中央关于大学生思想政治教育的调研与文件起草工作，与当时的教育部高等教育司副司长刘凤泰一起带队到广东省调查大学生思想政治教育状况，向中宣部、教育部、团中央提供了《广东省高校思想政治理论课教育教学调研报告》。经过调查研究，我分析了大学生思想政治教育存在问题的主要原因，在向领导汇报时，提出要将马克思主义理论与思想政治教育二级学科提升为一级学科，从提高高校思想政治教育的学术地位入手，解决大学生思想政治教育队伍不稳定、专业化与科学化不突出的问题；提出高校思想政治教育的概念范畴、队伍建设、基本条件要规范化并得到保证。这些建议受到了领导重视，并很快得到了解决。

2004年，中共中央、国务院颁发了《关于进一步加强和改进大学生思想政治教育的意见》，强调加强和改进大学生思想政治教育是一项重大而紧迫的战略任务，确定了加强和改进大学生思想政治教育的指导思想、基本原则、主要任务，明确提出"要加强思想政治教育学科建设，培养思想政治教育工作专门人才"。为了有效保证战略任务的完成，2005年，国务院学位委员会和教育部决定建立马克思主义理论一级学科并下设5个二级学科，我参加了一级学科和二级学科的学科定位、培养目标、课程设置的论证与文件起草，也参加了一级学科和二级学科的博士学位点、硕士学位点的第一次评审。

抓住马克思主义理论学科、思想政治教育学科发展的大好机遇，我主持了中山大学马克思主义理论一级学科博士学位点授权申报并获得通过。2007年，中国人民大学、中山大学、东北师范大学的思想政治教育学科被评为国家重点学科。至此，中山大学的思想政治教育学科、马克思主义理论学科用了10年左右的时间实现了从硕士学位点到博士后流动站、从一般学科到国家重点学科的发展。我招收了博士后研究人员，主持马克思主义理论学科和国家重点学科建设，取得了系列研究成果。

为了推进学科建设走在前列，我在担任行政工作期间，在尽职尽责做好行政工作的同时，始终坚持教学与研究不间断，即每学期要上一门思想政治理论课或专业课，要申请研究课题并取得成果。我之所以这样做，除了是为了夯实自身基础、增强教育教学效果、提高工作质量、避免成为"万金油"，也是为了更好地接近学生与教师，能够在业务、学术上同他们交流。

从参加学科创办到现在，我始终坚持科学研究不间断。我共招收和培养硕士研究生、博士研究生、高级访问学者和博士后130余名。要为他们提供指导，自身必须坚持学习与研究。近40年来，我承担国家级和省部级哲学社会科学重大、重点和一般课题20余项，出版学术专著20余部，主编出版教育部、全省高校统编教材15部，发表学术论文240余篇，为中宣部、教育部提供研究报告6份，获得国家级、省部级科研成果及教学成果奖12项。从开始研究到现在，科学研究是分层次进行的。

第一，研究从自己立题开始。我从理科走向文科，起初思想理论研究于我而言有一种神秘感，不敢面对。后来，我结合实际工作进行思考，有了一些想法，就把自己的思考写下来，开始进入粗浅的研究。我于1975年在团中央主办的刊物上发表了第一篇论文《社会工作与人才成长》，1983年由湖北人民出版社出版了我的第一部专著《在人才成长的摇篮里》，随后出版了《人际关系学》《毛泽东思想政治教育理论与实践》《广东高校德育改革与发展》。这些研究成果都是由我自己立题，与同事们一起合作研究取得的，没有项目与经费支持，其资源主要来源于我的理论学习和做思想政治教育工作的实践。

第二，申报课题，深化研究。随着学科建设的深入，我感觉自己立题研究受到限制，决心申报课题开展研究。我主持的第一个研究课题，是1991年至1993年国家教委青年干部科研基金项目"政治观理论与政治观教育研究"，主持的其他几项课题基本上是编写教材。从 20 世纪 90 年代初开始，我开始申报基础理论研究课题、综合研究课题，出版了《社会主义意识形态研究》《现代思想道德教育理论与方法》《粤港澳台高校德育比较研究》《社会主义意识形态发展研究》等专著。

第三，提高层次，突破难点研究。进入 21 世纪后，随着博士研究生数量的增加，培养质量面临挑战。教育部有关领导提醒我们，要深化研究，为博士研究生提供思想政治教育学科高质量的专著，提高他们的理论水平。领导的提醒，使我们认识到了思想政治教育学科的年轻，也认识到了我们学术的浅显。于是，我们几个较早投入学科建设的教师联合起来，开展思想政治教育学科重点、难点问题的攻关。由张耀灿教授和我主持，多个在高校长期从事思想政治教育的专家分别研究了思想政治教育的研究对象、范畴体系、本质、规律、价值、结构、客体、发展等重要问题，于 2001 年在人民出版社出版了《现代思想政治教育学》，并于 2006 年进行了修订再版。该书出版发行后，有 400 多所高校将其作为教材或参考教材，有思想政治教育硕士学位点、博士学位点的高校几乎都将其指定为必读书目或研究生考试的参考书目。

为了提高思想政治教育学科的理论层次，我比较注重从哲学层面研究思想政治教育的问题，诸如人的全面发展或人的现代化、人的精神生活、宗教与社会主义意识形态的关系问题，形成了《人的现代化理论与实践》《宗教影响与社会主义意识形态主导研究》《中国精神生活发展与规律研究》等专著。论文《思想政治教育发展的哲学思考》被发表在《社会主义研究》2001 年第 5 期，并由中国人民大学复印报刊资料《思想政治教育》2002 年第 1 期全文转载。这些研究成果在学界有比较大的影响。

第四，协同攻关，努力做出系列成果。在这一层面，主要是主持国家重点学科研究与重大课题研究。我分别主持中山大学国家重点学科建设项目"中国化马克思主义研究"、广东省哲学社会科学特别委托课题"新形势下大学生思想政治教育面临的'五个如何'新课题研究"、教育部人文社会科学重大项目"高等学校学生思想热点问题研究"、教育部哲学社会科学重大课题"高校辅导员队伍建设研究"、教育部哲学社会科学研究重大课题攻关项目"思想政治教育学原理"。这些项目研究形成的成果主要体现在由我主编的三套丛书中："当代高校德育研究丛书"，共 5 部专著；"中国化马克思主义丛书"，共 5 部专著；"高校辅导员专业化丛书"，共 12 部专著。

第五，加强研究，编写统编教材。由于思想政治教育的专业教材、思想政治理论课教材一般都是新教材，因而需要对体系、内容、观点开展系统、深入的研究。我主编了教育部统编教材《思想政治教育方法论》《大学生思想政治教育理论与实践》《大学生思想教育与管理比较研究》《思想道德修养》，广东省高校统编教材《邓小平理论与"三个代表"重要思想概论》《廉洁修身》，以及全国高校研究生思想政治理论课统编教材《中国化马克思主义发展概论》。

我坚持行政工作与教学科研"双肩挑"的时间比较长，关于怎么平衡的体会有三点：一是坚定马克思主义信仰；二是不舍弃对思想政治教育及其学科的价值认定；三是正确处理行政工作与教学科研的关系，学会交替运行。

第一点，坚定马克思主义信仰。我所担任的行政工作和所从事的学科建设工作，不仅要以马克思主义为指导，而且要运用马克思主义，特别是中国特色社会主义理论体系的内容。因而，坚定马克思主义信仰既是做学问的需要，又是做人的需要，还是力量的源泉。我平生最厌恶和最看不起的教育者，是表里不一、口是心非的人，这样的人用马克思主义谋利，而不是信仰马克思主义。

在建设思想政治教育学科的进程中，我们遭遇过不少冲击和挫折：改革开放之初的资产阶级自由化，直接冲击甚至否定思想政治教育；来自西方的各种社会思潮，在国内有些人的鼓动下，把矛头指向马克思主义；就是在思想政治教育学科范围内，也有个别人企图改变学科名称，或倾向于西方的实用主义教育，或倾向于宗教信仰。面对这些冲击，我没有动摇，并敢于与各种冲击进行抗争，坚信马克思主义。我认为，只要认定方向、不怕挫折，总会获得成功。

第二点，不舍弃对思想政治教育及其学科的价值认定。在参加工作之前，我是一个重理轻文的人，对思想政治教育没有什么兴趣。进入实际教学与工作后，我才慢慢找到一些感觉，有了一点成绩，产生了一定兴趣。我真正对思想政治教育产生热爱，是在1985年参加了南开大学召开的关于思想政治教育专业归属哪个一级学科的会议之后。那次到会的有马克思主义哲学、政治学、伦理学等学科的专家。会前，我以为其他学科的专家对思想政治教育专业不感兴趣，没想到在会上各位专家都争着要把思想政治教育专业归于自己所在的学科。我想，这些专家都是有见识的，对思想政治教育的价值十分肯定，他们不会一时冲动，这对我启发、触动很大。由此，我加深了对思想政治教育及其学科的认识，决心为建设思想政治教育学科做贡献。我认为，做任何事情只有用心实践、研究，有投入和成果，才会有认识、有感情，就怕三心二意、摇摆不定。

俗话说，兴趣是最好的老师。我对思想政治教育及其学科产生兴趣后，学习、研究的动力增强了，成果也多了起来，受到了领导的重视与同行的支持。从1985年至今①，我一直兼任全国高等学校思想政治教育研究会副会长；从2005年开始，兼任全国高等学校思想政治教育学术委员会主任；从1998年至今，兼任教育部思想政治理论课教学指导委员会第一届、第二届副主任委员和第三届顾问；从1986年到2000年，兼任思想政治教育学科建设组组长；此外，还兼任过全国教育科学规划领导小组德育组成员，广东高校思想政治教育研究会副会长、会长，以及50多所高校的特聘教授、兼职教授。这些学术兼职寄托着领导部门、同行学者对我的关心与期望，我只能加倍努力，履行职责，为学科建设做贡献，才能回报组织和同行们对我的信任。

第三点，正确处理行政工作与教学科研的关系，学会交替运行。在长时间"双肩挑"的过程中，行政工作是我的主要工作，我每天上班到岗，做好分管的工作。因此，我用于教学科研的时间，只能是休息时间和想办法挤出来的时间。长期以来，我把假期、晚上基本都用于学习和研究了。如果有人问我什么最宝贵，我会毫不犹豫地回答，时间最宝贵。

我长时间忙于行政工作和教学科研，家人担心我的承受力，同事们也问我累不累。我回答他们说，习惯了，不累，要是让我不做这些工作，我倒是感到累。他们问我什么原因，我说，马克思在讲到人的全面发展时说过："用那种把不同社会职能当作互相交替的活动方式的全面发展的个人，来代替只是承担一种社会局部职能的局部个人。"全面发展的人是高校的培养目标，我们做教育工作的人要带头。行政工作、教学工作和科学研究是高校的三项主要工作。我以一项工作为主，兼顾其他工作，进行交替，在理论上有根据，在实际中有例证。这是因为三项工作的思维方式、操作方式是不同的，当某一种工作的思维方式、操作方式在运转的时候，其他的思维方式、操作方式在休息。人交替履行不同职能，实际上处于既工作又休息的状态，使人感到充实而全面。人如果长时间单一发挥某种职能，倒是容易感到单调而疲倦。这种交替的关键是有履行职能的基础并及时进行职能转化。若是缺乏职能基础或是转化时间长，交替不同职能就会很困难。有了职能基础并能

---

① 本文集中的"至今"指文章最初发表的时间。——编者注

及时转化，就会交替自如从而形成习惯。

当代社会处于一切领域学科化和一切工作科学化的发展阶段。这一点在高校更为明显，即使是行政工作也面临着不断涌现新情况、新问题，人们的要求不断提高，挑战与机遇共存的复杂局面。不研究，不把问题从理论与实际相结合的高度讲清楚，不仅难以提高行政工作质量，而且容易与教师、学生相脱离。因此，我一直坚持行政工作和教学科研，就是为了适应高校的实际，适应当代社会发展的要求。

目录

中国共产党思想政治教育理论的创新与发展 ／ 1

毛泽东思想政治教育的目的论 ／ 13

毛泽东思想政治教育的基本途径 ／ 23

思想政治教育基础理论研究进展与综述 ／ 39

论思想政治教育的内涵、外延与规范 ／ 63

论思想政治教育的外延拓展与内涵拓展 ／ 73

论思想政治教育的本质及其发展 ／ 83

思想政治教育基本规律研究 ／ 89

思想政治教育视域的新拓展 ／ 97

思想政治教育加强和改进的哲学论域 ／ 99

思想政治教育重要现实问题的理论研究 ／ 103

论思想政治教育的发展及其特点 ／ 112

论思想政治教育方法的发展趋势 ／ 119

邓小平改革创新思想教育方法的贡献 ／ 124

论思想政治教育的文化功能及其发展 ／ 129

思想政治教育发展的哲学论域 ／ 135

论思想政治教育的实践性及当代价值 ／ 143

思想政治教育合力理论与实践研究 / 152

思想政治教育学原理的体系建构与深化研究 / 160

思想政治教育学原理研究的拓展与深化 / 169

论思想政治教育的资源优势 / 181

"四个全面"战略布局与思想政治教育创新发展 / 186

社会治理与思想政治教育的发展 / 194

学习十七大精神　推进高校思想政治教育研究与发展 / 204

以科学发展观为指导推进思想政治教育的改革与发展 / 215

学习贯彻党的十八大精神　加强和改进思想政治教育 / 222

中国共产党思想政治教育理论的创新与发展[*]

中国共产党自建立以来，始终坚持把马克思主义理论与中国实际相结合，创造了毛泽东思想、中国特色社会主义理论体系和习近平新时代中国特色社会主义思想，也创造了思想政治教育理论，使"社会主义和马克思主义在中国大地上焕发出勃勃生机，给人民带来更多福祉，使中华民族大踏步赶上时代前进潮流、迎来伟大复兴的光明前景"①。思想政治教育作为党动员群众、武装群众、鼓舞群众、凝聚群众的实践活动，在革命斗争和社会主义现代化建设的伟大实践中做出了重大贡献；在不断创新、改进中取得了丰硕的理论成果。

一、思想政治教育理论的形成与发展

中国共产党思想政治教育理论随着马克思主义理论与中国革命实际相结合的深化，随着中国革命发展的需要而不断创新和发展。

（一）第一次国内革命战争时期：思想政治教育理论探索

中国共产党从诞生之日起，就十分重视向广大工人、农民进行马克思主义理论宣传教育。党的第一次代表大会通过的第一个决议对理论宣传工作做出指示：全党要努力做好马克思主义的宣传工作，使更多的工人、知识分子以及各界群众接受马克思主义理论，投身到革命洪流中来。各地党组织根据决议精神，以办刊物、出版书籍、办学校、举行纪念活动等方式，广泛开展马克思主义的理论宣传教育活动，为革命做好思想准备。党的第二次代表大会发出宣言，动员中国三万万农民参加革命斗争，强调工农要实现联盟，才能保证革命的成功。党的第三次代表大会在确定和国民党建立革命统一战线的同时，把农民运动作为中国革命运动的重要组成部分，毛泽东在湖南发动并组织农民积极分子建立了秘密农会。随后，许多省开办了农民运动讲习

---

* 原载于《思想教育研究》2011 年第 6 期，收录时有修改。

① 《中国共产党第十七次全国代表大会文件汇编》，人民出版社 2007 年版，第 9 页。

1

所，培养、训练农民运动骨干，为创建农村革命根据地做出了重大贡献。

革命统一战线建立以后，国共合作建立了革命军队，党派周恩来、恽代英、邓小平等同志到黄埔军校、国民革命军和北方的国民军中建立政治工作制度，开设政治思想课程，提出思想政治教育的重要原则。诸如：革命军队必须建立政治工作，保证确立革命观念的思想；政治工作要以党的理论、主义、政策教育部队；宣传群众、组织群众是政治工作的基本任务和内容之一；政治工作人员要谦恭待人，讲究实际，以身作则；等等。这些探索为思想政治教育理论的形成奠定了基础。

（二）从南昌起义到古田会议：思想政治教育理论形成

1927年"八一"南昌起义标志着党走上了独立领导人民军队的革命道路。毛泽东领导的"三湾改编"第一次在军队中建立党组织，确立了党对军队的领导，在军队中实行民主制度，着力加强对士兵的教育。在井冈山根据地，毛泽东相继提出了工农红军的"三大任务"，规定了"三大纪律，六项注意"（后改为"三大纪律，八项注意"）。1929年，中国工农红军第四军召开党的第九次代表大会（即古田会议），通过了毛泽东的政治报告《中国共产党红军第四军第九次代表大会决议案》（又称"古田会议决议"）。古田会议决议总结了红军创建的基本经验，批判了各种错误思想，确定了红军的性质、宗旨与任务，阐明了军事与政治的关系和党对军队绝对领导的原则，创造性地提出了思想政治教育的原则、内容、方法，从而成为党和军队思想政治教育的纲领性文件，标志着党的思想政治教育理论的形成。

（三）从古田会议到抗日战争结束：思想政治教育理论成熟

古田会议后，毛泽东深入部队调查研究，总结出思想政治教育者要深入群众、体贴战士、以身作则、重视说服教育、发动群众自我教育等七条经验，丰富了思想政治教育理论。为了保证思想政治教育顺利进行，1930年，党中央制定了《中国工农红军政治工作暂行条例（草案）》，对红军政治工作的目的、任务以及各级政治机关、政治工作人员的职责做了明确规定，标志着思想政治教育朝着系统、规范的方向发展。在这一阶段，毛泽东发表了系列论著，为思想政治教育提供理论指导。同年，毛泽东针对当时党和红军中存在的教条主义问题，写下了《反对本本主义》，提出了"没有调查就没有发言权"的著名论断，确立了思想政治教育应当遵循实事求是、群众路线、独立自主的原则。1934年，毛泽东发表《关心群众生活，注意工作方法》一文，阐述了思想政治教育与解决实际问题相结合的原则。同年，在瑞金召开的红军第一次全国政治工作会议上，毛泽东提出了"政治工作是红军的生命线"的论断和"加强与改善政治教育工作"的原则。1937年，在《和英国记者贝特兰的谈话》中，毛泽东完整地提出了"官兵一致、军民一致、瓦解敌军"三大原则。1938年，毛泽东在《论持久战》中深刻论述了"能动性在战争中""战争和政治""抗日的政治动员""战争的目的""兵民是胜利之本"等重大问题，为思想政治教育奠定了深厚的理论基础。1941年至1942年，毛泽东写了《改造我们的学习》，做了《整顿党的作风》《反对党八股》的报告，在全党开展了反对主观主义以整顿学风，反对宗派主义以整顿党风，反对党八股以整顿文风的延安整风运动，广泛进行马克思主义教育，冲破了以王明为代表的教条主义的束缚，实现了思想解放与统一。毛泽东的这一系列文章、报告、讲话，内容系统，论述深刻，源于实践又指导实践，标志着党的思想政治教育理论的成熟。

1944年，红军总政治部负责人谭政运用党的思想政治教育理论，经中央书记处扩大会议讨论通过，在西北局高干会议上做了《关于军队政治工作的报告》（简称《报告》）。《报告》对我党我军从北伐战争到抗日战争历史阶段的思想政治教育进行了总结，系统提出了思想政治教育的理论、原则，是继古田会议决议之后关于思想政治教育的又一重要历史文献。

（四）从抗日战争胜利到中华人民共和国成立：思想政治教育理论的丰富与发展

在这一阶段，毛泽东在党的第七次代表大会上做了《论联合政府》的政治报告，明确提出"掌握思想教育，是团结全党进行伟大政治斗争的中心环节"，系统论述了理论和实际相结合、和人民群众紧密联系、批评与自我批评三大作风。这次代表大会所通过的党章，确立了毛泽东思想的指导地位，使思想政治教育的指导思想更加明确和统一。在艰苦的解放战争中，中国共产党广泛开展了立功运动、团结互助运动和以诉苦"三查"为中心内容的新式整军运动，极大地激发、鼓舞了军民的战斗热情。毛泽东还专门写了《评西北大捷兼论解放军的新式整军运动》一文，赞扬新式整军运动用群众路线的方式进行阶级教育与路线教育，创造了群众自我教育的新经验。中华人民共和国成立前夕，毛泽东在党的七届二中全会上高瞻远瞩地分析了中华人民共和国成立后的新形势，告诫全党要继续保持谦虚谨慎、不骄不躁、艰苦奋斗的作风，警惕资产阶级思想的侵袭，为建设新中国提出了思想要求。

这些新的思想对中华人民共和国成立后的思想政治教育具有重大指导意义。

（五）从中华人民共和国成立到"文化大革命"结束：思想政治教育理论在曲折中发展

中华人民共和国成立后，党在全国开展了土地改革、镇压反革命、抗美援朝、"三反"、"五反"和思想改造运动。在这些运动中，思想政治教育始终贯穿其中并保证运动的顺利进行，为国家政权的巩固提供了思想政治基础。1957年，毛泽东在最高国务会议第十一次扩大会议上做了《关于正确处理人民内部矛盾的问题》的讲话，提出了社会主义时期思想政治教育的目标、任务、内容与方针，强调解决人民内部的思想问题"只能用民主的方法去解决，只能用讨论的方法、批评的方法、说服教育的方法去解决，而不能用强制的、压服的方法去解决"①。这为社会主义时期思想政治教育奠定了理论基础。

1957年到1966年，是我国开始建设社会主义的十年。在这十年中，思想政治教育既有发展，也有失误。1958年，毛泽东在《工作方法六十条（草案）》中论述了政治与经济、政治与技术的统一，强调了"思想工作和政治工作，是完成经济工作和技术工作的保证"。在国民经济调整时期，党为了克服困难，开展了忆苦思甜、学习延安精神、缅怀革命先烈的教育活动；从1963年开始广泛开展学习雷锋的活动，有效推进了社会的进步与发展。

但由于这段时期受党在指导思想上"左"的影响，我国形成了反右斗争扩大化、"大跃进"、反右倾斗争以及"四清"运动的错误，特别是"文化大革命"的全局性错误，不仅使我国社会主义建设遭受巨大损失，而且损害了思想政治教育的威信与形象。

总之，我党成立之后，坚持以马克思主义为指导，在革命斗争中致力于思想政治教育的理论创造，把千百万工人、农民转化为无产阶级革命者，并把他们凝聚起来，终于以"小米加步枪"打败了国民党"飞机加大炮"，赢得了中国的独立与解放。中华人民共和国成立以后，党围绕巩固政权、建设国家这个中心任务，通过思想政治教育，引导全国各族人民统一思想、自力更生、艰苦奋斗，顺利完成了社会主义改造的基本任务，迅速改变了社会的落后面貌，使一个欣欣向荣的社会主义新中国屹立于世界东方。

---

① 《毛泽东文集》第7卷，人民出版社1999年版，第209页。

二、新时期思想政治教育理论的创新与发展

(一) 思想政治教育指导理论的创新与发展

新时期创立的中国特色社会主义理论体系，是思想政治教育的指导理论。这一理论的三方面内容对思想政治教育的指导尤为突出。

1. 党的思想路线的发展与指导

中国特色社会主义道路的历史起点和中国特色社会主义理论的逻辑起点，是党的解放思想、实事求是、与时俱进思想路线的重新确立与发展。

毛泽东提出的实事求是思想路线曾在我国革命与建设中发挥了巨大作用。但在"文革"中受到极"左"思想和教条主义的冲击，没有得到很好的坚持。邓小平拨乱反正，重新恢复并确立了"解放思想，实事求是"的思想路线，强调解放思想就是要求运用马克思主义的立场、观点、方法研究新情况、解决新问题；就是要从教条主义、错误的观念和"左"的思想束缚中解放出来，努力开拓进取；就是要在尊重科学、尊重客观规律的基础上，充分发挥人的主观能动性。邓小平把解放思想与实事求是统一起来，发展了党的思想路线的理论内涵。面对激烈的国际竞争和国内的快速发展，党的第三代领导集体提出了"与时俱进""开拓创新"的思想，强调"与时俱进，就是党的全部理论和工作要体现时代性，把握规律性，富于创造性"①。胡锦涛在党的十七大报告中强调："坚持解放思想、实事求是、与时俱进，勇于变革、勇于创新，永不僵化、永不停滞，不为任何风险所惧，不被任何干扰所惑，使中国特色社会主义道路越走越宽广，让当代中国马克思主义放射出更加灿烂的真理光芒。"② 这些论述都是在新形势下对党的思想路线内容的丰富。

党的思想路线在改革开放中的重新确立和发展的过程，是全党、全社会思想政治教育深入发展的过程，是激发全国各族人民的积极性与创造性、增强社会发展动力与活力的过程。思想政治教育根据"一切从实际出发""理论联系实际"的要求，冲破"左"的思想束缚，改变"假、大、空"的状态，实现了面向现代化、面向世界、面向未来和贴近实际、贴近生活的转变，不断增强针对性与实效性；按照尊重人民群众的社会实践和首创精神的

---

① 《江泽民文选》第 3 卷，人民出版社 2006 年版，第 537 页。
② 《胡锦涛文选》第 2 卷，人民出版社 2016 年版，第 621 页。

要求，思想政治教育克服"唯书""唯上"的教条主义倾向，确立以人为本的教育理念，促进人的全面发展，有效为社会主义现代化建设培养人才；遵循与时俱进、开拓创新的要求，思想政治教育坚持科学性与价值性相统一的原则，不断研究新情况、新问题，创立、发展新学科，探索思想政治教育新理论与新方法，赋予思想政治教育时代性与说服力。

2. 党的基本路线的创新与指导

党在社会主义初级阶段的基本路线以社会主义初级阶段理论、社会主义本质理论为指导，在改革开放和社会主义现代化建设实践基础上创立和发展。

党的十一届三中全会做出把工作重点转移到经济建设上来的决策，确定了改革开放的总方针。党的十二大提出了党在新时期的总任务，描绘了基本路线的清晰轮廓。党的十三大对社会主义初级阶段的基本路线做出明确概括："领导和团结全国各族人民，以经济建设为中心，坚持四项基本原则，坚持改革开放，自力更生，艰苦创业，为把我国建设成为富强、民主、文明的社会主义现代化国家而奋斗。"①党的十四大将基本路线载入党章，成为全党统一的行动纲领。党的十六大强调党的基本路线和基本纲领是各项工作的根本指针。党的十七大在基本路线的奋斗目标中增加了"和谐"目标。党的基本路线内容不断丰富，目标不断明确，指导作用不断加强。

党的基本路线是我们武装群众、动员群众、组织群众的理论武器，是新时期思想政治教育最根本的指导思想。首先，党的基本路线为思想政治教育确立了根本目标，即建设富强民主文明和谐的社会主义现代化国家。这一目标集中体现了我国最广大人民群众的根本利益和愿望，是凝聚、激励广大人民不懈奋斗的精神源泉。其次，党的基本路线所强调的以经济建设为中心，是党代表先进生产力发展要求的标志，是我国社会主义现代化建设的基础与前提。因此，思想政治教育要围绕党的中心工作，把促进科教兴国、人才强国和可持续发展战略的实施，提高人的思想道德素质与科学文化素质作为发展生产力的根本任务。再次，党的基本路线提出的"两个基本点"，为思想政治教育确定了基本内容。四项基本原则是立国之本，是中国特色社会主义现代化建设的政治前提与根本保证；改革开放是强国之路。坚持四项基本原则和坚持改革开放，既是理论教育的基本内容，又是实践教育的生动教材。最后，党的基本路线所要求的自力更生、艰苦创业，为思想政治教育弘扬中华民族优良传统、振奋民族精神，以主人翁的姿态推进中国特色社会主义伟

---

① 《江泽民文选》第 1 卷，人民出版社 2006 年版，第 69 页。

大事业发展提供了力量源泉。

3. 社会主义核心价值体系的确立与指导

社会的核心价值体系是社会的灵魂与旗帜。一个社会如果没有明确的核心价值体系，这个社会是难以维系和发展的。因而，坚持社会核心价值主导、开展价值观教育，成为各国高度重视的问题。

我国社会主义市场经济体制的形成，赋予了社会主体与个体自主权利；实行对外开放形成了多元文化并存的格局。在这样的客观条件下，社会主体与个体由于获取利益的目的、条件、方式发生了变化，因而，在价值取向与获取利益上呈现出多样化与差异性。对不同性质、不同层次的价值取向，只有进行正确引导、坚持社会主义价值主导，才能建设安定团结的和谐社会。从邓小平在党的十二大第一次提出"建设有中国特色社会主义"的命题，到党的十三大、十四大建设中国特色社会主义理论和全民族建设中国特色社会主义的共同理想的确立，再到社会主义荣辱观的提出，都为社会主义核心价值体系的形成奠定了基础。在党的十六届六中全会上，党中央将改革开放以来引领、主导我国社会价值取向的思想、理论进行了综合，形成了社会主义核心价值体系，并强调要"坚持把社会主义核心价值体系融入国民教育和精神文明建设全过程、贯穿现代化建设各方面"①。

社会主义核心价值体系之所以丰富和发展了思想政治教育的指导理论，是由其丰富的内涵和为人民服务的价值追求、实现共同富裕的价值目标、坚持"三个有利于"的价值标准、集体主义的价值原则所决定的。马克思主义指导思想作为社会主义核心价值体系的灵魂，是我们党和国家的根本指导思想，理所当然地决定了思想政治教育的性质、目标与准则。中国特色社会主义共同理想是社会主义核心价值体系的主题，是全国各族人民追求的共同目标，是新时期理想信念教育的核心。民族精神和时代精神是社会主义核心价值体系的精髓，为我国社会发展提供了强大动力，是开展爱国主义教育、改革创新教育的指南。社会主义荣辱观作为社会主义核心价值体系的基础，要对全体社会成员进行思想教育，提高其道德修养，是思想道德素质的准则。因此，社会主义核心价值体系四个方面的内容既是思想政治教育的指导思想，又是思想政治教育的内容。四个方面相互联系、相互贯通、相互促进，是主导我国社会价值取向的统一整体。

---

① 中共中央文献研究室：《十六大以来重要文献选编》（下），中央文献出版社 2008 年版，第713 页。

（二）思想政治教育理论内容的丰富与发展

新时期思想政治教育理论内容的丰富与发展，既表现为继承我国优秀传统文化、借鉴国外有益文化、吸收各个学科最新研究成果，又表现为中国特色社会主义理论的发展。

1. 学习、培训、教育内容的发展

党的十一届三中全会以后，我国冲破"左"的思想束缚，开展真理标准大讨论，进行政治思想上的拨乱反正，引导各族人民认识时代新特征，在改革开放实践中明确方向、统一认识。这是一次广泛、深刻的思想政治教育活动。面对改革开放新形势和社会转折的复杂局面，邓小平强调，要坚持马克思列宁主义、毛泽东思想[①]。"我们现在要建设有中国特色的社会主义，时代和任务不同了，要学习的新知识确实很多，这就要求我们努力针对新的实际，掌握马克思主义基本理论。……从而加强我们工作中的原则性、系统性、预见性和创造性。"[②]

随着改革开放的深化和中国特色社会主义理论的发展，党中央根据我国实践发展的需要，及时编辑出版了《邓小平文选》第三卷，增订再版了第一卷、第二卷，连续举办省部级主要领导干部学习《邓小平文选》第三卷研讨班，印发《邓小平同志建设有中国特色社会主义理论学习纲要》。此后，又分别发行了《邓小平经济理论学习纲要》《邓小平党的建设理论学习纲要》《邓小平新时期军队建设思想学习纲要》《邓小平教育思想学习纲要》《邓小平科技思想学习纲要》等，全国各地成立了邓小平理论研究基地、研究中心、研究会等，广泛开展了针对邓小平理论的学习活动。1998年，中央专门发出了《关于在全党深入学习邓小平理论的通知》，进一步部署在全党兴起学习邓小平理论新高潮；同年，中央在县级以上领导干部中普遍开展了以讲学习、讲政治、讲正气为主要内容的教育活动。2002年，党的十六大把"三个代表"重要思想确定为党的指导思想后，学习、宣讲"三个代表"重要思想的活动在全国广泛展开，中共中央政治局带头坚持集体学习，形成制度，给全党加强理论学习、研究新问题做出示范。科学发展观的学习、贯彻活动，更是有组织、有计划地在全国各条战线深入开展。

总之，自改革开放以来，各级党政组织以集中学习、集体学习的方式，各

---

① 《邓小平文选》第2卷，人民出版社1994年版，第39页。
② 《邓小平文选》第3卷，人民出版社1993年版，第147页。

个研究基地、研究中心、研究会以召开学术研讨会的方式，各基层单位、群众团体以宣讲会、报告会的方式，广泛深入地开展了中国特色社会主义理论学习、教育活动，并形成了制度，这是新时期加强思想政治教育的成功经验。

2. 学校思想政治理论教育内容的更新

1978 年高校恢复招生之后，教育部下发了恢复高校思想政治理论课教学的文件，马克思主义理论课程相继开设。1985 年，中共中央发出《关于进一步改革学校思想品德和政治理论课教学的通知》，在强调对学生进行马克思主义基本理论、中国革命史教育的同时，要"进行中国社会主义建设和改革的理论、政策和实际知识的教育"。1987 年，国家教委在高校增加了"中国社会主义建设"课程，要求开设"法律基础""大学生思想修养"课程。这些课程的主要内容是新时期改革开放的理论成果。1995 年，国家教委发布《关于高校马克思主义理论课和思想品德课教学改革的若干意见》，强调思想政治理论课教学要以邓小平建设有中国特色社会主义理论为中心内容。党的十五大把邓小平理论确定为党的指导思想之后，高校迅速推进邓小平理论进课堂、进教材、进学生头脑的工作。1998 年，经党中央批准，开设"毛泽东思想概论"与"邓小平理论概论"课程，突出了邓小平理论在思想政治理论课教学中的地位。2004 年，中共中央、国务院颁发《关于进一步加强和改进大学生思想政治教育的意见》，对高校思想政治理论课建设和改革做出重大决策，决定在高校开设"马克思主义基本原理概论""毛泽东思想和中国特色社会主义理论体系概论""中国近现代史纲要"和"思想道德修养与法律基础"课程，实现了理论综合，使理论教育更加全面、系统。

总之，自改革开放以来，我国各级、各类学校特别是高等学校，采取统一编写教材、建立实践教育基地、运用课堂教学主导的方式，不断改进思想政治理论课教学的内容与方法，使理论教育与改革开放、中国特色社会主义现代化建设实践紧密结合，有效促进了广大学生的全面发展。

三、思想政治教育学科理论的探索与发展

思想政治教育学科是在思想政治教育实践和党所创造的思想政治教育理论的基础上，在改革开放过程中创立和发展起来的新兴学科，是思想政治教育走向科学化的标志。该学科研究思想政治教育的目的、内容、原则与方法，揭示其本质与规律，形成了学科的理论体系，涌现出一大批理论成果。

这些新的理论成果突出表现在以下四个方面。

(一) 坚持面向世界与立足民族发展相统一，发展爱国主义教育

经济全球化大潮和社会信息化的推进，冲破了国家封闭发展的局限，使对外开放、面向世界发展成为客观趋势。民族发展是世界各国为了维护国家主权和民族文化，立足本民族发展的过程和状态。西方发达国家凭借其强大的科学技术和经济实力，向发展中国家输出价值观、推行文化霸权、干涉内政，对我国社会发展造成影响与冲击。

坚持面向世界与立足民族发展，往往会在思想领域产生矛盾，既存在模糊民族界限、淡化国家意识和片面强调与世界接轨的倾向，也存在思想观念封闭、忽视面向世界的狭隘民族主义倾向。这两种倾向既不利于我国社会发展，也不利于个人进步。为此，思想政治教育学科必须根据当代社会发展趋势，研究面向世界和立足民族发展的辩证关系，探索适应开放环境与信息社会的爱国主义教育，引导人们确立既面向世界又立足民族发展的思想，高扬爱国主义、社会主义、集体主义主旋律。

坚持面向世界和立足民族发展的统一，既揭示了经济全球化发展趋势与民族化发展要求相互依存的内在联系，也体现了我国基本国情的客观需要。中国是发展中的社会主义大国，在当今世界只有实行对外开放，融入经济全球化大潮，学习别国经验，借鉴有益成果，才能尽快发展自己。但中国又始终是西方国家企图改变其性质的主要对象，是西方国家进行思想渗透的重点。为此，思想政治教育学科必须正视矛盾、面对现实，研究当代社会培育爱国主义精神、坚定社会主义信念的特点与规律，以增强人们对各种思潮的识别能力和选择能力。回避经济全球化或忽视民族发展都会导致思想政治教育走向片面与错误的境地。

(二) 坚持主导性与多样性辩证，发展共同理想教育

随着开放的扩大和国外文化的涌入，以及我国古代传统文化的发掘，多样文化、多样价值取向在社会生活中呈现出来。社会竞争的加剧和人们主体性的增强，不仅迅速推进了经济、文化、社会组织、生活方式的多样化发展，而且促进了人们的个性化发展。面对多样化发展的客观现实，思想政治教育要不要坚持主导性、如何坚持主导性便成为思想政治教育学科必须研究的重要理论与实践课题。

主导性与多样性相结合，实际上是普遍性与特殊性的辩证。多样、丰富既

郑永廷文集（第一卷）

ZHENG YONGTING WENJI (DI-YI JUAN)

是现代社会发展的标志，也是人们发展的愿望。在多样化发展进程中，为了实现发展的协调与和谐，必须坚持主导性。所谓主导性，就是民族国家发展的方向性与规定性在不同层面体现的不同要求。在经济层面要坚持市场体制和经济全球化发展中的国家政治主导，在文化层面要坚持对外开放和多元文化激荡中的民族文化主导，在科技层面要坚持科技发展和社会信息化条件下的人本主导，在社会层面要坚持社会多样化和个体特色化发展的社会主义核心价值体系主导。多样化发展只有遵循国家发展的方向与规范，才能明确发展目标，得到发展保证；主导性只有以多样化发展为基础，才能实现主导价值。

应当看到，在思想政治教育过程中，在人们的目标确立与行为规范上，主导性与多样性之间往往存在矛盾，如在理论教育中重书本、轻实践的教条主义倾向，在实际教育中忽视马克思主义理论指导的经验主义倾向，在各种教育内容选择过程中忽视主旋律教育的"边缘化"倾向；有些人不同程度存在的政治信仰迷茫、理想信念模糊、价值取向扭曲倾向等，都是主导性与多样性相脱离的表现。为此，思想政治教育学科必须按照主导性与多样性相结合的原则，研究和发展共同理想教育。

理想是人们的世界观、人生观和价值观在奋斗目标上的集中体现，是建立在实践基础上的、具有神圣性和崇高性的价值追求。我国人民的共同理想就是建设中国特色社会主义。只有紧密联系不同领域、不同工作实际，结合个人的思想实际与个性特点，深入研究共同理想与人们的现实、具体利益的内在关联，帮助人们实现由自发发展向自觉发展的转变和超越，认识共同理想所体现价值的长远性、全局性与根本性，共同理想才能树立起来。脱离人们的多样化发展实际，空讲理想信念，主导性是难以对多样性发挥作用的。因此，发展共同理想教育就是要以多样化发展为基础，引导人们正确认识我国社会发展规律和目标，明确社会责任，坚定理想信念，并不懈地为实现共同理想而奋斗。

（三）坚持主体性与社会化相结合，发展道德法制教育

社会主义市场经济体制的建立，改变了计划经济体制下人的依赖性，增强了人的自主性与竞争性，这是我国社会的一个巨大进步。同时，市场经济具有高度社会化特征，它要求人们遵循竞争规则，遵守法纪，注重道德和诚信。因此，坚持提高人的主体性与发展社会化相结合，既是市场体制的客观要求，也是人的发展所需。

但是，在适应和推进市场经济发展过程中，有些人只注重市场经济体制

所赋予的自主性与竞争性，忽视市场经济体制所要求的社会化与合作性，并错误地认为自主性就是个人的完全独立与自由，由此走向了本位主义。我们既要认识市场经济是社会化程度很高的经济形态，又要认识我国实行的是社会主义市场经济体制，它不仅反映市场经济体制社会化的一般要求，而且包含社会主义所强调的集体性、全局性的深刻内涵。因此，在社会主义市场经济体制下，人们既要发展自主性、独立性、竞争性，又要发展社会化、合作性、集体性。所谓发展社会化、合作性、集体性，就是要认同、接受社会主义市场经济体制下的政治、法制、道德规范，并按照规范融入社会生活，增强集体意识，提高合作能力。如果只注重市场经济的自主性、竞争性，忽视社会化、合作性，必定走向个人本位、个人中心，甚至导致新的自我封闭。

为此，思想政治教育学科要按照增强主体性和发展社会化相结合的思路，既要研究如何强化自主性、竞争性教育，以提高人们的自身素质，又要研究如何强化社会化、合作性教育，用法制、道德规范行为。这是新形势下人的全面发展不可分割的内容，也是法制、道德教育必须遵循的辩证关系，是个体自主性增强和社会主义所强调的集体性、全局性内在关联在新的历史条件下的深化。

（四）坚持现实性与虚拟性相依存，发展网络思想教育

互联网的快速发展开辟了虚拟空间，形成了与现实社会既相衔接又有区别的虚拟社会。虚拟社会作为信息传播、交流的"集散地"，信息选择、整合的"优化场"，关系调节、时空运筹的"新空间"，可以提供丰富的学习资源，扩大人们的知识视野和交往空间，优化个体与群体的发展方式。因此，虚拟社会既是人的本质力量的体现，又为人的全面发展提供了新平台。由此，思想政治教育也面临着现实领域与虚拟领域的交接问题。从理论上讲，现实是虚拟的前提与基础，虚拟是现实的拓展与延伸，两者相辅相成地联系在一起。但是，现实生活中的情况往往不是那么简单，在把握两者关系上出现了许多新问题。一是对虚拟社会的认识与把握不足，其结果是信息来源、选择、发展空间受到阻碍，脱离虚拟实践，视野、思维跟不上形势，显得被动与传统。二是对虚拟社会依赖过度，表现为"网瘾""网迷""网虫"，其结果是主体性消解，淡化现实关系，视野、思维陷于虚拟，与现实社会发生矛盾，甚至出现反社会行为。为此，思想政治教育学科必须针对这些新问题，研究人的现实性发展与虚拟性发展的关系，研究虚拟社会的发展规则、道德与人的心理，为人们开辟和发展网络思想政治教育新平台。

毛泽东思想政治教育的目的论[*]

　　思想政治教育是一项目的性和方向性很强的工作。每一项教育活动不仅要符合总的目标要求，而且要围绕直接目的进行。思想政治教育的对象是人，它要探讨支配人们行动的各种思想动机的形成和变化规律，研究对现实社会的人进行思想政治教育的目的、内容、形式和方法，并组织实施对人的思想政治教育过程，这项工作因为具有党性强、针对性强的明显特点，本身必定带有明确的目的性。

　　不论是在革命战争年代，还是在社会主义建设时期，毛泽东都十分强调思想政治教育的目的性。在新民主主义革命过程中，毛泽东经常教育广大党员和干部要做"一个自觉的忠诚的共产主义者"，为新民主主义革命，为将来的社会主义和共产主义而奋斗到底。他说："每个共产党员入党的时候，心目中就要悬着为现在的新民主主义革命而奋斗和为将来的社会主义和共产主义而奋斗这样两个明确的目标，而不顾那些共产主义敌人的无知的和卑劣的敌视、污蔑、谩骂或讥笑。"① 所以，在民主革命时期，共产党员向往共产主义的大目标，就要忠诚于民主主义革命，并为这个目标而奋斗。任何一个共产党人及其支持者，如果不为这个目标而奋斗，如果看不起这个民主革命而对它稍许放松，稍许怠工，稍许表现不忠诚、不热情，不准备付出自己的鲜血和生命，而空谈什么社会主义和共产主义，那就是有意无意地、或多或少地背叛社会主义和共产主义，就不是一个自觉的和忠诚的共产主义者。毛泽东同时又强调，我们的最终目标和长远利益是实现社会主义和共产主义，"现在的努力是朝着将来的大目标的，失掉这个大目标，就不是共产党员了。然而放松今日的努力，也就不是共产党员"②。

　　在社会主义时期，毛泽东更强调要把远大理想与现实努力结合起来。他既批评了"好象什么政治，什么祖国的前途、人类的理想，都没有关心的必要"的倾向，也批评了有些青年放松现实努力，以为可以不费气力享受

　　* 原载于《毛泽东思想政治教育的理论与实践》，武汉大学出版社1993年版，收录时有修改。
　　① 《毛泽东选集》第3卷，人民出版社1991年版，第1059页。
　　② 《毛泽东选集》第1卷，人民出版社1991年版，第276页。

现成幸福生活的不实际想法，指出："社会主义制度的建立给我们开辟了一条到达理想境界的道路，而理想境界的实现还要靠我们的辛勤劳动。"① 因此，毛泽东要求广大共产党员和干部要具有无产阶级的彻底革命精神，不为名，不为利，不怕死，一心为革命，一心为人民，完全彻底地为中国人民和世界人民服务，对革命无限忠诚，为人民鞠躬尽瘁。

由此可见，毛泽东总是把思想政治教育的目标，同革命和建设的目的融为一体，把最终的远大目标和现实的直接目标结合在一起，这就是毛泽东提出的目标模式。

一、思想政治教育的直接目的

在各个不同的历史时期，毛泽东都要根据客观形势发展的要求，明确提出革命的主要任务、党的中心工作和奋斗目标，然后通过各种方式，其中包括通过思想政治教育，调动各方面的积极性，动员、组织广大党员和群众为完成党的中心工作、实现党在各个历史时期的目标而努力。

早在五四运动之后，毛泽东和他的战友们共同发动、组织和领导了反帝反封建的驱逐张敬尧的运动及湖南"自治"运动。在这场革命斗争中，毛泽东根据马克思主义的基本原理，结合中国革命的实际，第一次明确提出了革命的共同目的就是要"改造中国与世界"。他在 1920 年 12 月 1 日给蔡和森等人的信中以及 1921 年初新民学会年会上的发言中，又进一步明确肯定了"改造中国与世界"的革命目的。他认为，俄国十月社会主义革命以后中国革命已经成为世界革命的一部分，两者是互相联系、相辅相成的。所以，有志于中国革命的同志不仅应该立足于中国革命，还应该放眼世界革命。为了实现革命目标，毛泽东一方面提出要走俄国十月革命的道路，即通过激烈的"阶级战争"，进行"彻底的总革命"，推翻剥削阶级的统治，建立无产阶级专政。另一方面，毛泽东十分重视马克思主义的研究和宣传，着手共产党的组织、思想建设和社会主义青年团的发展，加强革命群众的联络与发动，并特别强调："我们须做几种基本事业：学校，菜园，通俗报，讲演团，印刷局，编译社，均可办，文化书社最经济有效，望大家设法推

---

① 《毛泽东文集》第 7 卷，人民出版社 1999 年版，第 226 页。

广。"① 这些研究、宣传、办报、讲演等具体措施，都是思想政治教育的具体方式，都是为宣传、动员、组织群众投身革命斗争，为"改造中国与世界"的革命目的服务的。

中国共产党诞生以后，毛泽东开始运用马克思主义的立场、观点和方法观察和解决中国革命实践中的实际问题。他经过详细调查研究，写出了《中国社会各阶级的分析》《湖南农民运动考察报告》等著作，分析了中国社会各阶级的经济地位和政治态度，指出分清敌我友是革命的首要问题，充分肯定了农民在中国革命中的极端重要性。他通过创办湖南自修大学，主办广州农民运动讲习所和武汉中央农民运动讲习所，把教育同革命相联系起来，用教育唤醒工农觉悟，为培养干部和农民运动骨干，为各地举行农民起义、建立农村革命根据地创造条件。

第一次国内革命战争失败以后，毛泽东从中国是一个许多帝国主义国家互相争夺的半殖民地半封建国家的客观现实出发，具体地分析了中国社会矛盾的特殊性，创造性地提出了一条以农村包围城市、武装夺取政权的道路。为了坚持这条正确道路，巩固和发展革命根据地的苏维埃政权，进一步动员一切民众力量，加入伟大的革命战争，毛泽东在领导苏区的政治斗争和经济建设的同时，十分重视文化教育和思想政治教育。他把文化教育纳入革命轨道，作为革命斗争的锐利武器之一，要求文化教育工作要为革命战争和阶级斗争服务。同时，他非常重视党内和部队的思想政治教育。毛泽东亲自起草的古田会议决议，提出了一套人民军队的思想政治教育制度，确立了正确的思想政治教育原则和方向。他领导的著名的"三湾改编"，在部队中建立了各级党代表制度，从组织上保证了部队思想政治教育的顺利进行。毛泽东还把军队打仗和军队做思想政治工作紧密联系起来，认为红军是一个执行革命任务的武装集团，除了打仗消灭敌人军事力量之外，还要负担宣传群众、组织群众、武装群众、帮助群众建立革命政权以至建立共产党的组织等项重大的任务。"红军的打仗，不是单纯地为了打仗而打仗，而是为了宣传群众、组织群众、武装群众，并帮助群众建设革命政权才去打仗的，离了对群众的宣传、组织、武装和建设革命政权等项目标，就是失去了打仗的意义，也就是失去了红军存在的意义。"② 可见，毛泽东把对群众的宣传、组织和武装

① 中国革命博物馆：《新民学会资料（中国现代革命史资料丛刊）》，人民出版社1980年版，第28页。

② 《毛泽东选集》第1卷，人民出版社1991年版，第86页。

看得比打仗还重要，把思想政治教育和打仗都作为他实现革命目标的主要手段。

在抗战时期，我们党的中心工作和主要目标，是放手发动群众，壮大人民力量，在我党领导下，打败日本侵略者，解放全中国，建立一个新民主主义的新中国。为了实现这一目标，毛泽东一方面以极大的精力研究战争，指挥战争；另一方面，他领导并开展了延安整风运动，通过整风，形成批评与自我批评，来贯彻实事求是的思想路线和理论联系实际的原则，促进全党学习马克思主义。他还撰写了《改造我们的学习》《整顿党的作风》和《反对党八股》等著作，提出了系统的思想政治教育理论、方针、政策，以适应党的全面抗战的要求。他指出："我们的工作首先是战争，其次是生产。要实行抗战教育政策，使文化教育和思想政治教育为长期抗战服务，要求抗战教育以提高和普及人民大众的抗日的知识技能和民族自尊心为中心。"并且，他还从抗战及其发展前途和解放区的实际情况出发，特别注重干部教育，积极培训大批抗日干部。同时重视广泛发展民众教育，努力提高人民大众的政治思想觉悟和文化水平。他号召解放区要"改革教育的旧制度、旧课程，实行以抗日救国为目标的新制度、新课程"①。从而使教育更好地为抗战服务，为解放区的人民大众服务，为解放区的生产建设服务。

解放战争时期，中国共产党和毛泽东领导全国军民积极投入反对蒋介石的人民战争。"打倒蒋介石，解放全中国"成为全国人民的中心任务。围绕这一中心任务，毛泽东不仅在军事战线上、政治战线上和经济战线上领导全国人民开展斗争，而且开展了一系列的思想政治教育活动。毛泽东深知，要争取解放战争的胜利，要靠全国军民的共同努力，其中主要靠人民解放军的战斗力。只有战士的战斗力提高了，才能大量歼灭国民党军队。于是毛泽东充分利用战争间的空隙时间，采用"整军运动"的方式，即"三查""三整"，在全军开展大规模的整训活动，广泛进行阶级教育，激发了广大战士的阶级感情，提高了战士的政治思想觉悟，从而极大地提高了军队的战斗力。毛泽东还亲自在延安干部座谈会上对广大干部进行思想政治教育，全面分析国内形势，告诫同志们对国民党不能存在任何幻想，只能采取"针锋相对，寸土必争"的方针。而对广大人民群众来说，则必须相互依靠。他要求干部要"善于把党的政策变为群众的行动，善于使我们的每一个运动，

---

① 《毛泽东选集》第3卷，人民出版社1991年版，第1011页。

每一个斗争，不但领导干部懂得，而且广大的群众都能懂得，都能掌握"①。同时，毛泽东还指示各解放区创办各种干部学校，坚持贯彻"干部教育第一"的方针，"大量招收与严肃改造知识分子的方针"②，为胜利完成解放战争的任务，迎接全国解放培养了大批干部。

中华人民共和国成立标志着新民主主义革命的结束，社会主义革命和建设的开始，思想政治教育也要由为夺取政权的革命战争服务，转向为巩固政权的社会主义革命和社会主义建设服务。对此，毛泽东在解放战争后期就再三指示，"要学会管理城市"③，要将城市的生产恢复起来、发展起来，人民政权才能巩固起来。因此，城市中的所有工作，当然包括思想政治工作，"都是围绕着生产建设这一个中心工作并为这个中心工作服务的"④。他又明确指出，全国规模的经济建设工作业已摆在我们面前。我们面前的困难是有的，而且是很多的。但是我们确信：一切困难都将被全国人民的英勇奋斗所战胜。中国人民已经具有战胜困难的极其丰富的经验。如果我们的先人和我们自己能够度过长期的、极端艰难的岁月，战胜了强大的内外反动派，为什么不能在胜利以后建设一个繁荣昌盛的国家呢？只要我们仍然保持艰苦奋斗的作风，只要我们团结一致，只要我们坚持人民民主专政、团结国际友人，就能在经济战线上迅速地获得胜利。这里，毛泽东已经十分明确地说明，随着革命性质的转变，党的中心工作的转变，思想政治教育的内容、任务必须改变，必须转移到为生产建设中心服务的轨道上来，把获得经济战线上的胜利作为思想政治教育的直接目标。

为了发动全国各族人民投入社会主义建设，广泛调动人民群众建设社会主义的积极性，毛泽东于1957年写了《关于正确处理人民内部矛盾的问题》的有名论著。在这部著作中，毛泽东强调，我们提出划分敌我和人民内部两类矛盾的界线，提出正确处理人民内部矛盾的问题，就是要团结全国各族人民进行一场新的战争——向自然界开战，发展我们的经济，发展我们的文化，使全国各族人民比较顺利地走过目前的过渡时期，巩固我们的新制度，建设我们的新国家。这样，在人民内部，就要讲民主，讲团结，不能用对敌斗争的方法来解决人民内部问题。"凡属于思想性的问题，凡属于人民

① 《毛泽东选集》第4卷，人民出版社1991年版，第1319页。
② 中共中央文献研究室：《毛泽东年谱（1893—1949）》（下册），中央文献出版社2013年版，第545页。
③ 《毛泽东选集》第4卷，人民出版社1991年版，第1183页。
④ 《毛泽东选集》第4卷，人民出版社1991年版，第1428页。

内部的争议问题，只能用民主的方法来解决，只能用讨论的方法、批评的方法、说服教育的方法去解决，而不能用强制的、压服的方法去解决。"①

毛泽东提出的思想政治教育要为社会主义革命和社会主义建设服务的方针，以及关于正确处理人民内部矛盾的理论，在我国社会主义改造时期，得到了很好的贯彻和运用。我们党通过广泛的思想政治教育，激发了全国各族人民痛恨旧社会、热爱新中国的阶级感情，调动了广大群众恢复生产、建设祖国的积极性，增强了全党、全军冲破敌人封锁，战胜艰难困苦的勇气和信心，从而使新生的社会主义制度得到巩固，全国顺利完成了社会主义改造，生产迅速恢复，经济发展很快。党的思想政治教育普遍受到人们的重视和欢迎。

社会主义改造基本完成以后，思想政治教育为推动社会主义建设虽然也发挥了重要作用，但由于一些不属于阶级斗争的问题仍被当作阶级斗争，导致阶级斗争严重扩大，思想政治教育也同时围绕着阶级斗争扩大化的错误做了大量的工作。特别是"文化大革命"提出了"以阶级斗争为纲"的主张和"无产阶级专政下继续革命"的理论，忽视了我国社会的主要矛盾和国家经济建设的需求。加上林彪、"四人帮"极力推行政治冲击一切、代替一切的谬论，致使人为的、严重扩大的阶级斗争成为我国社会的中心，思想政治教育成为服从和服务于这一错误中心的手段和工具，严重损害了思想政治工作者的形象，败坏了思想政治教育的声誉。

党的十一届三中全会以后，我们党坚持实事求是的思想路线，在政治思想领域进行拨乱反正，否定以阶级斗争为纲，坚持以经济建设为中心，提出了社会主义现代化建设的明确目标。毛泽东倡导的思想政治教育传统，在改革开放的新形势下，为社会主义经济建设服务，仍在发挥巨大的作用。

从以上事实可以看出，在各个不同的时期，毛泽东都十分强调，思想政治教育的直接目的就是要为党的中心工作服务，要为实现党的近期目标服务。在中华人民共和国成立之前，思想政治教育要为宣传、动员、组织人们参加革命战争，为夺取国家政权服务；在中华人民共和国成立之后，思想政治教育要为巩固政权、为社会主义经济建设服务。思想政治教育只有为党的中心工作服务，为实现党的近期目标服务，才能坚持正确的方向和理论联系实际的原则，才能找到正确的出发点和落脚点，才能发挥积极作用。党的中心工作，党的近期目标，同样需要用思想政治教育来保证它的完成和实现。

① 《毛泽东文集》第7卷，人民出版社1999年版，第209页。

离开党的中心工作，或党的中心工作发生错误，思想政治教育不仅不能发挥积极作用，还会造成消极影响乃至政治上、经济上的严重危害。所以，在社会主义现代化建设过程中，我们一定要以党的基本路线为指导，围绕社会主义经济建设来进行思想政治教育。

二、思想政治教育的根本目的

毛泽东认为，思想政治教育不仅要有鲜明的直接目的，而且要有明确的根本目的，直接目的要服从根本目的，要受根本目的指导。思想政治教育的根本目的，是由共产党的根本目标决定的。"共产党人为工人阶级的最近的目的和利益而斗争，但是他们在当前的运动中同时代表运动的未来。"① 共产党的根本目标是要全面领导无产阶级和广大人民建设社会主义、实现共产主义。为了实现这个总目标，需要做很多工作，其中一项工作就是思想政治教育。通过这项工作，广大党员和广大群众都能自觉自愿地投入建设社会主义、实现共产主义的伟大事业中去。因此，思想政治教育的根本目的概括起来说，就是用马克思列宁主义的基本原理，用社会主义、共产主义的思想体系，教育人们自觉改造世界观、提高思想觉悟，帮助人们不断提高认识世界和改造世界的能力。毛泽东对无产阶级的根本目标和根本目的早就做过明确而深刻的阐述。他说："社会的发展到了今天的时代，正确地认识世界和改造世界的责任，已经历史地落在无产阶级及其政党的肩上……无产阶级和革命人民改造世界的斗争，包括实现下述的任务：改造客观世界，也改造自己的主观世界——改造自己的认识能力，改造主观世界同客观世界的关系。"② 毛泽东还把自觉地改造主观世界和客观世界的行为，同共产党的根本目标——实现共产主义联系起来，他指出："世界到了全人类都自觉地改造自己和改造世界的时候，那就是世界的共产主义时代。"③ 因此，要实现共产主义的根本目标，就要做到人人都能自觉改造主观世界和客观世界，就必须进行思想政治教育和改造世界的实践活动。

毛泽东把思想政治教育的根本目的落实到对主观世界和客观世界的认识与改造能力上，自然省略了思想政治教育在具体目的和任务上的许多中间环

① 《马克思恩格斯选集》第 1 卷，人民出版社 1995 年版，第 306 页。
② 《毛泽东选集》第 1 卷，人民出版社 1991 年版，第 296 页。
③ 《毛泽东选集》第 1 卷，人民出版社 1991 年版，第 296 页。

节，是彻底的、明晰的理论概括，是毛泽东思想理论体系的逻辑结论。毛泽东说过，彻底的唯物主义者是无所畏惧的。

无产阶级是彻底革命的阶级，共产党人就是彻底的唯物主义者。它不像其他剥削阶级和政党，歪曲以致违背社会历史发展的客观规律，需要进行思想政治上的掩饰和欺骗，而是始终不渝地坚持从实际出发，引导无产阶级和广大人民遵循自然界和人类社会发展的客观规律，进行改造世界的伟大斗争，坚信自己的前途和根本利益同历史发展的客观规律是一致的。无产阶级的革命理论——马克思列宁主义、毛泽东思想，是无产阶级和广大人民认识世界和改造世界的科学总结，是人类智慧和正确思想的结晶，是科学的世界观和方法论。它正确地揭示了人类社会发展的客观规律。正如列宁所指出的："马克思的学说所以万能，就是因为它正确。它十分完备而严整，它给予人们一个决不同任何迷信、任何反动势力、任何为资产阶级压迫所作的辩护相妥协的完整世界观。"[1] 我们进行马列主义、毛泽东思想的宣传教育，运用革命理论开展思想政治教育，就是要帮助人们正确掌握马克思主义的立场、观点和方法，科学地认识世界，并激发人们改造世界观的信心、热情、毅力和斗志，去夺取革命和建设的胜利。所以，正如毛泽东所说的，"马克思主义不是教条而是行动的指南"[2]，这一真理深刻地告诉我们，进行思想政治教育，不是为教育而教育；学习革命理论，也不是为学习而学习，而是为了运用革命理论指导行动。离开认识世界和改造世界，思想政治教育工作就成了"装门面"的工作，革命理论也只会是教条。这种情况，在我们党的历史上是有过沉痛的教训的。毛泽东在延安整风时期、邓小平在拨乱反正阶段，都曾对思想政治教育的教条主义倾向进行过深刻的分析和批评。

同时，毛泽东认为，虽然思想政治教育的对象是人，它的任务是要解决人们的思想问题，提高人们的主观能动性，不能用思想政治工作代替人们改造世界观的活动。但是，人们的思想、观点一旦形成，就绝不会只停留在主观认识上，总要表现在人们的行动中。"思想等等是主观的东西，做或行动是主观见之于客观的东西，都是人类特殊的能动性。这种能动性，我们名之曰'自觉的能动性'。"[3] 人们的自觉能动性或叫主观能动性，表现在知与行、认识世界和改造世界的统一过程中。人愈是能在认识客观世界的基础上

---

① 《列宁全集》第 19 卷，人民出版社 1959 年版，第 1 页。

② 《毛泽东选集》第 1 卷，人民出版社 1991 年版，第 282 页。

③ 《毛泽东选集》第 2 卷，人民出版社 1991 年版，第 477 页。

规定自己的目的，就愈能利用客观世界的规律来达到这个目的，而他的主观能动性也愈大。所以，对人所特有的主观能动性的完整理解应当是这样一种能力。

第一，根据对客观存在的认识，在头脑中构成某种预定的目的以及实现这种目的的计划、打算，产生热情、意志和动机。

第二，通过实践，改造客观存在，把预定的目标变成现实。前一件事就是认识世界，后一件事就是改造世界。这两个方面不可分割地联系着：只有在改造世界的过程中才能认识世界，只有在认识世界的基础上才能改造世界。因此，思想政治教育的作用是否能发挥，目的是否能达到，不能用其他东西加以衡量，只能以人们主观能动性发挥的程度，即认识世界和改造世界的能力来检验。

另外，毛泽东还认为，思想政治只有立足于提高人们认识世界和改造世界的能力，才能有效地实现由物质到精神，由精神到物质的飞跃，取得实际成果。思想政治教育既要提高人们认识世界的能力，更要提高改造世界的能力。因为无产阶级认识世界的目的，只是为了改造世界，此外再无别的目的。只有改造世界，才能取得实际成果。如果思想政治工作只讲认识世界，不讲改造世界，不动员群众去实现这个改造，那么，他就是坐而论道，只讲空话，不会获得什么实际效果。

认识世界和改造世界，在不同的历史时期，内容和形式是不相同的。在民主革命时期，党的思想政治教育就是要以马列主义毛泽东思想为指导，帮助无产阶级和广大人民群众认识中国革命的性质和任务，掌握革命的特点和规律，坚持革命的正确道路，鼓舞和动员广大群众英勇投入革命斗争，为夺取革命政权，解放全中国而奋斗。我们党紧密围绕民主革命时期的总任务，在长期的革命斗争实践中，坚持用共产主义思想体系教育广大党员和群众，培养了一批又一批叱咤风云、能够驾驭中国革命发展趋势的革命先驱；培养了一代又一代不怕牺牲、推动历史向前发展的革命战士。他们以拯救中华、改造中国为己任，不仅具有无私无畏、敢于压倒一切敌人和战胜一切困难的精神，而且具有能征善战、克敌制胜的本领。正是靠着他们艰苦卓绝的奋斗，中国才发生了翻天覆地的变化，迎来了新中国的诞生。我们党的思想政治工作也正是在认识中国、改造中国的伟大实践中逐步发展起来，成为我们党的优良传统。

在社会主义时期，特别是在党的工作重点转移之后的新的历史时期，我们党的总任务是要逐步实现工业、农业、国防和科学技术现代化，把我国建设成为高度文明、高度民主的社会主义国家。这是新时期全党的最大政治任务，是全国各条战线为之奋斗的目标。毫无疑问，思想政治教育必须服从于和服务于这个总任务。这就要求全党的思想政治工作者，坚持马列主义、毛泽东思想的普遍原理，贯彻执行党的十一届三中全会以来的路线和方针政策，联系我国的实际，帮助全国人民认清我国国情，走中国特色社会主义道路，掌握现代化建设的特点和规律，动员亿万群众满怀信心地投入社会主义现代化建设，为实现国民经济翻两番，为实现四个现代化的宏伟目标而奋斗。

毛泽东思想政治教育的基本途径[*]

确定了思想政治教育的目标以后，通过什么样的途径来实现目标，这是毛泽东思想政治教育基本体系的关键问题。毛泽东从青年时代开始，就十分注意总结过去及当时许多仁人志士寻求救国救民真理的经验。他认为，要取得革命成功，其一，必须学习和研究马克思主义；其二，必须通过实际的调查研究弄清中国"这个地盘内的情形"；其三，通过比较和鉴别，吸取或借鉴外国那些对中国有用的东西。这几个方面结合起来，就是他提出的"把马克思列宁主义的普遍原理和中国革命具体实践相结合"科学论断的基础。

毛泽东在政治、军事、经济、文化等多方面，正确运用"马克思列宁主义的普遍原理和中国革命具体实践相结合"的原则，取得了巨大胜利。他在思想政治教育方面也同样贯彻了这一原则，强调在学习马克思列宁主义的同时，要注重调查研究和联系实际，加强实际锻炼和批评与自我批评，努力把马克思主义科学的世界观和方法论同实践活动紧密联系起来。这是实现思想政治教育直接目的和根本目的的基本途径。

一、坚持理论学习

坚持学习马克思列宁主义的理论，这是毛泽东进行思想政治教育的根本途径之一，也是他采用的主要方法。毛泽东的这一思想是列宁关于"灌输"理论的坚持和发挥。

列宁曾经指出，工人阶级单靠本身的力量只能形成工联主义意识，鼓吹工人运动本身就能自发地产生共产主义和社会主义的思想体系，否认宣传共产主义思的必要性，是根本错误的。他说："工人当时也不可能有社会民主主义的意识。这种意识只能从外面灌输进去。"[①] 这就告诉我们，马克思主义的科学世界观和方法论，是不可能自发形成的，只能通过灌输。学习、宣传马克思主义，开展思想政治教育，是进行灌输的基本途径。所以，毛泽东

* 原载于《毛泽东思想政治教育的理论与实践》，武汉大学出版社 1993 年版，收录时有修改。
① 《列宁全集》第 5 卷，人民出版社 1959 年版，第 342 页。

在《实践论》中指出：世界上产生了马克思主义理论，并用以教育无产阶级，无产阶级才由自在的阶级变成自为的阶级。在《论持久战》一文中，他说，没有进步的政治精神贯注于军队之中，没有进步的政治工作去执行这种贯注，就不能激发官兵最大限度的抗战热忱，一切技术和战术就不可能有着最好的基础去发挥它们应有的效力。中华人民共和国成立以后，他一向要求做好工人、农民的政治思想工作，而且特别指出，政治工作的基本任务是向农民群众不断地灌输社会主义思想，批判资本主义倾向。因此，毛泽东关于坚持学习马克思列宁主义理论的一贯主张，是以列宁的"灌输"原理为基础的，是具有科学理论根据的。

同时，毛泽东强调坚持学习马克思列宁主义理论的思想，是他"自觉能动性"理论的组成部分。毛泽东第一次提出了"自觉能动性"的概念，也叫作"主观能动性"。他在总结革命战争胜败两方面的经验教训的基础上，在《中国革命战争的战略问题》《实践论》《矛盾论》等著作中，提出了自觉能动性的思想，又在《论持久战》等著作中全面论述了人的能动性，形成了关于自觉能动性的系统理论。他认为，一切事情都是要人去做的，"做就必须先有人根据客观事实，引出思想、道德、意见，提出计划、方针、政策、战略、战术，方能做得好。思想等等是主观的东西，做或行动是主观见之于客观的东西，都是人类特殊的能动性。这种能动性，我们名之曰'自觉能动性'是人之所以区别于物的特点"①。这就是说，人的自觉能动性就是有意识、有目的的活动，人的实践必然受一定的思想、理论支配，或者受正确思想和理论的支配，或者受错误思想和理论的支配，不受任何思想和理论支配的人的实践活动是不存在的。动物的活动是一种适应环境的本能活动，它是不受思想和理论支配的。所以毛泽东说："马克思说人比蜜蜂不同的地方，就是人在建筑房屋之前早在思想中有了房屋的图样。"② 这就说明，人的实践活动是不能离开思想和理论指导的，因为只有思想和理论才能引导方向，提出目标。同时，一定的思想和理论被人们接受之后，便成为人们自我控制的精神力量，也是人们特有的主观能动性，这种能动性包括人们的信念、理想、道德、情感、意志等。这些精神因素都属于社会意识的范畴，都是一定思想和理论的具体表现。如毛泽东常说的为人民服务的思想、国际主义精神、共产主义理想、爱国主义精神、集体主义精神、英雄主义精神，等

---

① 《毛泽东选集》第2卷，人民出版社1991年版，第477页。
② 《毛泽东文集》第2卷，人民出版社1993年版，第344页。

等，都是马克思列宁主义理论、共产主义思想的发挥与弘扬。毛泽东强调，人是要有一点精神的，就是强调人的主观因素的作用，强调正确思想和理论的指导作用。在革命战争年代，用马列主义、毛泽东思想武装起来的共产党人和革命群众，发扬无产阶级的大无畏精神、英勇献身精神，对于无产阶级革命事业的胜利有着巨大的意义。特别是在艰难困苦的环境中，在革命的紧急关头，精神的作用对于克服困难、扭转局面、争取主动往往产生决定性的影响。所以，毛泽东说："战争的胜负，主要地决定于作战双方的军事、政治、经济、自然诸条件，这是没有问题的。然而不仅仅如此，还决定于作战双方主观指导能力。"[①] 又说："当着如同列宁所说，'没有革命的理论，就不会有革命的运动'的时候，革命理论的创立和提倡就起了主要的决定的作用。当着某一件事情（任何事情都是一样）要做，但是还没有方针、方法、计划或政策的时候，确立方针、方法、计划或政策，也就是主要的决定的东西。"[②] "我们这样说，是否违反了唯物论呢？没有。因为我们承认总的历史发展中是物质的东西决定精神的东西，是社会的存在决定社会的意识；但是同时又承认而且必须承认精神的东西的反作用，社会意识对社会存在的反作用，上层建筑对经济基础的反作用。这不是违反唯物论，正是避免了机械的唯物论，坚持了辩证唯物论。"[③]

正因为毛泽东深刻认识了正确思想和革命理论的指导作用，所以在多个不同的历史时期，他都特别重视革命理论的学习，强调革命理论对革命实践的指导。早在青年时代，毛泽东通过对各种思潮的对比研究，特别是总结了《共产党宣言》等马克思主义经典著作以后，确认马克思主义是唯一正确的革命真理。他从俄国十月革命的成功，进一步看到了马克思列宁主义的无比威力。在 1920 年 11 月 22 日的一封信中，他第一次提出革命的理论基础是马克思列宁主义。他认为，革命者不仅要有革命热情，能够"刻苦励志"，还要掌握革命真理，用马克思主义武装自己的头脑，指导革命行动，这样才有成功的可能。他说，革命"固然要有一班刻苦励志的'人'，尤其要有一种为大家共同信守的'主义'；没有主义，是造不成空气的"[④]。他还指出，一个革命团体，如果不以马克思主义做指导，就是一盘散沙，不会有凝

① 《毛泽东选集》第 1 卷，人民出版社 1991 年版，第 182 页。
② 《毛泽东选集》第 1 卷，人民出版社 1991 年版，第 326 页。
③ 《毛泽东选集》第 1 卷，人民出版社 1991 年版，第 326 页。
④ 中共中央文献研究室：《毛泽东年谱（1893—1949）》（上册），中央文献出版社 2013 年版，第 70 页。

聚力和战斗力。只有在马克思主义理论基础上的思想统一，才能方向明确，步伐一致。他形象地说，马克思主义"譬如一面旗子，旗子立起了，大家才能有指望，才知所趋赴"①。因此，他提出要"以主义为纲"，加强马克思主义的学习和研究，并要求把对马克思主义的学习和研究同各门具体学科的学习和研究结合起来，既坚持马克思主义指导，又要认识和解决实际中的具体问题。他创办新民学会，举办工人夜校，开办农民运动讲习所，进行社会调查，领导工人运动和农民起义，等等，都把马克思列宁主义的理论学习作为重要内容，把马列主义作为根本的指导思想。

毛泽东通过长期的革命实践和对马克思主义理论的研究，更加深刻地认识到理论与实践的辩证关系，他撰写了《实践论》这篇光辉著作，从哲学高度阐述了理论对实践的作用。他说："在马克思主义看来，理论是重要的，它的重要性充分地表现在列宁说过的一句话：'没有革命的理论，就没有革命的运动。'然而马克思主义看重理论，正是，也仅仅是，因为它能够指导行动。"② 在《中国共产党在民族战争中的地位》一文中，他专门用一节写了"学习"，要求一切有相当研究能力的共产党员，都要研究马克思列宁主义的理论，因为马克思列宁主义的理论是"放之四海而皆准"的理论。"指导一个伟大的革命运动的政党，如果没有革命理论，没有历史知识，没有对实际运动的深刻了解，要取得胜利则是不可能的。"③ 在抗日战争期间，毛泽东为了领导延安整风运动，促进全党马克思列宁主义的学习，还专门写了《改造我们的学习》《整顿党的作风》和《反对党八股》等文章，着重论述了把马克思列宁主义的普遍真理同中国革命的具体实践相结合的原则，强调学习马克思列宁主义的理论必须联系现状和历史，提出了"反对主观主义以整顿学风，反对宗派主义以整顿党风，反对党八股以整顿文风"的任务，从而把全党的马克思列宁主义学习、伟大的革命实践以及开展批评与自我批评，通过整风的形式有机结合在一起，大大提高了全党的马克思列宁主义的理论水平。在《在延安文艺座谈会上的讲话》一文中，他要求广大文艺工作者学习马克思列宁主义、学习社会，指出"马克思列宁主义是一切革命者都应该学习的科学"④。在《五四运动》和《青年运动的方向》著

---

① 中国革命博物馆：《新民学会资料（中国现代革命史资料丛刊）》，人民出版社1980年版，第97页。

② 《毛泽东选集》第1卷，人民出版社1991年版，第292页。

③ 《毛泽东选集》第2卷，人民出版社1991年版，第533页。

④ 《毛泽东选集》第3卷，人民出版社1991年版，第852页。

作中，毛泽东肯定了延安的青年运动是全国青年运动的模范，延安的青年运动的方向是全国的青年运动的方向。延安的青年"在学习革命的理论，研究抗日救国的道理和方法"①。在《论联合政府》一文中，毛泽东重申："我们的党从它一开始，就是一个以马克思列宁主义的理论为基础的党，这是因为这个主义是全世界无产阶级的最正确最革命的科学思想的结晶。马克思列宁主义的普遍真理一经和中国革命的具体实践相结合，就使中国的面目为之一新，产生了新民主主义的整个历史阶段。"② 马克思列宁主义是"中国人民百战百胜的武器"③。在中华人民共和国成立前夕，毛泽东总结了党所走过的28年的经历，分析了中国革命发展的曲折过程，指出中国人民已经取得的主要的和根本的经验，在国内就是用马克思列宁主义唤起民众，"中国人找到了马克思列宁主义这个放之四海而皆准的普遍真理，中国的面目就起了变化了"④。许多"先进的中国人，经过千辛万苦，向西方国家寻找真理"⑤，经历多种探索和试验，都失败了。"中国无产阶级的先锋队，在十月革命以后学了马克思列宁主义，建立了中国共产党。接着就进入政治斗争，经过曲折的道路，走了二十八年，方才取得了基本的胜利。"⑥ 中华人民共和国成立以后，毛泽东仍然把马克思列宁主义的学习作为思想政治教育的基本途径。在进行社会主义改造的过程中，他指出"要办多种训练班，办军政大学、革命大学"⑦，要使用知识分子，同时对知识分子进行教育和改造。要让知识分子"学社会发展史、历史唯物论等几门课程"⑧。社会主义改造基本完成之后，毛泽东写了《关于正确处理人民内部矛盾的问题》的重要论著，阐述了处理人民内部矛盾的理论和方法，更加重视思想政治教育在解决人民内部矛盾过程中的作用。他要求知识分子和青年学生"在自己的工作和学习的过程中，逐步地树立共产主义的世界观，逐步地学好马克思列宁主义，逐步地同工人、农民打成一片"⑨。做到"在思想上要有所进

① 《毛泽东选集》第2卷，人民出版社1991年版，第568页。
② 《毛泽东选集》第3卷，人民出版社1991年版，第1093页。
③ 《毛泽东选集》第3卷，人民出版社1991年版，第1094页。
④ 《毛泽东选集》第4卷，人民出版社1991年版，第1470页。
⑤ 《毛泽东选集》第4卷，人民出版社1991年版，第1469页。
⑥ 《毛泽东选集》第4卷，人民出版社1991年版，第1472页。
⑦ 《毛泽东文集》第6卷，人民出版社1999年版，第74页。
⑧ 《毛泽东文集》第6卷，人民出版社1999年版，第74页。
⑨ 《毛泽东文集》第7卷，人民出版社1999年版，第225页。

步，政治上也要有所进步，这就需要学习马克思主义，学习时事政治"①。在社会主义经济建设阶段，毛泽东为了探索新经验，他号召全党和全国人民学习马克思主义哲学，运用马克思主义认识论和辩证法分析我们的成绩和缺点，"加强相互学习，克服故步自封、骄傲自满"②，提出向群众实践请教、不断总结经验和错误往往是正确的先导以及辩证法的核心是对立统一规律等唯物辩证法的新观点，并要求全党运用这些观点指导社会主义建设。

总之，毛泽东无论是在革命战争年代，还是在社会主义时期，都一贯强调马克思列宁主义的理论学习。只有通过理论学习，才能唤醒民众，明确方向，指导实践。因此，理论学习是思想政治教育的基本途径之一，是社会主义革命和建设取得胜利的基本条件。

二、坚持实践锻炼

实践的观点是毛泽东的认识论的极为重要的观点。毛泽东把自己的认识论著作叫作《实践论》。他在领导中国革命和建设的实践中，继承和发展了马克思主义的认识论和实践观。他科学地阐明了实践及其基本形式，全面地论述了实践在认识中的地位和作用，深入地揭示了认识发展的辩证过程，创造性地把认识论和实践观引入思想政治教育，提出和阐述了主观和客观、理论与实践、知和行的具体的历史的统一的问题。

马克思认为，实践是人们改造客观世界的"感性的活动""客观的活动"，同时它也体现了人们的能动性。马克思还指出："环境的改变和人的活动的一致或自我改变的一致，只能被看作是并合理地理解为革命的实践。"③"社会生活在本质上是实践的。"④列宁也指出，实践是人们有目的的物质活动。他说："世界不会满足人，人决心以自己的行为来改变世界。"⑤毛泽东进一步发挥和发展了马克思和列宁的思想。他指出，实践是人们"根据于一定的思想、理论、计划、方案以从事于变革客观现实"⑥的活动。"思想等等是主观的东西，做或行动是主观见之于客观的东西，都是

---

① 《毛泽东文集》第 7 卷，人民出版社 1999 年版，第 226 页。
② 《毛泽东文集》第 8 卷，人民出版社 1999 年版，第 349 页。
③ 《马克思恩格斯选集》第 1 卷，人民出版社 1995 年版，第 55 页。
④ 《马克思恩格斯选集》第 1 卷，人民出版社 1995 年版，第 60 页。
⑤ 《列宁全集》第 38 卷，人民出版社 1959 年版，第 229 页。
⑥ 《毛泽东选集》第 1 卷，人民出版社 1991 年版，第 295 页。

人类特殊的能动性。"① 这就是说，实践是在一定思想指导下的、主观见之于客观的能动地改造世界的活动。因此，思想指导与付诸实践总是紧密联系在一起的。思想政治教育要解决人们的思想问题，也必然与实践发生联系。

对实践同思想的关系，毛泽东进行过系统而深刻的论述。在《人的正确思想是从哪里来的?》一文中，他指出："人的正确思想是从哪里来的?是从天上掉下来的吗？不是。是自己头脑里固有的吗？不是。人的正确思想只能从社会实践中来，只能从社会的生产斗争、阶级斗争和科学实验这三项实践中来。"② 毛泽东的这段话和他所写的《实践论》，说明人的正确思想，只能通过实践才能产生，实践是正确思想的唯一来源。同时，毛泽东认为，人们的思想认识不但来源于实践，而且随着实践的发展而发展，实践是人们思想发展变化的动力。正如他所说的："人类社会的生产活动，是一步又一步地由低级向高级发展，因此，人们的认识，不论对于自然界方面，对于社会方面，也都是一步又一步地由低级向高级发展，即由浅入深，由片面到更多的方面。"另外，毛泽东还把实践作为检验人们思想的真理性标准，把实践作为认识的最终目的。他指出："无产阶级认识世界的目的，只是为了改造世界，此外再无别的目的。"③ 因此，思想的形成、发展、检验，都是由实践决定的。思想政治教育要帮助人们树立正确思想，就必须以实践作为基本途径。毛泽东在长期的思想政治教育过程中正是这样做的。早在1920年，毛泽东在给新民学会会员的一封信中，首次提出了唯物主义的"实践"概念。他说，进行社会改造首先要研究改造"目的同方法"，"再讨论方法怎样实践"。他批评了一些从事社会改造的人脱离社会实践的主观主义的错误，指出当时在研究改造中的几个问题，多数只有空谈的目标，"成立于一个人的冥想"，拿到社会上大多行不通。毛泽东告诉人们，正确的思想和计划来源于社会实践，而不是靠苦思冥想而来的，思想和计划是否正确，必须通过拿到社会上靠"行"来检验。他指出，要改造中国就要认识中国国情，要了解国情就要深入实际进行调查研究。他说："吾人如果要在现今世界稍为尽一点力，当然脱不开'中国'这个地盘。关于这个地盘内的情形，似不可不加实地的调查及研究。"④ 因此，毛泽东在青年时代，不仅十分强调

① 《毛泽东选集》第2卷，人民出版社1991年版，第477页。
② 《毛泽东文集》第8卷，人民出版社1999年版，第320页。
③ 《毛泽东选集》第1卷，人民出版社1991年版，第283页。
④ 中国革命博物馆：《新民学会资料（中国现代革命史资料丛刊）》，人民出版社1980年版，第63页。

运用马克思主义的立场、观点和方法观察和解决中国革命实践中的实际问题，投身革命斗争，而且身体力行，深入工厂、农村，进行调查研究，广泛发动群众，以献身革命的实际行动，教育和带动广大工农群众和知识分子，为夺取革命胜利而英勇奋斗。

毛泽东一贯强调理论联系实际。他在《实践论》中，既阐述了理论的重要性，又论述了实践的重要性。他说："马克思主义看重理论，正是，也仅仅是，因为它能够指导行动。如果有了正确的理论，只是把它变成空谈一阵，束之高阁，并不实行，那么，这种理论再好也是没有意义的。"① 毛泽东对于不联系中国革命的具体实际，忽视和否定实践的教条主义倾向，曾多次进行批评。他说："我们的同志必须明白，我们学习马克思列宁主义不是为着好看，也不是因为它有什么神秘，只是因为它是领导无产阶级革命事业走向胜利的科学。"② "马克思、恩格斯、列宁、斯大林曾经反复地讲，我们的学说不是教条而是行动的指南。这些人偏偏忘记这句最重要的话。中国共产党人只有在他们善于应用马克思列宁主义的立场、观点和方法，进一步地从中国的历史实际和革命实际的认真研究中，在多方面作出合乎中国需要的理论性的创造，才叫作理论与实际相联系。如果只是口头上讲联系，行动上又不实行联系，那么，讲一百年也还是无益的。"③ 毛泽东还专门写了《反对本本主义》的文章，批评了书本至上的倾向，把脱离实际的人、不做调查而冥思苦想的人称作"蠢人"。蠢人是想不出什么好办法的，也是干不成什么事情的。

毛泽东按照知行统一的原则，一向要求党员和干部，能够说到做到，不做空谈家，要与一切有志于人类解放事业的人一起，朝着社会主义、共产主义的目标，脚踏实地、无所畏惧地奋斗，把远大理想与现实努力结合起来。在民主革命时期，他指出："现在的努力是朝着将来的大目标的，失掉这个大目标，就不是共产党员了。然而放松今日的努力，也就不是共产党员。"④ 他还说，在半封建半殖民地的中国，如果不积极投身资产阶级民主革命的实践，"不准备付出自己的鲜血和生命，而空谈什么社会主义和共产主义，那就是有意无意地、或多或少地背叛了社会主义和共产主义，就不是一个自觉

---

① 《毛泽东选集》第 1 卷，人民出版社 1991 年版，第 292 页。
② 《毛泽东选集》第 3 卷，人民出版社 1991 年版，第 820 页。
③ 《毛泽东选集》第 3 卷，人民出版社 1991 年版，第 820 页。
④ 《毛泽东选集》第 1 卷，人民出版社 1991 年版，第 276 页。

的和忠诚的共产主义者"①。对于我国的解放事业而言，空谈就是背叛，奋斗就是忠诚，空谈误国，实干兴邦，问题就是这样的尖锐，界限就是这样分明。有志于人民解放事业的人，首先要做革命的实践家，做艰苦奋斗的勇士。中华人民共和国成立以后，毛泽东经常讲我国一穷二白的国情，号召人民自力更生，艰苦奋斗，勤俭建国。他说："我们的国家现在还是一个很穷的国家，并且不可能在短时间内根本改变这种状态，全靠青年和全体人民在几十年时间内，团结奋斗，用自己的双手创造出一个富强的国家。社会主义制度的建立给我们开辟了一条到达理想境界的道路，而理想境界的实现还要靠我们的辛勤劳动。"②

毛泽东还从改造主观世界与改造客观世界关系的角度，论述了思想政治教育与思想修养、与进行实践的关系，强调了实践对改造主观世界的作用。他认为，人们为了有效地改造客观世界，就必须努力改造主观世界。因为改造客观世界是以认识客观世界为前提的，是以一定的理论为指导的。这种认识和理论指导是否符合客观实际，是决定改造客观世界能否取得成功的关键。因此，自觉地接受思想政治教育，加强思想修养，改造主观世界，是为了保证改造主观世界的活动得以顺利进行并取得成功。同时，主观世界的改造是离不开改造客观世界的实践活动的，主观世界的改造必须在改造客观世界的实践过程中进行。虽然改造主观世界的途径和方式是多种多样的，如学习马克思主义理论、加强自我修养、进行培训，等等，但是最根本的途径和办法还是参加实践活动。因为认识来源于实践，改造客观世界的活动是推动主观世界改造的强大动力，是提高思想理论水平的坚实基础，是锻炼思维方法、吸取经验教训的最好学校，所以主观世界的改造应当在改造客观世界的实践过程中进行，自觉地、积极地参加改造客观世界的实践活动是改造主观世界的有效的根本途径。离开改造客观世界来说改造主观世界，离开实践来谈思想政治教育，既没有目的，也没有基础，只会变成毫无意义的冥思苦想。

另外，毛泽东针对青年学生和知识分子的特点，认为青年学生和知识分子更需要通过实践接受教育和锻炼。在《五四运动》和《青年运动的方向》等文章中，他一方面肯定了知识分子是首先觉悟的成分，青年学生在革命中起了某种先锋队的作用；另一方面，他反复强调知识分子和青年学生必须同

---

① 《毛泽东选集》第 3 卷，人民出版社 1991 年版，第 1059 页。
② 《毛泽东文集》第 7 卷，人民出版社 1999 年版，第 226 页。

工农相结合，必须和工农民众一起投入实践活动。"如果不和工农民众相结合，则将一事无成。"① 他甚至把是否愿意并且实行和工农民众相结合，作为革命的或不革命的或反革命的知识分子的最后分界。在《在延安文艺座谈会上的讲话》一文中，毛泽东反复论述文艺工作者是否深入实际、深入工农的问题，是一个立场问题、感情问题，他严厉批评了轻视工农兵的倾向，批评了一些人存在的"唯心论、教条主义、空想、空谈、轻视实践、脱离群众等等的缺点"②，要求文艺工作者向工农学习，在实践中学习，掌握"在群众生活群众斗争里实际发生作用的活的马克思主义，不是口头上的马克思主义"③。在《对晋绥日报编辑人员的谈话》一文中，他告诫报社工作人员："要使不懂得变成懂得，就要去做去看，这就是学习。报社的同志应当轮流出去参加一个时期的群众工作，参加一个时期的土地改革工作，这是很必要的。"④ 中华人民共和国成立以后，毛泽东仍然一贯强调知识分子和青年学生要参加劳动，面向实际，学习工农。他的这些思想，为我们党培养教育知识分子和青年学生指明了正确方向，为我们培养了一批又一批又红又专、能联系实际的知识分子队伍。

三、开展批评与自我批评

从前面的内容可以看出，在毛泽东看来，只有学习马克思主义理论，才能明确指导思想和奋斗方向，树立远大目标，增强精神动力；同时只有投身革命和建设的实践活动，才能实现目标，取得革命和建设的实际成果。因而，这两者在革命和建设中是缺一不可的，在思想政治教育中都同样重要。然而，人们在学习和运用革命理论、进行革命和建设实践的过程中，绝不是朝着目标的直线运动，总是会经常遇到主观与客观、理论与实践、知和行的等方面的矛盾，总是会有失败、曲折和偏差。怎样解决前进过程中的矛盾，克服错误、缺点和偏差，使之不断端正方向，朝着正确目标努力实践，为此，毛泽东提出了一个"唯一有效的方法"——批评与自我批评。

毛泽东说："我们曾经说过，房子是应该经常打扫的，不打扫就会积满灰尘；脸是应该经常洗的，不洗也就会灰尘满面。我们同志的思想，我们党

① 《毛泽东选集》第 2 卷，人民出版社 1991 年版，第 559 页。
② 《毛泽东选集》第 3 卷，人民出版社 1991 年版，第 875 页。
③ 《毛泽东选集》第 3 卷，人民出版社 1991 年版，第 858 页。
④ 《毛泽东选集》第 4 卷，人民出版社 1991 年版，第 1320 页。

的工作，也会沾染灰尘的，也应该打扫和洗涤。'流水不腐，户枢不蠹'，是说它们在不停的运动中抵抗了微生物或其他生物的侵蚀。对于我们，经常地检讨工作，在检讨中推广民主作风，不惧怕批评和自我批评，实行'知无不言，言无不尽'，'言者无罪，闻者足戒'，'有则改之，无则加勉'这些中国人民的有益的格言，正是抵抗各种政治灰尘和政治微生物侵蚀我们同志的思想和我们党的肌体的唯一有效的方法。"① 毛泽东的这段话，形象而生动地说明了批评与自我批评的重要作用。他用日常生活事例，深入浅出地论述了批评与自我批评，同人要洗脸、房子要打扫那样重要而不可缺少，从而充分肯定了批评与自我批评对个人进步、党的集体组织的积极作用。这种积极作用的具体表现有三：一是具有抵制各种错误倾向影响，"抵抗各种政治灰尘和政治微生物侵蚀我们同志的思想和我们党的肌体"的防御作用；二是具有克服缺点错误、纠正思想和行为偏向、朝着正确目标前进的调节作用；三是具有统一认识、增强团结、坚强党的组织、增强党的战斗力的推动作用。所以，毛泽东把批评与自我批评当作我们党的"武器"，当作我们进行思想政治教育的"唯一有效的方法"。

批评与自我批评，实际上是两种不同的教育方法。批评是客观条件，其主体是他人；自我批评是主观条件，其主体是自我。在解决二者相辅相成的关系上，毛泽东不仅注意了二者的区别，还特别注意了二者的联系，把二者视为进行思想政治教育的统一过程。他对事物的矛盾区别和内因与外因关系的论述，为我们正确认识批评与自我批评的统一关系提供了一把钥匙。他指出，我们应当从事物的内部、从一事物对他事物的关系去研究事物的发展，即把事物的发展看作事物内部的、必然的、自身的运动，而每一事物的运动都和它的周围其他事物互相联系着、影响着。事物内部的矛盾性是事物发展的根本原因，一事物和他事物的互相联系和互相影响是事物发展的第二位原因。克服不良思想和行为，改正缺点和错误，既要靠内因，靠努力，靠自我改造、自我批评，这是主要的；同时，也要有外因的作用，需要组织和同志们的监督、批评。内因和外因、批评和自我批评，是互相渗透、互为作用的，是促进思想改造和思想进步的一个过程，而不是两个过程。毛泽东在延安倡导的整风，是在实践上把批评与自我批评统一起来的创造。因为整风运动就是通过批评和自我批评来学习马克思主义的。实际上，毛泽东提出的批评与自我批评的方法，也从方法论上说明了教育与自我教育的关系。从一定

---

① 《毛泽东选集》第3卷，人民出版社1991年版，第1096页。

意义上说，批评就是教育，自我批评就是自我教育。一个人的思想进步，不能离开对自己不正确思想的自我反省、自我解剖、自我批评，也不能没有别人的教育与批评。因为自己并不是在任何情况下，对自己的任何不足都能随时认识到的，往往需要别人的批评和帮助。所以，毛泽东在长期的革命和建设过程中，一直坚持运用批评与自我批评这一统一的方法进行思想政治教育。

毛泽东所写的《关于纠正党内的错误思想》一文，是他为红军第四军第九次党的代表大会写的决议。在该决议中，毛泽东针对党内和军队内存在的单纯的军事观点、非组织观点、绝对平均主义、主观主义、个人主义、流寇主义以及盲动主义残余，进行了有理有据的批评，指出了多种错误思想的表现，分析了产生的根源，指出了对革命的危害，指出了克服的方法，指导红军官兵运用批评与自我批评的武器，全面深刻地展开了肃清旧式军队影响的思想政治教育活动，从而使人民军队的思想政治教育有了极大的发展和创造，使整个中国红军完全建立在马克思列宁主义基础上，完全成为真正的人民军队。

在《中国革命战争的战略问题》一文中，毛泽东分别论述了战争、革命战争、中国革命战争的规律，批评了革命队伍中的三种错误意见：一种是只注意战争，不注意研究革命战争，不把战争同革命战争加以区别的倾向；一种是只注意研究革命战争，不注意结合中国具体国情研究中国革命战争的主张；一种是只注意照搬北伐战争的经验，不注意研究中国革命战争新情况新问题的意见。他认为这些意见都是"战争问题上的机械论"，必须通过学习、研究战争规律加以克服。他运用唯物辩证法，结合中国的实际，分析了中国革命战争的特点，阐述了中国革命战争的主要形式，提出了一整套适合中国革命战争需要的战略与策略，从而大大提高了全党全军开展革命战争的水平和艺术，使中国革命战争走上了正确科学的轨道。

毛泽东还专门写了《反对自由主义》，号召在党内和革命团体内，拿起批评与自我批评的武器，开展积极的思想斗争。他列举了革命队伍内自由主义的11种表现，提出"革命的集体组织中的自由主义是十分有害的。它是一种腐蚀剂，使团结涣散，关系松懈，互作消极，意见分歧。它使革命队伍失掉严密的组织纪律，政策不能贯彻到底，党的组织和党所领导的群众发生隔离。这是一种严重的恶劣倾向"[1]。他要求共产党员用马克思主义的积极

---

[1]　《毛泽东选集》第2卷，人民出版社1991年版，第360页。

精神，克服消极的自由主义，同一切不正确的思想和行为做不疲倦的斗争，用以巩固党的集体生活，巩固党和群众的关系。

在延安整风时期，毛泽东写了《改造我们的学习》《整顿党的作风》和《反对党八股》等重要著作。在这些著作中，毛泽东提出了反对主观主义以整顿学风，反对宗派主义以整顿党风，反对党八股以整顿文风的任务。他批评了脱离中国革命的实际，抽象地无目的地学习、研究马克思列宁主义理论的主观主义态度；批评了闹独立性、个人第一主义、只顾自己不顾别人的本位主义等宗派主义倾向；批评了党八股的"八条罪状"。他的这些分析批评，既是对整风运动的有力指导，又是对群众开展批评与自我批评的科学总结。所以，延安整风运动既是普遍的马克思主义教育运动，又是群众性的批评与自我批评运动。这一运动有效地提高了全党马克思主义的水平，为抗日战争的胜利奠定了坚实的基础。

在《组织起来》《学习和时局》等文章中，毛泽东批评了一些共产党员存在脱离群众的官僚主义、军阀主义作风，论述了放下包袱、开动机器的问题，批评了陷于盲目性、缺乏自觉性的倾向，重点分析了由于盲目骄傲，导致党在历史上犯错误的严重教训，要求"全党同志对于这几次骄傲，几次错误，都要引为鉴戒"①。"要去掉我们党内浓厚的盲目性，必须提倡思索，学会分析事物的方法，养成分析的习惯。"②

在《论联合政府》的论著里，毛泽东充分肯定了延安整风工作收到的巨大成效，使很多不纯正的思想得到了纠正。并把理论联系实际的作风、和群众紧密联系在一起的作风以及批评与自我批评的作风，确立为我党的"三大作风"，论述了"三大作风"之间的相互联系，并把"三大作风"看作共产党人区别于其他任何政党的显著标志。

在解放战争胜利前夕，毛泽东发表了《在晋绥干部会议上的讲话》，论述了党组织和部队运用批评和自我批评开展整党的工作和大规模整训的情况。他说："这种整训，是完全有领导地和有秩序地采用民主方法进行的。由此，激发了广大的指挥员和战斗员群众的革命热情，明确地认识了战争的目的，清除了存在于军队中的若干不正确的思想上的倾向和不良现象，教育了干部和战士，极大地提高了战斗力。"③

------

① 《毛泽东选集》第3卷，人民出版社1991年版，第948页。
② 《毛泽东选集》第3卷，人民出版社1991年版，第948页。
③ 《毛泽东选集》第4卷，人民出版社1991年版，第1312页。

中华人民共和国成立以后，毛泽东仍然十分强调党内和集体内部的批评与自我批评。在中华人民共和国成立初期的"三反"运动中，毛泽东号召各级领导机关揭发批评官僚主义、命令主义和违法乱纪现象。在1957年党的整风运动中，毛泽东更加明确地指出："整风是用批评和自我批评解决党内矛盾的一种方法，也是解决党同人民之间的矛盾的一种方法。"① 并且"准许下级批评上级，士兵批评干部"②，要给群众"一个批评的机会"③。只有这样才能密切上下级、官兵、军民、军队同地方的关系。

在《关于正确处理人民内部矛盾的问题》一文中，毛泽东创立了关于处理人民内部矛盾的理论。他根据人民内部思想问题、是非问题的性质，提出"凡属于思想性质的问题，凡属于人民内部的争议问题，只能用民主的方法去解决，只能用讨论的方法、批评的方法、说服教育的方法去解决，而不能用强制的、压服的方法去解决"④。他还把解决人民内部矛盾的这种民主的方法具体化为一个公式，叫作"团结—批评—团结"，就是从团结的愿望出发，经过批评或者斗争，使矛盾得到解决，从而在新的基础上达到新的团结。后来，毛泽东又多次强调，"批评和自我批评是一种方法，是解决人民内部矛盾的方法，而且是唯一的方法"⑤。

对于批评与自我批评的方法，毛泽东不仅平时注重运用，在历史重大转折的关键时期，还强调运用；对已经出现的错误思想，要运用批评与自我批评的方法，对可能出现的错误倾向也要用批评的方法加以预防。所以，在第二次国内革命战争时期，毛泽东针对党内一部分同志对时局的错误估量，在批评革命急性病的同时，着重批评了把革命的主观力量看小了、把反革命力量看大了的悲观主义情绪。通过对中国国情和革命形势的正确分析，毛泽东得出了"星星之火，可以燎原"的重要结论，做出了"中国革命的高潮快要到来"的科学预见。又如，在抗日战争开始不久，面对严峻的抗战形势，人们对抗战前途有着各种不同的看法，其中有两种不利于抗战的错误论调：一种是失败主义亡国论，认为中国会灭亡，最后胜利不是中国的；一种是速胜论，认为中国很快就会战胜日本，无须费大力气。毛泽东在《论持久战》一文中，深入分析批评了这两种论调，得出了中国抗战是艰苦的、持久的结

---

① 《毛泽东文集》第7卷，人民出版社1999年版，第284页。
② 《毛泽东文集》第7卷，人民出版社1999年版，第286页。
③ 《毛泽东文集》第7卷，人民出版社1999年版，第286页。
④ 《毛泽东文集》第7卷，人民出版社1999年版，第209页。
⑤ 《毛泽东文集》第8卷，人民出版社1999年版，第293页。

论，做出了"最后胜利是中国的"正确预言。还如，在中华人民共和国成立前夕，毛泽东为了防止因为胜利可能产生的骄傲情绪和贪图享乐的倾向，他重申了批评与自我批评的重要性，指出："因为胜利，党内的骄傲情绪，以功臣自居的情绪，停顿起来不求进步的情绪，贪图享乐不愿再过艰苦生活的情绪可能生长。因为胜利，人民感谢我们，资产阶级也会出来捧场。敌人的武力是不能征服我们的，这点已经得到证明了。资产阶级的捧场则可能征服我们队伍中的意志薄弱者。可能有这样一些共产党人，他们是不曾被拿枪的敌人征服过的，他们在这些敌人面前不愧英雄的称号；但是经不起人们用糖衣裹着的炮弹的攻击，他们在糖弹面前要打败仗。我们必须预防这种情况。"① 他认为，我们能够继续保持谦虚谨慎、不骄不躁的作风，继续保持艰苦奋斗的作风。因为"我们有批评和自我批评这个马克思列宁主义的武器。我们能够去掉不良作风，保持优良作风"②。我们不但善于破坏一个旧世界，我们还将建设一个新世界。毛泽东的这个预言，已经被历史事实所证明。

从以上列举的内容可以看出，在我们党、军队和革命团体内部，一旦错误思想出现或错误倾向刚刚冒头，危害党和革命队伍的团结和战斗力的发挥，毛泽东就及时地动员全党、全军拿起批评与自我批评这个有力武器，清除错误思想，预防错误倾向，从而保证我们党和军队，能够不断增强团结，沿着正确方向发展壮大，保证我们革命和建设事业不断从胜利走向新的胜利。因此，批评与自我批评这个马克思列宁主义的武器，是取得革命和建设胜利的法宝，是思想政治教育的基本途径。

在长期运用批评与自我批评这个武器的实践中，毛泽东探索并总结了正确有效开展批评与自我批评的条件。首先，他反复强调，批评与自我批评要有明确的目的。明确的目的就是要通过批评与自我批评，克服错误思想和倾向的影响，在马克思列宁主义的基础上达到团结一致，从而增强党和革命队伍的战争力，去夺取革命和建设的胜利。因而，他要求开展批评与自我批评，要从团结的愿望出发，要以"惩前毖后，治病救人"为宗旨，要以中国最广大人民的最大利益为出发点。其次，他认为民主是开展批评与自我批评的根本条件。有了民主气氛，群众才敢讲话，敢于发表不同意见，敢于同错误思想斗争。如果压制民主，群众有话不敢讲，不愿讲，怕打击报复，批

---

① 《毛泽东选集》第 4 卷，人民出版社 1991 年版，第 1438 页。
② 《毛泽东选集》第 4 卷，人民出版社 1991 年版，第 1439 页。

评与自我批评是开展不起来的。所以毛泽东说，"如果没有充分的民主生活，没有真正实行民主集中制，就不可能实行批评与自我批评这个方法"①。最后，毛泽东还十分注意批评与自我批评的政策和方式。他提出，批评的主要任务是指出政治上的错误和组织上的错误。批评要防止主观武断和把批评庸俗化，说话要有证据，批评要注意政治。不能把批评变成攻击别人的手段，否则，其结果就会毁坏个人，也会毁坏党的组织。因此，批评与自我批评的方法，是自我教育的方法，它总是要同民主的方法、讨论的方法以及说服教育的方法结合使用。

---

① 《毛泽东文集》第 8 卷，人民出版社 1999 年版，第 293 页。

思想政治教育基础理论研究进展与综述[*]

一、思想政治教育基础理论研究概述

所谓基础理论，是指研究对象的一般规律并为该对象应用研究提供有指导意义的理论。所谓思想政治教育的基础理论，是指在思想政治教育学科理论体系中起基础性作用并具有稳定性、根本性、普遍性特点的理论原理。

（一）思想政治教育基础理论的内容与作用

思想政治教育的基础理论，主要包括三大基本原理：一是关于人的思想产生、形成和变化的基本原理；二是关于人们思想与行为活动变化的基本原理；三是关于思想政治教育与管理的基本原理。这些基本原理，是通过具体的理论、观点系统表达出来的，包括思想政治教育的研究对象、概念范畴、理论基础、地位功能、产生根源、本质、规律、价值、结构、原则、方法论、发展，以及思想政治教育的实施等理论。

思想政治教育的基础理论是思想政治教育学科形成的标志，是思想政治教育实践活动的指导，是研究思想政治教育其他问题的理论基础。

（二）思想政治教育基础理论与思想政治教育基本知识的联系与区别

所谓理论，是指人们对自然、社会现象，按照已知的知识或者认知，经由一般化与演绎推理等方法，进行合乎逻辑的推论性总结。思想政治教育的基础理论是思想政治教育工作者、研究者，在思想政治教育实践过程中和思想政治教育经验的基础上概括出来的系统结论。思想政治教育的基本知识，是能够增进思想政治教育理解力和解释力的知识，是思想政治教育工作者、研究者的认识成果，按其获得方式可分为直接知识和间接知识，按其层次可分为初级形态的经验知识和高级形态的科学理论。思想政治教育的基础理论

* 原载于《思想教育研究》2014 年第 4 期，收录时有修改。

也可称为系统化的科学知识，是关于思想政治教育的本质及其规律相对正确的认识，是经过逻辑论证和实践检验，并由一系列概念、判断和推理表达出来的知识体系。因而，思想政治教育的基础理论高于并包含思想政治教育的基本知识，而思想政治教育基本知识中的经验知识尚未上升到思想政治教育基础理论的高度。

（三）思想政治教育基础理论与思想政治教育理论基础的联系与区别

所谓理论基础，从哲学上讲，是一种用以指导人们的实践活动，并能够促进实践发展的理论成果，这种认识的理论成果就是理论基础。毛泽东说："领导我们事业的核心力量是中国共产党。指导我们思想的理论基础是马克思列宁主义。"[①] 政党的指导思想是指一个政党用以指导自己行动的思想理论体系。中国共产党的指导思想是党进行思想建设、政治建设、组织建设和作风建设的理论基础。因而，党的指导思想，也称党的行动指南或理论基础。中国共产党第十八次代表大会通过的《中国共产党章程》，在"总纲"部分规定："中国共产党以马克思列宁主义、毛泽东思想、邓小平理论、'三个代表'重要思想和科学发展观作为自己的行动指南。"[②] 思想政治教育的理论基础，是马克思列宁主义、毛泽东思想、邓小平理论、"三个代表"重要思想和科学发展观。这个理论基础的有些理论、思想观点、根本方法，可以直接作为思想政治教育的目标、内容和方法，也就是作为思想政治教育的基础理论。思想政治教育的基础理论，还包括能指导思想政治教育实践的理论体系，诸如思想政治教育的功能、价值、本质、规律等理论。因而，思想政治教育的理论基础，高于思想政治教育的基础理论；思想政治教育的基础理论，蕴含思想政治教育的理论基础。我们既不能以思想政治教育的理论基础替代、等同思想政治教育的基础理论，也不能脱离思想政治教育的理论基础来建构思想政治教育的基础理论。

二、思想政治教育基础理论研究的发展阶段

自思想政治教育学科创办以来，思想政治教育的基础理论研究经历了不

---

① 《毛泽东文集》第6卷，人民出版社1996年版，第350页。
② 《中国共产党章程　中国共产党廉洁自律准则　中国共产党纪律处分条例》，人民出版社2015年版，第2页。

断深化、系统发展的过程。这一过程大体可以分为三个阶段。

（一）思想政治教育基础理论初步研究阶段（20世纪80年代初到90年代）

从1986年到1999年，每年均有新版或再版的思想政治教育专业教材或专著出版发行。这其中既有教育部（原国家教育委员会）组织的统编教材，也有部分高校和师范类高校思想政治教育者联合编写的思想政治教育专业教材，还有高校思想政治教育者独立编写的思想政治教育专业教材。调查统计者收集到30余部（包括修订再版）思想政治教育专业的教材或专著，其中以《思想政治教育学原理》《思想政治教育学》为书名的最多。

1984年6月，由中共中央宣传部、教育部等单位联合召开了全国高校思想政治工作会议。会议提出，大专院校，有条件的都要增设政治工作专业。为了落实这一要求，教育部召开了学科专业论证会。经过论证，确定学科名称为"思想政治教育学"，专业名称为"思想政治教育专业"，并初步拟定了专业的课程设置，并于1984年由12所高校开始招收思想政治教育专业本科生，1985年开办思想政治教育专业第二学士学位班。由此，标志着思想政治教育专业的创立，为思想政治教育的基础理论研究提供了新平台。

面对思想政治教育专业本科生、第二学士学位班的招生，当务之急是要开设专业课程和编写专业教材。原国家教育委员会委托武汉大学、复旦大学等院校组织编写思想政治教育专业教材。1985年，王玄武、郑永廷、刘行炎主编的第一部教材《思想政治教育方法论》由武汉大学出版社出版发行；1992年，该教材由高等教育出版社修订再版。1986年，陆庆壬主编的《思想政治教育学原理》由复旦大学出版社出版发行；1991年，该教材由高等教育出版社修订再版。这两部教材，以马克思主义理论为指导，首次深入总结了思想政治教育的历史经验，初步建构了思想政治教育原理与方法论体系，系统研究了思想政治教育的某些基础理论，诸如思想政治教育的概念、研究对象、理论基础、地位和作用、过程、原则、方法论体系等。

1994年，原国家教育委员会思想政治工作司组织第二次思想政治教育教材的编写，邀请了全国20多所高校的50多位教授、副教授在湖南长沙召开思想政治教育专业教材编写工作会议，明确思想政治教育专业课程设置和教材编写的目标、内容、重点与要求，通过分工组织编写了12部教材，包括《马克思主义思想政治教育著作导读》《唯物史观通论》《政治观教育通论》《道德观通论》《人生观通论》《比较思想政治教育》等。其中邱伟光、张耀灿主编的《思想政治教育学原理》、郑永廷主编的《思想政治教育方法论》、张耀灿主编的《中国共产党思想政治工作史论》、罗国杰主编的《马克思主义思想政治教育理论基础》，分别于1999年由高等教育出版社出版发行，并确定为"面向21世纪课程教材"。这些教材，在第一次思想政治教育专业教材的基础上，增加了对思想政治教育的规律、思想政治教育的环境、思想政治教育的队伍建设等内容的研究，进一步系统论述了思想政治教育学的研究对象、过程、地位与作用、教育对象、目标与内容、原则和方法、评估等内容，使思想政治教育的基础理论研究得到深化。

在这一阶段，除两次有组织地编写的思想政治教育专业教材之外，比较有影响的教材和专著还有：邱伟光著述的《思想政治教育学概论》（天津人民出版社1988年版），陈秉公论著的《思想政治教育学》（吉林大学出版社1992年版），由华中师范大学、河南大学、湖北大学、华南师范大学、湖南师范大学、广西师范大学6校合编的《思想政治教育学》（华中师范大学出版社、河南大学出版社1993年版），张耀灿、陈万柏主编的《思想政治教育学概论》（湖北科技出版社1995年版），罗洪铁著述的《思想政治教育学专题研究》（西南师范大学出版社1997年版），等等。

总之，这一阶段对思想政治教育基础理论的研究，分别散见于思想政治教育专业教材与专著之中。教材与专著共有几十种之多，尽管称谓不同，但内容大致相近。思想政治教育基础理论的研究，主要涉及以下三方面内容：一是思想政治教育学科基础理论研究，包括学科的形成与发展、学科研究对象、学科特点、学科性质、学科基础理论等；二是思想政治教育学科主导理论研究，包括本质论、规律论、目的论、价值论、内容论、结构论、过程论、环境论、方法论等；三是思想政治教育学科重要理论研究，包括思想政治教育范畴、中介、接受、资源、载体、管理、评估等。这些研究成果，丰富了思想政治教育基础理论研究，推进了思想政治教育学科发展。

（二）思想政治教育基础理论深化研究阶段（20世纪90年代到21世纪初）

1990年，清华大学、复旦大学、武汉大学等10所院校批准设立了思想政治教育专业硕士学位授予点；1996年，中国人民大学、武汉大学、清华大学3所高校设立了第一批马克思主义理论与思想政治教育博士学位授予点。这一举措既有力促进了思想政治教育的基础理论研究，又向思想政治教育基础理论研究提出了新要求。

高校思想政治教育专家，为了适应思想政治教育专业高级人才的培养要求，进一步推进思想政治教育学科建设，或独立进行思想政治教育基础理论研究，或组织起来开展思想政治教育基础理论的集体攻关。其间有影响的研究成果有：郑永廷论著的《现代思想道德教育理论与方法》（广东高等教育出版社 2000 年版），主要探讨了思想道德教育由传统向现代转变过程中的价值、发展、主导、环境优化等方面的理论；罗洪铁、董娅主编的《思想政治教育原理与方法基础理论研究》（人民出版社 2005 年版），系统研究了思想政治教育的价值、思想政治教育的资源开发和思想政治教育的规律；刘建军、曹一建论著的《思想理论教育原理新探》（高等教育出版社 2006 年版），重点研究了为人民服务和集体主义教育、马克思主义理论教育、信仰教育和国情教育的理论与方法；张耀灿等人论著的《现代思想政治教育学前沿》（人民出版社 2006 年版），围绕思想政治教育的主要理论开展了专题研究。

　　其间，有代表性的思想政治教育基础理论研究成果，是张耀灿、郑永廷、刘书林、吴潜涛等论著的《现代思想政治教育学》（人民出版社 2001 年版）。该著作是多位长期在高校从事思想政治教育的专家，经过几年研究，对思想政治教育基础理论所进行的新探索，研究内容包括思想政治教育本质、思想政治教育规律、思想政治教育价值、思想政治教育结构、思想政治教育客体、思想政治教育发展等重要问题。2006 年，张耀灿、郑永廷、吴潜涛、骆郁廷等对 2001 年出版的《现代思想政治教育学》进行了修订，并于 2006 年由人民出版社出版。新版各章除补充了新的内容外，还增加了思想政治教育目的论、思想政治教育主导论、思想政治教育载体论等内容，使该著作的结构更加完善，理论更加系统。该书出版发行后，有 400 多所高校将其作为教材或参考教材，设有思想政治教育硕士学位点、博士学位点的高校几乎都将其指定为必读书目或研究生考试的参考书目。2003 年，该书获全国高校思想政治教育研究会优秀专著一等奖；2005 年，教育部学位管理与研究生教育司组织专家评审后，将该书列为向全国推荐的研究生教学用书；2006 年，教育部将该书批准确定为普通高等教育"十一五"国家级规划教材；2006 年，该书获教育部第四届中国高校人文社会科学研究优秀成果奖二等奖。这些社会效益充分表明，《现代思想政治教育学》所研究的思想政治教育基础理论，具有系统性、理论性、认同性与价值性。

（三）思想政治教育基础理论专题研究阶段（2005年以来）

2005年，马克思主义理论一级学科及所属二级学科的设立，使思想政治教育重新获得了独立的二级学科地位。马克思主义理论学科的迅速发展和博士点、硕士点的快速增加，推进了思想政治教育学科建设，与马克思主义理论一级学科和所属其他二级学科建设形成比较、协同发展格局，使思想政治教育研究者更加明确思想政治教育学科建设的特点与使命，更加自觉地开展思想政治教育的基础理论研究。

在这一阶段，思想政治教育的基础理论研究与第一阶段不同的是，通过专题研究或课题研究的方式得到了深化和突破。在思想政治教育基础理论方面，研究比较集中且有影响的成果主要有：徐志远的专著《现代思想政治教育学范畴研究》（人民出版社2009年版），刘建军、曹一建的专著《思想理论教育原理新探》（高等教育出版社2006年版），项久雨的专著《思想政治教育价值论》（中国社会科学出版社2003年版），韦冬雪的专著《思想政治教育过程矛盾和规律研究》（光明日报出版社2011年版），李辉的专著《现代思想政治教育环境研究》（广东人民出版社2005年版），石书臣的专著《现代思想政治教育主导性研究》（学林出版社2004年版），万美容的专著《思想政治教育方法发展研究》（中国社会科学出版社2007年版），杨威的专著《思想政治教育发生论》（中国社会科学出版社2009年版），等等。这些专著的作者基本上是中青年学者，他们所出版的专著，是他们在攻读思想政治教育博士学位期间，在导师指导下所撰写的博士学位论文，经修改、充实后形成的成果。这些研究成果，选择思想政治教育基础理论的某个问题开展系统、深入研究，使第一阶段、第二阶段的综合性基础理论研究取得进展与突破。同时，在思想政治教育基础理论内容方面，还有新拓展，如关于思想政治教育的"缘起""发生"研究，就是思想政治教育根源的元理论研究。

三、思想政治教育基础理论研究的主要成果

思想政治教育基础理论研究已经取得了一系列成果，正是这些成果，标志着思想政治教育学科的形成与稳定。思想政治教育学研究对象的确立，思想政治教育学概念、范畴体系的形成，思想政治教育学指导思想的明确与坚定，思想政治教育学科与相关学科关系的梳理，思想政治教育价值形态的研

究，思想政治教育地位与功能研究的深化，思想政治教育目标、内容、原则、方法体系的建构，等等，都有系统研究成果。下面就学科建设需要回答的三个基本问题进行总结与梳理。

一是为什么各个社会、各种人群都要接受思想政治教育？有的社会与国家虽然没有思想政治教育这一概念，但在事实上都开展了思想教育、政治教育、道德教育，这是思想政治教育的根源或本源问题。如果这个问题不从理论上彻底解决，就会产生思想政治教育只在我国存在，或思想政治教育是外在施加的误解。二是思想政治教育的本质与规律是什么？这是思想政治教育的根本问题，对这个问题的研究已有不少成果。但这些成果的揭示与表达或各有侧重，或各有见解，不大一致。这说明对此问题的研究有待深入，还很难以有说服力的成果让大家认可。三是思想政治教育在新的历史条件下，面临着许多新情况、新问题，要研究哪些新原则为当代思想政治教育提供遵循，并形成思想政治教育的原则体系。

（一）思想政治教育根源研究的重要成果

思想政治教育根源研究，也可称为本源研究，就是要从理论与实践两个层面回答为什么各个社会、各种人群都要接受思想政治教育的问题。也就是要研究思想政治教育产生和需要的根源，论述其必然性与普遍性。因而思想政治教育的根源研究，是思想政治教育学科的立论性研究。

1. 关于思想教育、政治教育、道德教育根源性的回溯研究

有学者认为，思想政治教育的根源探究，从古到今没有停止过。中外古代先哲、教育者的人性预设论、社会聚集论，尽管具有假设、猜想的局限，尽管人性论观点各有差异甚至相反，但都从不同人性论出发，论述思想教育、政治教育、道德教育的必要性。资产阶级学者的不同人性论、社会契约论，也都从维护资本主义社会和个人主义价值出发，论述了思想教育、政治教育、道德教育的需要。其中，比较集中地进行思想教育、政治教育、道德教育根源性回溯研究的是《现代思想政治教育学》一书中的第三章。[①]

第一，我国古代关于道德教育的根源性探索。我国古代先哲从个体人性预设出发，探析了道德教育的根源。古代最先提出人性观念的是孔子，孔子关于"性相近，习相远"（出自《论语·阳货》）的命题，把"人性"与教习相联系，在确立人具有人的本性的同时，也肯定了教习对人性改变的作

① 张耀灿：《现代思想政治教育学》，人民出版社 2006 年版，第 103—111 页。

用，从而对教育，特别是道德教化的必要性做了探索。孔子以后，人性论探讨开始活跃起来。战国时代的世硕提出了人性有善有恶的观点，而且善恶在养育、教习下可以增长、发展。他说："举人之善性，养而致之则善长；性恶，养而致之则恶长。如此，则性各有阴阳，善恶在所养焉。"（《论衡·本性》）这样，世硕不仅把道德善恶与人性善恶直接联系起来，而且直接从人性善恶变化发展的角度，为道德教育的存在与发展做了论说。与世硕人性有善有恶的主张相反，告子提出了"人性无善无不善"的观点，认为人性先天所赋，后天表现道德善恶是后天教化所致。于是，王充在评价告子的人性论时说："夫告子之言，谓人之性与水同也，使性若水，可以水喻性，犹金之为金，木之为木也。人善因善，恶亦因恶。初禀天然之姿，受纯一之质，故生而兆见，善恶可察。无分于善恶，可推移者，谓中人也。不善不恶，须教成者也。"（《论衡·本性》）显然，在告子看来，人的"性"与生俱来，而"善"与"恶"的社会属性由后天教化所成。孟子对人性做了比较系统的阐述，是著名的"性善论"者，提出了人之"四端"观点，即"恻隐之心仁之端也，羞恶之心义之端也，辞让之心礼之端也，是非之心智之端也"（《孟子·公孙丑上》）。他认为，"四端"虽人所固有，但常受后天蒙蔽、压抑，需要借助社会的教化和个人的自我修养才能发挥出来。于是，孟子以"性善论"为道德教育和道德修养做了论述。荀子的人性预设正好与孟子相反。荀子主张"性恶论"。他说："从人之性，顺人之情，必出于争夺，合于犯分乱理而归于暴。故必将有师法之分，礼义之道，然后出于辞让，合于文理，而归于治。"（《荀子·性恶》）荀子认为，由于人性之恶，就需要有为师者对人施以教化，使之"化性起伪"而向善。荀子从性恶论的角度为道德教育做了佐证。我国古代先哲还从社会层面，探索了德治的根源。孔子说："为政以德，譬如北辰居其所而众星共之。""道之以政，齐之以刑，民免而无耻；道之以德，齐之以礼，有耻且格。"（《论说·为政》）孔子把德教放大到全社会而成为德治，形成了我国古代以德治国的传统。孟子认为："得道者多助，失道者寡助，多助之至，天下顺之。"（《孟子·公孙丑下》）"以力服人者，非心服也，力不赡也；以德服人者，心悦而诚服也。"（《孟子·公孙丑上》）孟子传承了孔子的德教、德治思想，为社会治理探寻了根据。

综上所述，自孔子之后，我国古代先哲有坚持人性本善、人性本恶、人性有善有恶、人性无善无恶和人性善恶混杂等各种观点的。尽管观点迥异、视角不同，但有三点是基本一致的：一是他们观察、分析的对象都是人，他们对人的本性研究，在当时的历史条件下，只能做出主观猜测和某种预设，无法得出科学结论。他们的共同点是注意到了人与动物的区别，这个区别就是人要向善和讲德，从本源上确认了人对善和德的需要。二是在探求人要向善和讲德的途径时，他们虽然无法看到社会实践的作用，但他们都从不同角度为道德教育做了论证，确立了道德教育对人的作用与价值。三是我国古代社会，是一个道德政治化、政治道德化的社会，道德教育蕴含着政治教育、思想教育。正是先哲们的这些观点、理论，塑造了我国传统文化的鲜明特征，形成了民族"伦理之邦"的美誉，并在悠长的历史进程中不断丰富和发展。

第二，西方古代关于思想教育、政治教育、道德教育的根源性探析。西方古代从个体层面论证道德教育的普遍性，也是从人性论观点出发的。古希腊的柏拉图通过人性预设为道德教育进行了论说。他提出人有理性、意志与欲望的天性。其中，欲望是人的生理欲求，意志是喜怒哀乐以及坚韧、侵略等感情，唯独理性为人所特有，使人区别于且高于动物，是人之天性最可贵的部分。如果欲望部分脱离了理性的领导和监视，因追求肉体快乐变大变强而不再安守本分，企图去控制、支配那些他所不应该控制、支配的部分，就会使人沦为动物而毁灭整个生命。为此，柏拉图根据他设定的人性前提，提出了道德可教、知德合一的道德教育理论。柏拉图认为，灵魂本身具有一种认识能力，教育只是使这种能力掌握正确的方向，使它从黑暗转向光明，从现象的世界走向真实的世界。良好的教育不仅可以戒除非必要欲望而使人保持应有的本性，而且能唤起人来自理念世界的善德禀赋，并通过"回忆"而致知和进德。一个人从小所受的教育把他往哪里引导，就能决定他后来往哪里走。因此，人需要接受教育，教育者要承担以德化人的任务。同时，柏拉图还有一个"性善论"假定，认为人都有舍恶趋善的本性。但人在实际生活中是否行善和讲德，关键取决于他的善恶能力；人能知善，一定行善，人能知恶，必能避恶，行恶者不是恶性使然，而是无知。因此，知识是善行的保证，是主宰人的真实力量。要获得关于善恶的知识和辨别善恶的能力，只能靠教育和学习。所以，柏拉图从人性的因素和性善两个假设，论证了教育的必然性与必要性。

在古代西方，更有影响的是柏拉图的学生亚里士多德。亚里士多德论证道德教育的必要与本质，也是从人性和社会两个层面展开的。他对人性的研究也是以动物为参照的，一是提出了"人是天生的政治动物"① 的论断，阐述了人的合群习性，二是提出了"人是理性动物"的命题。他说："对人来说这就是合于理智的生命。如若人以理智为主宰，那么，理智的生命就是最高的幸福。"② 亚里士多德从人性命题出发，分别从社会和个体两个层面论述了道德教育的必要性。他从"城邦"应当是"善邦"的目标出发，论述了善德是立国之基，道德教育是治国之本：唯有道德教育才能把人们引向善德，才能保证城邦为善；唯有道德教育才能增强人的理性，节制人的欲望和抑制人的罪恶本性；唯有道德教育才能使城邦的每个人向善合群，达到城邦的统一。从个体层面来看，亚里士多德在《尼各马科伦理学》一书中，以一半的篇幅系统研究了人的德行的来源、类型与特点以及作用与价值。亚里士多德认为，人们之所以可以达德成善，源于三端：一是出生时所禀的天赋，二是后天养成的习惯，三是内在的理性。人的天赋使人有接受善德的可能；而人的善德，包括理智德行和伦理德行两类，都来源于道德教化和道德训练。理智德行来自道德教育，道德教育的核心问题就是培养人以理性节制情欲。③ 至于伦理德行，实际上是人的道德品质。亚里士多德认为，德行既非神赐天授，也不可能自发产生，它像人掌握技术、学习弹琴、建造房子的道理一样，要通过实际训练才能获取。因此，道德品质来自富有德行的活动，也就是来自生活中的道德教育。

古希腊先哲对德教、德治的探索，同我国古代先哲一样，也是以人性预设为前提，同样既有价值也有局限。

第三，资本主义社会的学者关于思想教育、政治教育、道德教育的根源探析。西方进入资本主义社会后，一些学者进行了思想教育、政治教育、道德教育的根源探析。比较有影响的有以下四位。

培根关于道德与道德教育的理想描绘。实验科学的始祖、英国哲学家培根提出了"知识就是力量"的著名论断，影响深远。他在晚年未完成的著作《新大西岛》中吹响了近代科学教育兴起的号角，使学校教育中的课程、教学原则和方法，乃至学生学习的课本都开始发生了变化。他号召改革经院教育，让学校教育跟上时代的潮流，传授百科全书式的知识，注重科学人才的培养，促进科学的进步，给了教育一个新的基础和新的目的。他从个体与

---

① ［古希腊］亚里士多德：《政治学》，吴寿彭译，商务印书馆1965年版，第7页。
② 苗力田：《亚里士多德全集》第8卷，中国人民大学出版社1997年版，第228页。
③ ［古希腊］亚里士多德：《尼各马科伦理学》，苗力田译，中国人民大学出版社2003版。

社会两个层面描绘了理想的社会图景：人们最大限度地尊重和利用科学；人们德行"纯洁坚贞"，充满虔诚和人道精神；这里没有妓院、娼寮，只有一切美德；在这个社会所见到的是忠诚、信赖和友谊。培根对美德、道德教育所做的理想描述，超越了以往思想家仅仅从人性的唯心预设出发来论述道德与道德教育的局限，第一次把美德与科学联系起来，提出了与科学发展要求相一致的道德与道德教育问题。① 对于培根在《新大西岛》中所表露出的"科学主宰一切"的思想，我们显然不能完全赞同。虽然科学在社会发展过程中起着非常重要的作用，但倘若把它摆在"主宰一切"的位置上是不妥当的，培根的这一理想显然具有历史局限与认识局限。

康德为人的道德立法。德国古典哲学的奠基人康德，针对流行的"知识就是力量"的观点，提出了"德行就是力量"的命题。康德提出了两种立法观点：一是为自然立法；二是为人类自己立法。为人立法就是道德立法。康德在《实践理性批判》一书的结尾中写道："有两种伟大的事物，我们越是经常、越是执着地思考它们，我们心中就越是充满永远新鲜、有增无已的赞叹和敬畏——我们头上的灿烂星空，我们心中的道德法则。"② 康德还对道德立法做了论述。他说，人之为人，人之高于动物，人之所以有尊严，唯一的区别是人有自由的道德实践。为此，"只有人是需要教育的生物"，人只有依靠教育才能成为人，人完全是教育的结果。康德的道德立法既有价值也有局限，他把道德律令同人本身等同起来，标志价值概念突破了经济和科技的界限，为西方后来的人文科学发展开辟了道路；但他又陷于二元论的矛盾之中，在他看来，道德介乎上帝与动物之间，理性的至善是上帝（与古代假设一致），而纯粹由欲望支配行动的是动物，人的道德特点就是实践理性与欲望的矛盾。

赫尔巴特的权威主义教育理论论述道德是人的内在需要。德国教育家赫尔巴特以康德的道德立法为前提，确立教育的最高目的是培养道德。他第一次提出道德的观念结构包括内心自由、完善、仁慈、正义和公平五种要素，还提出道德的内化是形成意志，意志经陶冶、示范、赞许和责备形成性格，确认了道德是人的内在需要与主体建构。赫尔巴特还第一个明确地提出"教育性教学"的概念。所谓"教育性教学"，就是教育与教学的不可分割性，既没有"无教学的教育"，也没有"无教育的教学"：教学如果没有进

① ［英］培根：《新大西岛》，何新译，商务印书馆 2012 年版。
② ［德］康德：《康德文集》，刘克苏等译，改革出版社 1997 年版，第 29 页。

行道德教育，只是一种没有目的的手段；相反，德育如果没有教学，就是一种失去了手段的目的。① 赫尔巴特确认了道德是人的内在需要，并探索了内化理论，这是他的贡献。但他的理论带有明显的宗教色彩与外在强制色彩，具有局限性。

杜威对道德需要与发展的根源性探索。杜威以达尔文的进化论为依据，论说了道德和道德教育是人与其社会环境的相互作用和人的积极构造，是人在合作中不断解决道德问题的探究过程。由于社会环境永远处于发展变化之中，因而道德也处在发展变化之中。杜威的这一观点是一种进步。他认为，道德既不是宗教所做出的一种至善至美的神性预设，也不是人性的先天禀赋，而是人在社会发展进程中的创造。杜威强调，社会生活对道德及其教育的作用，逻辑演化出了"教育即生活""教育即生长""教育即经验的改造"的观念。在《民主主义与教育》中，杜威指出教育广义上讲就是"生活的社会延续"，提出"生活就是通过对环境的行动的自我更新过程"，"不仅社会生活本身的经久不衰需要教导和学习，共同生活过程本身也具有教育作用。这种共同生活，扩大并启迪经验，刺激并丰富想象，对言论和思想的正确性和生动性担负责任"②。杜威虽然突破了传统道德教育脱离人与社会实际的惯性，但杜威以经验论哲学和实用主义伦理学为基础的道德教育起源论，同样存在明显局限。因为杜威认为，决定经验构造的并非客观世界，而是人的理性思维，道德依存于主体的解释框架；"教育即生活""学生中心论"和教育无目的，使道德教育陷于实用主义与相对主义，适应了资本主义社会个人主义价值需要。

西方古代与资本主义社会关于思想政治教育的根源探索，从人与社会两个层面展开，人的层面从人性（善与恶、理性与兽性）出发论证，社会层面从社会规范、协调性出发论证，都得出了教育的必要性。在从古代向现代的发展过程中，思想政治教育根源探索，从人性的主观猜想、假设到社会描述、主观经验，从对人的外在控制到人的内在需要，逐步由主观走向客观、外在走向内在。但西方古代与资本主义社会，由于对人性、人的本质与社会本质不能进行科学揭示，因而在思想政治教育根源探索上存在历史局限。

2. 思想政治教育学者关于思想政治教育根源研究的成果

思想政治教育学科创立之初，思想政治教育工作者专注于解决教材编

---

① 曹孚：《外国教育史》，人民教育出版社1979年版，第177页。
② ［美］杜威：《民主主义与教育》，王承绪译，人民教育出版社1990年版，第12页。

写、人才培养的当务之急，对思想政治教育根源研究未提上议程，即使有学者提出这一问题，也没有开展系统研究。随着思想政治教育学科建设不断深入，思想政治教育的深层次问题逐渐显露，思想政治教育根源研究在后期受到重视，一些学者着手研究并推出了有分量的成果。

比较早从哲学高度研究思想政治教育产生条件、理论根据、学科性质的成果，是张澍军的专著《德育哲学引论》（人民出版社 2002 年版）。作者把思想政治教育的对象范围缩小到在校学生，并使用了"德育"的概念。该著作探索、阐释了德育产生的根据、德育的工具性本质、目的性本质和载体性本质等问题。作者在著作中把德育哲学界定为"关于德育观及其行为实践的哲学前提性问题的理论学说"；把研究的主要任务界定为"通过德育理论与哲学思维的有机契合，开展对于德育观及其实践运作的哲学研究，揭示人的德行修养的前提性根据和条件，揭示德育观形成、运演、发展的历史正当性和价值合理性，揭示德育运动规律的前提性根据和条件及其实现形式"。[①] 据此，作者着重以三种哲学视野，对德育本体论进行了研究：一是以社会哲学视野探讨了德育所具有的维系人类生存、规范社会运转、促进文明发展的工具性本质；二是以人学视野探讨德育所具有的人类自我塑造生成、使人从动物性存在不断提升到人性存在的目的性本质；三是以文化哲学视野探讨德育所具有的人类精神财富生产、积累、沿革和传导的载体性本质。《德育哲学引论》的体系建构，与《思想政治教育学原理》的体系建构相近，研究的内容比较多，但基础理论研究比《思想政治教育学原理》更为深入。

比较系统研究思想政治教育根源的成果是李合亮的专著《思想政治教育探本：关于其源起及本质的研究》（人民出版社 2007 年版）。该著作从"元理论"的角度，对思想政治教育"元意义"进行研究，主旨在于探讨思想政治教育的本性，探究"思想政治教育是什么"这一思想政治教育理论研究中最具有根本性和基础性的命题。该著作首先提出教育是人的存在与发展方式的命题，阐述了关于教育起源的认识，把教育的起源定位为人的需要。该书着重从三个层面切入展开对思想政治教育根源的研究：一是从一个人在社会中生存、发展对教化的需求，论述了思想政治教育的根源；二是从统治阶级对意识形态控制力的强化，论述了思想政治教育的社会需要；三是从对人的精神建构的影响与参与问题入手，论述了思想政治教育的必要性与

---

① 张澍军：《德育哲学引论》，人民出版社 2002 年版，前言第 1 页。

必然性。这三个方面，系统论述了思想政治教育与个人、阶级、社会的关系演化，展示了思想政治教育的工具性与目的性本质，揭示了思想政治教育存在与发展的根源。

比较集中研究思想政治教育根源的成果，是骆郁廷、杨威所提供的论文与著作。骆郁廷、杨威在其《论思想政治教育的实践根源》论文中指出："思想政治教育的产生、存在和发展具有不以人的意志为转移的客观必然性，它的产生、存在和发展同社会实践有着本质的、必然的联系。社会实践是主观见之于客观的活动，思想政治教育是思想见之于行动的中心环节。思想政治教育是解决社会实践中思想与行动基本矛盾的关键。思想与行动的基本矛盾在社会实践中往往体现为自发与自觉、精神力量与物质力量、个体与群体、经济与政治的关系。处理好这些关系，进而解决社会实践中思想与行动的基本矛盾，都离不开思想政治教育。社会实践是思想政治教育产生、存在和发展的根源。"① 骆郁廷、杨威在其《论思想政治教育的认识根源》论文中，论述了思想政治教育"源于认识活动的内在矛盾及其解决。解决认识过程中主观与客观的矛盾，实现主观与客观相符合、相一致，是思想政治教育产生的重要根源。解决认识过程中主观与客观的矛盾，自然要解决感性认识同理性认识的矛盾，实现感性认识向理性认识的飞跃，解决社会认识与个体认识之间的矛盾，实现社会认识向个体认识的转化，这些都需要进行思想政治教育。深刻分析和把握思想政治教育的认识根源，是增强思想政治教育自觉性和实效性的重要前提"②。杨威还研究了思想政治教育的价值根源，他在《论思想政治教育的价值根源》一文中，阐述了"思想政治教育根源于主体与客体的价值关系和价值活动中，主体自觉地满足其需要和利益的动机和活动是思想政治教育产生和发展的深层价值根源。满足人的发展需求和社会发展需求，满足人的思想道德素质的发展需求和全面发展的需求，满足社会全面、协调、可持续发展的需求，这是思想政治教育产生的价值逻辑"③。

杨威的博士学位论文是专门研究思想政治教育根源的，其成果是专著《思想政治教育发生论》（中国社会科学出版社 2009 年版）。该著作指出，思想政治教育的产生深深地根植于人类实践活动、认识活动和价值活动的内

---

① 骆郁廷、杨威：《论思想政治教育的实践根源》，载《武汉大学学报（哲学社会科学版）》2008 年第 5 期。

② 骆郁廷、杨威：《论思想政治教育的认识根源》，载《江汉论坛》2009 年第 10 期。

③ 杨威：《论思想政治教育的价值根源》，载《学校党建与思想教育》2011 年第 12 期。

在需要之中，是人类实践活动、认识活动和价值活动发展的必然产物。思想政治教育的发生是在各种要素的交互作用中，在各种矛盾的推动下，遵循一定规律性的过程。现代化、市场经济、全球化和构建和谐社会是当前中国社会发展最为突出的客观历史现实，构成了思想政治教育发生、发展的时代语境。

3. 马克思主义关于思想政治教育根源科学揭示的研究

有学者认为，要回答思想政治教育的根源或必然性问题，必须从社会与人的本质切入。因为体现社会与人的本质的因素和方式，必定是根源性的、必然性的。实践性、社会性、需要性，是社会与人的本质特性。这些特性既不是单一的，也不是单向的，而是多因素的、辩证的。如果把这些特性做类型划分，则每一个特性都涉及客观与主观、物质与精神、现实与目标两个领域。如果强调前者的决定性而忽视后者的相对独立性，则陷于机械唯物主义；如果强调后者的决定性而忽视前者，则陷于唯心主义。社会与人的本质特性及主观能动性，决定了人有思想认识、思想关系、精神追求的需要，思想政治教育正是满足这种需要并体现和发展人的本质的根本方式。有学者分别运用马克思主义关于人与社会的实践本质、社会本质、需要本质的理论，科学探究了人的思想认识、人的思想关系、人的精神需要产生与发展的根源，并分别论述了与之相对应的社会实践、物质关系、物质需要的辩证关系，从而对思想政治教育的根源进行了阐述。①

第一，马克思主义关于人性的论述，为思想政治教育存在与发展的根源找到了科学根据。马克思主义所说的人，不是抽象的人，而是现实的人。马克思主义在人的研究上，突破了传统人性预设的唯心论和形而上学理论范式，开始以人的社会存在和社会关系作为考察人性的基础，用马克思的话来说，就是"首先要研究人的一般本性，然后要研究在每个时代历史地发生了变化的人的本性"②。恩格斯也强调："要从费尔巴哈的抽象的人转到现实的、活生生的人，就必需把这些人当作在历史中行动的人去研究。"③ 马克思主义对人的自然性、社会性、精神性分别做了阐述，指出："人是肉体的、有自然力的、有生命的、现实的、感性的、对象性的存在物。"④ "人是最名副其实的政治动物，不仅是一种合群的动物，而且是只有在社会中才能

① 郑永廷：《思想政治教育的根源探究》，载《中国高校社会科学》2014 年第 3 期。
② 《马克思恩格斯全集》第 23 卷，人民出版社 1972 年版，第 669 页。
③ 《马克思恩格斯全集》第 21 卷，人民出版社 1965 年版，第 329 页。
④ 《马克思恩格斯全集》第 42 卷，人民出版社 1979 年版，第 168 页。

独立的动物。"① "人是能思想的存在物……"② "真正的人＝思维着的人的精神。"③ 马克思主义不仅论述了共同人性，还论述了具体人性，认为人永远是一切社会组织的本质，但是这些组织也表现为人的现实普遍性，因而也是一切人所共有的。人的具体人性，主要是阶级性。因此，马克思主义的人性论，是以客观为基础的人性超越了历史上主观预设的人性；以具体的社会性、阶级性超越了抽象人性；以人性的全面性克服了片面人性。以马克思主义人性论为指导，才能真正找到人需要什么，才能以实践的对象性活动、以社会关系为基础和以人的精神需要，找到思想政治教育的科学根据。

第二，马克思主义关于社会与人的实践性本质，论述了思想政治教育的根源。马克思主义认为，"动物仅仅利用外部自然界，简单地通过自身的存在在自然中引起变化；而人则通过他们所作出的改变来使自然界为自己的目的服务，来支配自然界。这便是人同其他动物的最终的本质的差别，而造成这一差别的又是劳动"④。马克思在《关于费尔巴哈的提纲》中强调："全部社会生活在本质上是实践的。"⑤ 实践活动既是人认识世界的对象性活动，又是改造世界的对象性活动；实践活动既是以物质为基础（与外部环境进行物质、能量和信息交换）的活动，又是以精神为前导（以人为主体并具有目的性）的活动；实践活动既要坚持"物的尺度"符合客观世界的规律性，又要坚持"人的尺度"符合人的目的性；实践活动既是创造物质资源的活动，又是创造精神财富的活动。因而，人在实践活动中，既要以物质作为基础，又要以思想作为先导，没有基础与人的能动，不可能有实践。所以，马克思主义以"实践"作为基础，科学揭示了社会与人需要物质与精神的根源，为思想政治教育的存在与发展进行了根源论证。

第三，马克思主义关于人的社会性本质，论述了思想政治教育的根源。马克思说："人的本质不是单个人所固有的抽象物，在其现实性上，它是一切社会关系的总和。"⑥ "人的本质是人的真正的社会联系，所以人在积极实现自己本质的过程中创造、生产人的社会联系、社会本质。"⑦ "社会关系分

① 《马克思恩格斯选集》第 2 卷，人民出版社 1995 年版，第 2 页。
② 《马克思恩格斯全集》第 1 卷，人民出版社 1995 年版，第 409 页。
③ 《马克思恩格斯全集》第 3 卷，人民出版社 1960 年版，第 56 页脚注。
④ 《马克思恩格斯选集》第 4 卷，人民出版社 1995 年版，第 383 页。
⑤ 《马克思恩格斯选集》第 1 卷，人民出版社 1995 年版，第 56 页。
⑥ 《马克思恩格斯选集》第 1 卷，人民出版社 1995 年版，第 56 页。
⑦ 《马克思恩格斯全集》第 42 卷，人民出版社 1979 年版，第 24 页。

成物质关系和思想关系。思想关系只是不以人们的意志和意识为转移而形成的物质关系的上层建筑，是人们维持生存的活动的形式（结果）。"① 社会关系的实质主要体现在这样几个方面：社会关系是人的创造和人的存在方式，是人的内在需要与外在制约；人类与个体社会关系都具有历史发展性，社会关系决定并推进人的发展；社会关系中物质的关系具有基础性、决定性作用，在此基础上形成的思想关系是物质关系的反映，是通过人们的意识而形成的。人的社会本质、精神实质既决定人对物质关系的需要，又决定人对思想关系的需要；社会关系的发展（包括新发展的关系——竞争关系、信息关系、虚拟关系等）是人的全面发展的需要与条件。思想政治教育就是为了满足人们建立合理物质关系与正确思想关系的需要。因为"在社会历史领域内进行活动的，是具有意识的、经过思虑或凭激情行动的、追求某种目的的人；任何事情的发生都不是没有自觉的意图，没有预期的目的的"②。人的目的性有眼前与长远、片面与全面、自发与自觉的区别；人的主观能动性发展，主要是人的全面性、长远性的目的确立；思想政治教育正是满足人们增强主观能动性需要的方式。

第四，马克思主义关于人的需要的本质，论述了思想政治教育的根源。马克思、恩格斯在谈到人类生存的第一个前提时指出："为了生活，首先就需要吃喝住穿以及其他一些东西。因此第一个历史活动就是生产满足这些需要的资料，即生产物质生活本身……"③ "第二个事实是，已经得到满足的第一个需要本身、满足需要的活动和已经获得的为满足需要而用的工具又引起新的需要，而这种新的需要的产生是第一个历史活动。"④ "……由于他们的需要即他们的本性，以及他们求得满足的方式，把他们联系起来（两性关系、交换、分工），所以他们必然要发生相互关系。"⑤ 这就是说，人的需要就是人的本性或本质。"我的劳动满足了人的需要，从而物化了人的本质，又创造了与另一个人的本质的需要相符合的物品。"⑥ 由此可以看出，马克思直接把人的需要与人的本质作为同一概念来使用。马克思不仅赋予人的需要前提性，而且赋予人的需要普遍性、永恒性和能动性。这充分表明，

① 《列宁全集》第1卷，人民出版社1955年版，第131页。
② 《马克思恩格斯选集》第4卷，人民出版社1995年版，第247页。
③ 《马克思恩格斯选集》第1卷，人民出版社1995年版，第79页。
④ 《马克思恩格斯选集》第1卷，人民出版社1995年版，第79页。
⑤ 《马克思恩格斯全集》第3卷，人民出版社1960年版，第514页。
⑥ 《马克思恩格斯全集》第42卷，人民出版社1979年版，第37页。

人的需要是人的内在的、本质的规定性，是人的全部生命活动的最终动力和内在根据，人的一切活动无非是要使自己的需要得到满足。所以，马克思特别强调："人的需要的丰富性，从而某种新的生产方式和某种新的生产对象具有何等的意义：人的本质力量的新的证明和人的本质的新的充实。"① 离开了人的需要，人的一切实践活动和一切社会关系都将不复存在。

马克思和恩格斯在《德意志意识形态》一文中，把人的需要分成三个基本层次，即生存需要、享受需要和发展需要。马克思认为，人的全面发展是"人以一种全面的方式，也就是说，作为一个完整的人，占有自己的全面的本质"②。人的需要是全面的，除了物质、社会需要外，还有精神需要。因为人是有目的、有意识、有信念的精神性存在。正是为了满足人的精神需要，人类才不断进行精神生产，获得精神文明的优秀成果。这些成果，既有高级产品，如政治、法律、道德、哲学、文艺等社会意识形式，又有人们在日常生活中所形成的风俗习惯、礼仪、民族文化等，还有把这些精神成果转化为人们需要的各种教育，从而形成了人们的精神生活方式，丰富人的整体精神世界，促进人的全面自由发展。

精神生活与物质生活作为人类生活的两个方面，是人关于对象的两种把握方式，即物质生活是对对象的物质性把握，而精神生活则是对对象的精神性把握。这两种把握方式的区别，并不在于精神生活是纯粹精神性的，物质生活是纯粹物质性的，而在于物质活动是一种实在的活动过程，其中也包含着精神性因素，精神活动则是非实在的象征性活动过程，其中也需要物质因素承载。因而，"社会精神生活是人类社会生活的重要领域和系统，是满足人们精神需要的全部精神活动的总合"③。马克思主义不仅科学揭示了精神产生与发展的根源，赋予精神的相对独立性以及对实践与客观的反作用，而且揭示了人与社会的精神需要，以及满足需要的方式——思想政治教育的根源。

总之，马克思主义关于人与社会的实践本质、社会本质、需要本质的理论，科学解决了人的认识、人的思想关系、人的精神需要产生的根源，并分别论述了与实践、人的物质关系、人的物质需要的辩证关系，从而对思想政治教育的根源进行了科学论证。

---

① 《马克思恩格斯全集》第 42 卷，人民出版社 1979 年版，第 132 页。
② 《马克思恩格斯全集》第 42 卷，人民出版社 1979 年版，第 123 页。
③ 安起民：《精神生产与精神文明》，载《教学与研究》1986 年第 4 期。

（二）思想政治教育本质研究的主要成果

1. 本质与思想政治教育本质

从哲学层面来看，本质是与现象相对应的概念，所以列宁认为："规律和本质是表示人对现象、对世界等等的认识深化的同一类的（同一序列的）概念，或者说得更确切些，是同等程度的概念。"[①] 所谓本质，是指事物本身所固有的，决定事物性质、面貌和发展的根本属性，同义词为实质、本体，反义词为表面、现象。

本质与性质两个概念，既有联系也有区别，性质是事物本身所具有的与他事物不同的特征，是事物具有的一般属性。本质是隐藏的、要通过现象反映的根本属性，不能直观认识；性质体现于外，本质隐藏在内。黑格尔说，本质是一切事物之实际存在和变化的深层根据，"根据就是内在存在着的本质，而本质实质上即是根据"[②]。也就是说，本质不是该事物与他事物的区别点，而是该事物区别于他事物的原因和根据。

思想政治教育的本质，就是指思想政治教育现象存在的根据，它决定着思想政治教育的存在和发展。从认识方面看，思想政治教育的现象可以直接为人的感官所感知，而思想政治教育的本质则是思想政治教育现象之后的一种深层次的、不能用感官直接把握的存在，是思想政治教育间接的存在。思想政治教育何以能够成为人类有阶级以来各种社会中都存在的普遍现象，这正是思想政治教育本质所要探讨的问题。思想政治教育的本质应反映思想政治教育这一人类实践活动稳定的、普遍的特性，这种特性贯穿于一切思想政治教育之中。只要思想政治教育存在，其本质就永久起作用。正如黑格尔所说："事物中有其永久的东西，这就是事物的本质。"[③]

2. 思想政治教育本质研究的进展与成果

思想政治教育的本质理论，是思想政治教育基础理论的核心内容，是思想政治教育学科的立论之本。因此，思想政治教育学界对此高度重视，进行了持续的研究，提出了许多值得关注的观点。较早提出并进行了思想政治教育本质研究的著作有：邱伟光编著的《思想政治教育学概论》（天津人民出版社 1988 年版）第七章研究了思想政治教育过程的本质；陈百君编著的

---

① 《列宁全集》第 38 卷，人民出版社 1959 年版，第 159 页。
② ［德］黑格尔：《小逻辑》，贺麟译，商务印书馆 1980 年版，第 259 页。
③ 李合亮：《思想政治教育探本》，人民出版社 2007 年版，第 120 页。

《思想政治教育学》（大连工学院出版社 1988 年版）第五章研究了思想政治教育的本质；王礼湛主编的《思想政治教育学》（浙江大学出版社 1989 年版）第三章研究了思想政治教育的本质；王瑞荪、竹立家编著的《思想政治教育学》（北京师范学院出版社 1989 年版）第五章研究了思想政治教育的本质；张耀灿、郑永廷、刘书林、吴潜涛等著的《现代思想政治教育学》（人民出版社 2001 年版、人民出版社 2006 年修订版）第三章研究了思想政治教育本质论；宋希辉、吴若飞主编的《思想政治教育学新论》（云南人民出版社 2009 年版）第三章研究了思想政治教育本质论；骆郁廷主编的《思想政治教育原理与方法》（高等教育出版社 2010 年版）第一章研究了思想政治教育的现象与本质。此外，专题研究思想政治教育本质的学术论文也有一定数量。

综合思想政治教育本质研究的成果，大致经历了从思想政治教育性质研究入手，逐步向思想政治教育本质研究深化的过程。思想政治教育本质研究的观点大致有两类，即一重本质说与两重本质说。一重本质说认为，思想政治教育的本质或是政治性，或是阶级利益性，或是意识形态性，还有灌输论、人学论，等等。两重本质说认为，思想政治教育的本质是社会政治属性与经济管理属性的统一，是政治属性与非政治属性的统一，是政治性与科学性的统一。这些观点主要是从思想政治教育的属性展开的。

思想政治教育一重本质研究，也是不断深化的。起初的研究多倾向于"社会本位说"。"社会本位说"（也称为"工具性本质论"）认为，思想政治教育是为一定阶级、一定社会或社会团体服务，并使社会成员形成符合一定阶级、一定社会或社会团体所需要的思想品德、行为规范的重要手段。阶级性本质、意识形态性本质、政治性本质、灌输论本质等，都是工具性本质论的体现。后来有学者提出，思想政治教育本质不能只局限于社会层面，还有个人层面，提出了"个人本位说"。"个人本位说"（也称为"目的性本质论"）认为，思想政治教育要坚持以人为本，具有"属人性"，思想政治教育研究的人学范式转换和人本主义转移是思想政治教育学科发展的趋势。所以，在马克思主义人学范式下，思想政治教育的本质应定义为：促进人生存与发展的价值化存在，突出体现的是思想政治教育的目的性本质。

针对"工具性本质论"与"目的性本质论"的分离，有学者认为不够全面，提出了思想政治教育"工具性本质论"与"目的性本质论"兼有的观点，认为"以社会哲学的视野揭示的是思想政治教育的工具性本质，以人学视野揭示的是思想政治教育的目的性本质"①。

进入 21 世纪后，思想政治教育本质研究出现了一些争论。如有学者不同意把"实践活动"界定为思想政治教育的本质，认为是"有目的的、具有超越性的实践活动"，不能把思想政治教育同其他社会实践活动从根本上区别开来，社会的其他教育活动也同样可以具备目的性、超越性，都可以把人的全面发展当作实践活动的目标。也有学者不同意将灌输作为思想政治教育本质，认为灌输是思想政治教育的方式，不能把思想政治教育方式与思想政治教育本质混淆。还有学者认为，意识形态性或政治性是思想政治教育的性质，不能把思想政治教育的性质作为思想政治教育的本质。

3. 思想政治教育本质研究的深化

从上面关于思想政治教育本质研究的进展与成果说明，虽然思想政治教育本质研究在不断深化并取得了丰硕成果，但对思想政治教育的本质认识还不一致，还需要进行系统和深入研究，揭示思想政治教育的本质。马克思主义的社会存在与社会意识关系理论、能动性理论、实践论与灌输论，都为研究思想政治教育的本质提供了理论指导，但这些理论具有普遍指导意义，思想政治教育只是社会实践活动的一个方面，需要思想政治教育的工作者与研究者，根据思想政治教育的实际，研究、概括其本质，这是思想政治教育学科建设的艰巨任务。

（三）思想政治教育规律研究的主要成果

1. 规律与思想政治教育规律

所谓规律，是指事物之间的内在的必然联系，决定着事物发展的必然趋向。列宁说，"规律就是关系……本质的关系或本质之间的关系"②。客观事物发展过程中的本质联系，具有普遍性的形式。规律是客观的，既不能创造，也不能消灭；不管人们承认不承认，规律总是以其必然性发挥着作用。我们既要认识规律，也要遵循规律，还要运用规律。"马克思主义的哲学认为十分重要的问题，不在于懂得了客观世界的规律性，因而能够解释世界，而在于拿了这种对于客观规律性的认识去能动改造世界。"③

规律可分一般规律和特殊规律、基本规律和具体规律。所谓一般规律，

---

① 张澍军:《德育哲学引论》，人民出版社 2002 年版，前言第 1 页。

② 《列宁全集》第 38 卷，人民出版社 1959 年版，第 161 页。

③ 《毛泽东选集》第 1 卷，人民出版社 1991 年版，第 292 页。

是指一定范围内的事物的共同规律，唯物辩证法的规律，具有最大的普遍性，是最一般的规律。所谓特殊规律，是指某一事物的规律。一般规律和特殊规律总是相互联结的，一般规律表现为特殊规律，存在于特殊规律之中。因此，必须通过认识特殊规律去掌握一般规律；掌握了一般规律，就可以用它做指导，进一步去认识特殊规律。所谓基本规律，就是决定事物发展方向的规律。所谓具体规律，就是决定事物某一部分或某一环节的规律。

所谓思想政治教育规律，就是思想政治教育在其运行过程中内在的、本质的、必然的联系。思想政治教育的基本规律，也可称为思想政治教育的一般规律或普遍规律，它是在一切思想政治教育中普遍存在并贯穿于思想政治教育过程始终的本质的、必然的联系。思想政治教育的具体规律是指某一类型、某一部分或某一环节思想政治教育的本质的、必然的联系。

2. 思想政治教育规律研究的进展与成果

比较早研究思想政治教育规律的著作有金鉴康主编的《思想政治教育学》（水利电力出版社 1987 年版），邱伟光著的《思想政治教育学概论》（天津人民出版社 1988 年版），陈百君著的《思想政治教育学》（大连工学院出版社 1988 年版），王礼湛主编的《思想政治教育学》（浙江大学出版社 1989 年版），王瑞荪、竹立家著的《思想政治教育学》（北京师范学院出版社 1989 年版）。

进入 20 世纪 90 年代后，研究思想政治教育规律的著作多了起来，有代表性的教材、专著有：陈秉公著的《思想政治教育学》（吉林大学出版社 1992 年版），由华中师范大学、河南大学、湖北大学、华南师范大学、湖南师范大学、广西师范大学 6 校合编的教材《思想政治教育学》（华中师范大学出版社、河南大学出版社 1993 年版），邱伟光、张耀灿主编的全国思想政治教育专业统编教材《思想政治教育学原理》（高等教育出版社 1999 年版），张耀灿、郑永廷、刘书林、吴潜涛等著的《现代思想政治教育学》（人民出版社 2001 年版），张耀灿、郑永廷、吴潜涛、骆郁廷等编著的普通高等教育"十一五"国家级规划教材《现代思想政治教育学》（人民出版社 2006 年修订版），罗洪铁主编的《思想政治教育学原理》（西南师范大学出版社 2009 年版），骆郁廷主编的全国高校辅导员培训与研修统编教材《思想政治教育原理与方法》（高等教育出版社 2010 年版）等。

张世欣专门研究了思想政治教育接受规律和思想政治教育规律，先后出版了《思想政治教育接受规律论》（上海三联书店 2005 年版）、《思想政治教育规律论》（浙江大学出版社 2008 年版）两本专著。《思想政治教育接受规律论》阐述了接受的基本特征、接受机理、接受形态、接受个性、不同群体的接受特点、教育者的自身接受等问题，但对接受规律缺乏明确概括。《思想政治教育规律论》以马克思主义人学思想为主脉，以知人心、审时势为立论支点，对思想政治教育规律做了哲学层面的追问和经验层面的梳理，研究了思想形成规律、思想动变规律、群体思想认定规律、施教效果规律、受教主体作用规律等，但对思想政治教育基本规律缺乏概括。

思想政治教育学科创办之初，思想政治教育规律的讨论与研究主要围着一个规律还是两个规律展开，即思想品德形成规律和思想政治教育规律。有学者认为，思想品德形成规律是基本规律，因为思想政治教育要遵循这一规律；也有学者认为，思想政治教育规律已经包含了思想品德形成规律，称之为思想政治教育规律就行了。后来，有学者为了把两者结合为一个规律，将之概括为遵循思想品德形成规律的思想政治教育规律。

《思想政治教育学原理》教材或《思想政治教育学》专著关于思想政治教育规律的研究，大都围绕人的思想品德形成过程、思想政治教育过程及其规律展开。如陆庆壬在 1986 年出版的《思想政治教育学原理》中，通过分析思想政治品德形成的主客观条件、动机系统的形成和发展、心理过程系统和观念系统的形成，论述了思想政治教育过程的主要环节，进而将过程的特点概括为：社会性和可控性、集体性和实践性、严格要求与个性发展、教育与自我教育、长期性与反复性。由于特点复杂多样，在当时起步研究阶段难以对思想政治教育的规律做出概括。金鉴康于 1987 年主编的《思想政治教育学》，侧重分析了受教育者思想活动的一般过程及特点、教育者与受教育者交互作用的过程及特点，初次概括了思想政治教育过程的规律体系。

随着对思想政治教育的矛盾、过程研究的深入，思想政治教育过程的基本规律、具体规律研究开始活跃起来，但思想政治教育过程规律与思想政治教育规律关系的争论也随之展开。有学者认为，把思想政治教育规律划分为基本规律和具体规律层次，能揭示各种规律之间的内在联系，形成规律体系，是可取的。但思想政治教育过程规律与思想政治教育规律是不同的。一是思想政治教育规律肯定是在思想政治教育运行过程中体现出来的，思想政治教育处于静态状况下不体现规律存在，因而没有必要把思想政治教育规律说成思想政治教育过程规律。二是如果强调思想政治教育过程规律，那么研究者就会从思想政治教育不同环节的过程、不同目标的运行方式，概括出各种各样的规律。诸如有的论著把思想政治教育的任务、目的、功能等具体内容，界定为思想政治工作的规律；有的认为思想政治教育规律就是调动人们的积极性和主动性，实现党的政治任务；有的认为思想政治教育规律是解决思想问题与解决实际问题相结合；还有的认为思想政治教育规律是从社会和个人的实际情况出发，通过马列主义、毛泽东思想、邓小平理论教育，提高人们认识世界和改造世界的能力。显然，这些界定虽然具体、明确，但作为思想政治教育的规律，失之过窄、过浅。还有一些论著以西方行为科学、人格理论和心理学为借鉴，把"需要、动机、行为"理论和心理学的知、情、意、行理论作为思想政治教育的规律，也难以揭示思想政治教育的本质。

从上面对思想政治教育规律、思想政治教育基本规律的概括我们可以得出三点结论：一是虽然概括出来的规律多，但是思想政治教育基本规律不多，否则就不是基本规律了；二是各个学者的概括不尽相同，即使同一学者在不同时间和不同著作中，概括出来的思想政治教育规律也不同；三是有的学者概括的思想政治教育规律，是把其他范畴的内容当作规律，泛化了规律概念。思想政治教育规律研究出现这些情况，可能与提出"思想政治教育过程规律"这一概念有关。

论思想政治教育的内涵、外延与规范[*]

思想政治教育的内涵、外延和规范是三个具有内在联系的概念。思想政治教育的内涵是各种类型、各种方式思想政治教育现象、活动的根据；思想政治教育的外延是思想政治教育展开、延伸的边界；思想政治教育的规范是思想政治教育必须遵循的规则和标准。思想政治教育的内涵决定思想政治教育的外延；思想政治教育的内涵和外延限定思想政治教育的规范。研究思想政治教育的内涵、外延和规范及其关系，有利于深化思想政治教育本质和特点的认识，有利于推进思想政治教育及其学科的发展。

一、思想政治教育的内涵

所谓内涵，从词义上说是一个概念所反映的事物的本质属性的总和，也就是概念的内容。内涵是内在的而不是表面的，隐藏在事物的深处，需要探索、挖掘才能理解。正如毛泽东所说，战争的本质、规律这种全局性的东西，"眼睛看不见，只能用心思去想一想才能懂得，不用心思去想，就不会懂得"①。也就是说，作为本质的内涵，不是感官把握的直接对象，而是思维把握的对象。思想政治教育的内涵是各种各样思想政治教育活动存在的根据。思想政治教育在不同时代和不同国家，尽管使用的概念不同，表现的样态不同，实现的目标不同，但各种内容和方式的思想政治教育现象是普遍存在的，我们可以用感官把握思想政治教育的客观存在。思想政治教育为什么是阶级社会普遍存在的现象，这正是要用思维去探索、把握的问题。思想政治教育系统各构成要素之间的关系，思想政治教育与社会环境、自然环境和当代社会虚拟环境之间的联系，构成了思想政治教育的复杂状况与特殊矛盾。分析这些现象与特殊矛盾，就是概括思想政治教育内涵的基本思路与方法。

第一，思想政治教育的人本性。任何思想政治教育，都是以人为主体和

---

* 原载于《教学与研究》2014 年 11 期，收录时有修改。
① 《毛泽东选集》第 1 卷，人民出版社 1991 年版，第 177 页。

对象的活动，因而教育者与受教育者是构成思想政治教育的两个基本要素，也是思想政治教育的主要关系。只有教育者与受教育者按照双方可以接受的思想政治教育目标、内容和方法互动，思想政治教育活动才能进行。教育者与受教育者包括阶级、政党、社会群体和个人等层次，这些层次具有相对性，在一定条件下可以相互转化。因而，思想政治教育是在一定社会中以人为基础的活动，既具有社会工具性价值，也具有个人目的性价值。胡锦涛在全国宣传思想工作会议上的讲话中，对思想政治教育的人本性进行过阐述。胡锦涛说："思想政治工作说到底是做人的工作，必须坚持以人为本。既要坚持教育人、引导人、鼓舞人、鞭策人，又要做到尊重人、理解人、关心人、帮助人。"① 也就是说，思想政治教育的对象是人，实施者也是人，因而坚持育人为本，则是思想政治教育的本质属性。

第二，思想政治教育的意识形态性。在不同的社会或国家，思想政治教育与社会或国家的主导意识形态的关系，是思想政治教育的基本关系。这种关系所体现的质的规定性，就是思想政治教育的意识形态性。因而，思想政治教育也可称为一定的社会或国家的意识形态教育。思想政治教育只有运用一定的意识形式，才能推动教育进行。意识形式包括哲学思想、政治思想、法律思想、道德思想，以及渗透了这些思想的历史知识，这些意识形式都是意识形态的重要组成部分。在阶级社会里，不同阶级、不同国家进行的思想政治教育，都具有鲜明的意识形态性或阶级性。这是因为，不仅"统治阶级的思想在每一时代都是占统治地位的思想"，而且统治阶级要进行"思想的生产和分配"②。"思想的生产和分配"就是为一定的经济基础服务的上层建筑，包括各种形式的思想政治教育。思想政治教育运用一定的"思想体系"进行"思想的生产和分配"，集中体现了思想政治教育的意识形态性。列宁指出："在为阶级矛盾所分裂的社会中，任何时候也不可能有非阶级的或超阶级的思想体系。"③ 因而，在阶级社会里，不同社会或国家的思想政治教育，都要反映、维护统治阶级的利益要求，都要进行主导意识形态教育。在我国，思想政治教育要反映、代表广大人民群众的根本利益，要坚持进行社会主义意识形态教育，培养人们正确的世界观、人生观、价值观。

第三，思想政治教育内容的规定性。思想政治教育的本质属性决定思想

---

① 胡锦涛：《在全国宣传思想工作会议上的讲话》，载《人民日报》2003 年 12 月 8 日。

② 《马克思恩格斯选集》第 1 卷，人民出版社 1995 年版，第 98-99 页。

③ 《列宁选集》第 1 卷，人民出版社 1995 年版，第 326-327 页。

政治教育的内容。思想政治教育的基本内容就是一定国家的哲学意识形式、政治意识形式、伦理意识形式。在我国，就是要坚持用马克思列宁主义、毛泽东思想和中国特色社会主义理论体系教育人民，就是要深入开展党的基本理论、基本路线、基本纲领和基本经验教育，就是要开展中国革命、建设和改革开放的历史教育，以及开展基本国情和形势政策教育。"思想教育是根本，政治教育是主导，道德教育是基础。"① 这三个方面不仅各自具有相对独立性，而且相互联系、相互制约、相互渗透。思想政治教育的内容，虽然要随着时代、社会的发展而发展变化，但内容的思想、政治、道德的性质规定不会改变。把握思想政治教育内容的规定性，不仅能够充分发挥各种内容教育的作用，形成教育合力，而且能够满足社会和个体形成思想灵魂（国家为国魂，团体为群魂，个体为灵魂）、坚持正确方向、提供精神动力、维护社会秩序、推进人的发展需要。任何国家与社会的思想政治教育，若正确内容缺失、错误思想泛滥，必定导致社会与个体的畸形发展，甚至造成思想混乱、行为冲突。

第四，思想政治教育的目的性。思想政治教育的意识形态性和内容的规定性，决定了思想政治教育的目的性。目的性是与现实性相对应的概念，也是思想政治教育的基本问题。思想政治教育不是为了满足现状，而是为了超越现实，推进社会发展和人的全面发展，实现一定的目标。因而，思想政治教育的目的性，就是价值取向性，是思想政治教育的鲜明特性。思想政治教育的目的，既要根据一定的社会生产力发展水平和经济、政治、文化发展水平，按照社会主义意识形态的要求，遵循社会发展趋势，坚持我国社会的发展目标并为实现目标服务；又要体现人的能动性特点和人的发展要求，形成理想信念，促进人们自觉、全面发展。

人们在社会中的发展，具有广泛选择的可能，呈现多样化发展状况，现代社会条件下更是如此。同样的客观条件，不同的人会呈现不同的发展状况，这与人的不同价值取向、主观努力直接相关。在我国，只有选择与我国社会发展目标相一致的方向，才能坚持正确方向并获得发展动力，才能自觉发展。否则，不仅会陷入重重矛盾，而且缺乏精神动力。思想政治教育要通过人的自觉选择，通过学习、教育、实践对社会目标进行内化，形成理想信念，同社会发展形成互动。因此，社会的凝聚力、社会的共识性、社会发展

① 王玄武、骆郁廷：《思想教育政治教育道德教育比较研究》，武汉大学出版社2002年版，第10页。

与个人发展的协调性，在很大程度上是通过有目的的思想政治教育实现的。

二、思想政治教育的外延

外延是指一个概念所概括的思维对象的数量或者范围。一个概念表达的外延由它所适用的事物构成。外延是相对于内涵而言的，内涵与外延，是两个相互对应的概念。思想政治教育的外延，是指思想政治教育的边界或范围，它受思想政治教育内涵的制约与调控，一般在个体、社会、内容、相关领域等层面展开。

第一，思想政治教育覆盖的全员性。所谓全员性，是指所有社会人员，包括工人、农民、军人、知识分子、干部、学生等都要参与、接受思想政治教育，他们既是教育者，又是受教育者。其中，党政干部、青少年学生是思想政治教育的重点；各级党组织、共青团组织和工会组织，担当着思想政治教育的重要职责；各行各业形成了不同类型人员、不同行业的思想政治教育形式，并且都要坚持以德为先，开展自教自律活动。

第二，思想政治教育过程的全程性。全程性是指思想政治教育过程的不间断性，包括思想政治教育环节的连贯性和各个阶段实施思想政治教育的衔接性，以及把思想政治教育渗透到业务工作、知识学习、日常生活的各个方面，营造良好人文环境的持久性。为此，不仅各个领域、各个单位要坚持开展思想政治教育，而且新闻、出版、文艺等部门以及大众传播媒体，要不断为思想政治教育提供精神食粮，坚持正确的舆论导向，营造良好的社会氛围。各类互联网网站要遵守网络规则，注重网络道德，开展形式多样的网络思想政治教育。各类博物馆、纪念馆、展览馆、烈士陵园等爱国主义教育基地，要充分发挥励志、育人作用；各个单位要加强精神文明建设，优化育人环境，把思想政治教育渗透到业务工作中去。

第三，思想政治教育的外延，必须接受思想政治教育的性质、内容与目的制约。思想政治教育的覆盖面虽然广泛，过程虽然多样复杂，但其外延是有界限的。这个界限，就是要按照思想政治教育的内涵展开，要根据思想政治教育的根本目标、基本内容、主要任务来综合确定。目标有层次、内容之分，有社会发展目标与个体追求目标，也有政治、经济、道德、职业等各种内容的目标，还有近期、中期、长远各个层次的目标。思想政治教育所确立、坚持的，是思想政治教育目标，包括实现中国梦和实现共产主义，坚持人的全面发展和培育有理想、有道德、有文化、有纪律的新人，还包括各项思想政治教育活动的具体目标。内容包括哲学、政治、道德理论、历史知识等，也包括实践活动、客观事实、实际生活等。思想政治教育不必要也不可能运用所有的理论、知识内容，主要运用形成正确世界观、人生观、价值观的思想内容，坚持正确政治立场、政治观点、政治倾向的政治内容，形成良好道德品质、养成良好道德行为的道德内容。由一定的目标与内容所确立的任务，是各项工作都必须承担的职责，思想政治教育承担的主要任务是提高人们的思想政治素质，因而要坚持以理想信念教育为核心，爱国主义教育为重点，道德法制教育为基础，全面发展教育为目的。所以，思想政治教育的外延，必须坚持社会主义意识形态的主导，运用思想、政治、道德教育的内容，受思想政治教育目标和任务的制约。不能以思想政治教育涉及广泛、过程多样为借口，把业务工作、其他内容和任务作为思想政治教育的外延。否则，思想政治教育可能成为一种无边界或无所不包的活动，其结果既从外延上模糊了思想政治教育的界限，也从内涵上否定了思想政治教育的特性。

思想政治教育的外延与内涵是具有内在联系的两个方面。思想政治教育的全员性、全程性，既是育人为本、以德为先的原则体现，也是开放环境、信息社会的客观要求。它冲破了传统思想政治教育的单一性与封闭性，使思想政治教育呈现高度开放性、社会化与发展性特征。思想政治教育的丰富内涵，既是人们健康成长、全面发展的需要，也是社会协调发展、可持续发展的需要。思想政治教育的外延与内涵是不可分割地联系在一起的。外延的广泛性决定了思想政治教育内容的丰富性以及方式和特色的多样性；内涵的丰富性决定了思想政治教育的全员性、全程性与广泛的社会性。只有把思想政治教育的外延与内涵紧密结合起来，才能形成富有成效的思想政治教育。在现代社会背景下，思想政治教育的外延和内涵，呈现相辅相成的发展态势。思想政治教育的外延拓展是指思想政治教育作用的时空范围扩大，即思想政治教育的领域发展。思想政治教育的领域拓展，既是基于教育面向现代化、面向世界、面向未来的需要，也是基于思想政治教育的内涵呈现出分化与综合相结合的发展趋势。思想政治教育的分化发展，就是思想政治教育向未知领域、宏观领域、微观领域拓展，开辟新的教育、研究领域；思想政治教育的综合发展，就是各项思想政治教育相互配合，思想政治教育向业务工作、环境领域渗透，形成综合教育格局。思想政治教育的分化中有综合，综合中有分化，分化与综合相结合，形成了当代社会思想政治教育的立体发展态势。

三、思想政治教育的规范

规范这一概念，由规与范合成，规即尺规，范即模具。规范是指按确定的要求进行操作，使某一行为或活动符合一定的标准。所谓思想政治教育的规范，就是思想政治教育必须遵循的规则和标准。明确并遵循思想政治教育的规范是有效开展思想政治教育的前提。思想政治教育的规范主要有以下三个方面。

第一，性质规范。思想政治教育的性质是指思想政治教育的固有属性，也可称为思想政治教育质的规定性。思想政治教育包括思想、政治、道德方面的教育，是各个社会、各个国家在事实上都要开展的教育活动，只不过性质、目标、内容不同而已。因而，思想政治教育的性质，既有一般性质，也有不同社会、不同阶级的特殊性质。思想政治教育的性质规范是思想政治教育最重要的规范。

思想政治教育的一般性质主要是意识形态性，也可称为阶级性或政治性，这是各个社会、各个国家思想政治教育都具有的特性。马克思、恩格斯在《德意志意识形态》一文中，阐述阶级社会中思想统治时提出了一个著名论断："占统治地位的思想不过是占统治地位的物质关系在观念上的表现，不过是以思想的形式表现出来的占统治地位的物质关系。"① 统治阶级占统治地位的思想，主要是由政治思想、法律思想、哲学思想、道德思想构成的"思想体系"或意识形态。统治阶级为了维护其思想上的统治地位，必定要进行"思想的生产和分配"②，思想政治教育则是进行"思想的生产和分配"的重要途径与方式。也就是说，只要不同性质的统治阶级、不同性质的国家存在，反映、维护统治阶级的意识形态，就一定要发挥思想教育、政治教育、道德教育的作用。不管这种教育运用什么样的概念，采取什么样的方式，其实质是为统治阶级占统治地位的思想服务的。我国的思想教育、政治教育、道德教育综合为思想政治教育，因而思想政治教育是我国社会的特定概念，是发挥社会主义意识形态主导作用的重要方式。坚持思想政治教育的社会主义意识形态性，就是要坚持马克思主义指导，运用社会主义意识形式开展思想政治教育，并继承、借鉴人类创造的优秀文化成果，丰富

---

① 《马克思恩格斯选集》第 1 卷，人民出版社 1995 年版，第 98 页。
② 《马克思恩格斯选集》第 1 卷，人民出版社 1995 年版，第 98 页。

思想政治教育的内容。

我国思想政治教育具有社会主义性质，这是由我国社会主义制度所决定的。这一性质要求思想政治教育者及学科建设者，必须运用马克思主义的立场、观点、方法，研究和解决人们面临的思想问题与实际问题，推进改革开放和中国特色社会主义现代化建设向前发展。正如邓小平在总结我国社会主义建设历史经验时所指出的，我们"主要的是要用马克思主义的立场、观点、方法来分析问题，解决问题。马克思主义的活的灵魂，就是具体地分析具体情况。马列主义、毛泽东思想如果不同实际情况相结合，就没有生命力了"①。邓小平把运用马克思主义的立场、观点、方法分析和解决实际问题，提到了生命力的高度。

所谓立场，就是人们观察、认识和解决问题的立足点。马克思、恩格斯以毕生的经历，号召全世界无产者和共产党人联合起来，反抗资产阶级的压迫与剥削，为无产阶级和劳动人民求解放。列宁的立场充分体现在以他为代表创立的列宁主义之中，集中表现就是坚决维护无产阶级和人民大众的根本利益。毛泽东强调人民的立场是每一个共产党员的政治立场，政治立场是否坚定，取决于是否站在人民立场上，共产党人必须坚持全心全意为人民服务的思想。邓小平时刻关注最广大人民群众的利益、愿望和要求，把人民"拥护不拥护""赞成不赞成""高兴不高兴""答应不答应"作为考虑一切问题的出发点和归宿。② 江泽民在"三个代表"重要思想中，强调中国共产党必须始终代表最广大人民根本利益。胡锦涛在党的十八大报告中指出："为人民服务是党的根本宗旨，以人为本、执政为民是检验党一切执政活动的最高标准。任何时候都要把人民利益放在第一位，始终与人民心连心、同呼吸、共命运，始终依靠人民推动历史前进。"③ 这些关于立场的观点，是一条既一脉相承又与时俱进的思想主线，其实质就是要把人民放在心中的最高位置，切实做到一切为了人民、一切相信人民、一切依靠人民。这既是马克思主义的根本出发点和落脚点，也是思想政治教育必须坚持的根本立场。

所谓观点，就是对人和事物的看法。坚持马克思主义观点，就是要坚持马克思列宁主义、毛泽东思想和中国特色社会主义理论体系的指导。马克思主义关于辩证唯物主义和历史唯物主义的基本观点，关于认识与实践的基本

---

① 《邓小平文选》第 2 卷，人民出版社 1994 年版，第 118 页。
② 杨春贵：《学习邓小平的马克思主义立场、观点、方法》，载《前线》1995 年第 1 期。
③ 《胡锦涛文选》第 3 卷，人民出版社 2016 年版，第 654 页。

观点，关于社会主义必然代替资本主义的基本观点，关于社会主义本质和中国特色社会主义的基本观点，关于人的全面发展的基本观点，等等，都是思想政治教育必须坚持的基本观点。

所谓方法，是指为达到某种目的而采取的手段与行为方式。马克思主义方法是指导我们正确认识和改造世界的根本思想方法和工作方法。我们是马克思主义世界观与方法论的统一论者，运用马克思主义理论分析和解决实际问题，马克思主义理论就成为方法。所以，恩格斯说："马克思的整个世界观不是教义，而是方法。它提供的不是现成的教条，而是进一步研究的出发点和供这种研究使用的方法。"① 总之，马克思主义的立场、观点、方法是马克思主义思想体系的精髓所在。思想政治教育遵循性质规范，其集中体现就是坚持马克思主义的立场、观点、方法。此外，思想政治教育的人本性、目的性、实践性也是社会主义意识形态的特性，因而思想政治教育也应当遵循这些规范。

第二，范围规范。范围是指一定的时空限定。思想政治教育的范围，亦可称为思想政治教育的边界限制。上面分析的思想政治教育的性质规范，是由思想政治教育的内涵决定的，而这里所说的思想政治教育范围规范，则由思想政治教育的外延限定的。

思想政治教育及其学科建设的范围，要根据思想政治教育的性质、目标、内容等综合确定，也就是要由思想政治教育的内涵决定。任何思想政治教育都是以人为主体的活动。教育者与受教育者是构成思想政治教育的两个基本要素，教育者与受教育者的关系也是思想政治教育的主要关系，两者运用一定的思想政治教育内容与方法，为实现一定的思想政治教育目标而互动，就是思想政治教育活动。显然，思想政治教育活动是有特定主体、目标、内容和方法的活动。既不能把人与人之间的关系、活动都视为思想政治教育关系和思想政治教育活动，也不能认为思想政治教育可以解决人的一切问题，诸如人的生理问题、业务问题、心理问题等。思想政治教育要结合业务工作来做，并要渗透到业务工作中去，但思想政治教育不能代替业务工作，更不能冲击业务活动。思想政治教育的目标、内容、任务，都是特定的、明确的，不能用思想政治教育去完成其他实践活动的任务，实现其他实践活动的目标。

在是否遵循思想政治教育范围规范上存在着这样那样的问题，其中主要

① 《马克思恩格斯选集》第4卷，人民出版社1995年版，第742-743页。

的问题是某些思想政治教育工作者或研究者，身在思想政治教育学科范围，从事的却不是思想政治教育工作，研究的也不是思想政治教育问题，有的从事与思想政治教育无关的事情，有的进入其他学科领域进行研究，用形象的话说，就是"荒自己的地，耕别人的田"。还有些思想政治教育工作者或研究者，以思想政治教育具有综合性、交叉性特点为借口，超出思想政治教育的范围进行活动与研究，他们或避开我国思想政治教育的主要概念和内容，运用西方国家，特别是美国的思想教育、政治教育、道德教育的主要概念和内容进行教育与研究，存在照搬、复制他国教育主要概念和内容的倾向；或回避思想政治教育的主要任务，诸如忽视理想信念教育、爱国主义教育、道德法制教育等，而以所谓"中性""边缘性"内容，作为教育的主要任务和研究方向。应当承认，思想政治教育与其他活动和某些学科，的确有一定程度的交叉，可以进行交叉领域的研究，也需要借鉴、吸收其他学科和国外的成果与经验。但思想政治教育工作者、研究者，必须依托思想政治教育学科，自觉遵循思想政治教育学科的规范，才具有交叉学科研究的基础，才能"坚持以我为主、为我所用的原则"①。否则，交叉学科研究就是一句空话。突破思想政治教育及其学科的范围，进入其他学科范围并依托其他学科，既损害思想政治教育学科的形象与声誉，又不利于个人专长的提高和研究方向的凝练，长此下去，不仅会受到同行们的非议，而且也会受到其他学科研究者、工作者的质疑。所以，思想政治教育者与研究者，一定要本着自尊、自重和珍惜思想政治教育及其学科的态度，遵循思想政治教育的范围规范。

第三，学科规范。所谓学科，是按知识性质或学术领域的分类。学科理论或知识的性质，是学科内涵与外延的统一。在英文中，学科是用 subject、discipline 来表达的，具有"主题""纪律"的含义，并蕴含着规范。学科规范的标志是学科的范畴体系或话语体系。所谓范畴，列宁说，是"认识世界的过程中的一些小阶段，是帮助我们认识和掌握自然现象之网的网上纽结"②。范畴是涉及主观与客观的辩证统一概念，即作为思维形式是主观的，其内容则是客观的。范畴是对事物现象的本质概括，是主体和客体联系的纽结。

任何范畴都包含着诸种要素的概念系统。概念是事物本质特征的概括。正如毛泽东所说："社会实践的继续，使人们在实践中引起感觉和印象的东西反复了多次，于是在人们的脑子里生起了一个认识过程中的突变（即飞

---

① 《江泽民文选》第 2 卷，人民出版社 2006 年版，第 35 页。
② 《列宁全集》第 38 卷，人民出版社 1959 年版，第 90 页。

跃），产生了概念。"① 范畴往往比概念更高，所涵盖的对象范围更大，其本质体现在它的各个构成要素之间的关系结构中。思想政治教育学科的范畴，反映和概括思想政治教育学科所研究领域中的各种现象之间最本质、最稳定、最普遍的特性和关系，提供思想政治教育学科的样式，为思想政治教育及学科研究限定框架和主题。思想政治教育学科范畴体系的形成，标志着思想政治教育学科的创立；思想政治教育学科范畴体系的系统性与科学性，体现思想政治教育学科的发展与成熟程度。

思想政治教育学科规范是思想政治教育的综合性规范，即这一规范既有质的规定性，也有量的规定性，其中按照思想政治教育学科的范畴体系和主要概念来表达思想政治教育和研究的目标、内容和价值，则是最基本的要求。突破思想政治教育学科的范畴体系、主要概念进行教育和研究，要么用其他学科的范畴体系和主要概念，要么范畴体系和主要概念混杂，但这不是真正开展思想政治教育和进行思想政治教育研究，因而难以获得思想政治教育的实际效果与研究成果。应当肯定，其他学科也可以运用学科知识，开展育人活动，但其他学科都各有自己的目标、内容与任务，因而也有相应的范畴体系和主要概念来表达、实现该学科的目标、内容与任务。思想政治教育的主要任务是培养、提高人们的思想道德素质，如果思想政治教育工作者、研究者不以育人为主，就是丧失职责。

同时，还应当强调的是，思想政治教育学科的范畴体系与主要概念，是具有中国特色学科的特定体系与主要概念，体现着社会主义意识形态的性质。资本主义国家也有自己的思想教育、政治教育、道德教育的范畴体系与主要概念，这些范畴体系与主要概念是为推行资本主义意识形态服务的。有些教育者、研究者避开思想政治教育学的范畴体系与主要概念，盲目搬用资本主义国家思想教育、政治教育、道德教育的范畴体系与主要概念，以为这样做可以吸引受教育者。殊不知，任何范畴体系与主要概念的提出、运用，都要受社会政治制度、经济制度的制约，都是有文化背景和现实价值的，用资本主义国家的范畴体系与主要概念来开展我国的思想政治教育与研究，势必会改变我国思想政治教育的性质，引起人们对我国思想政治教育的冷漠与质疑，冲击思想政治教育的地位与作用。我们应当坚持"洋为中用"的原则，遵循思想政治教育的学科规范，借鉴、吸收国外思想政治教育的有益经验与成果，推进我国思想政治教育工作的改进与发展。

---

① 《毛泽东选集》第1卷，人民出版社1991年版，第285页。

论思想政治教育的外延拓展与内涵拓展[*]

思想政治教育的发展是社会发展与人的发展的客观要求，也是促进社会发展与人的发展的需要。思想政治教育的发展既涉及教育的各个要素和环节，也与社会的经济、政治、文化相关。其中，思想政治教育的外延发展与内涵发展，即领域拓展与功能拓展是主要的。

一、思想政治教育的外延拓展

思想政治教育的外延拓展，主要是指思想政治教育作用的时空范围扩大，是思想政治教育的领域发展。思想政治教育的领域拓展，既基于教育面向现代化、面向世界、面向未来的指导，也基于现代社会和学科领域的高度分化与高度综合相结合的发展趋势。思想政治教育的分化，就是思想政治教育向未知领域、宏观领域、微观领域扩展深入，开辟新的教育领域，发展新的学科分支；思想政治教育的综合，就是思想政治教育向业务、经济、环境领域渗透，与经济工作、业务工作、环境建设整合，克服过去的分离现象，形成综合教育格局和综合性学科分支。思想政治教育的分化与综合发展趋势是相辅相成地结合在一起的，分化中有综合，综合中有分化，分化与综合相结合，形成思想政治教育立体发展态势。

（一）思想政治教育向宏观领域的发展

思想政治教育向宏观领域的发展，表现在两个层面：其一是国内层面，思想政治教育要面向社会主义现代化建设，把社会主义现代化建设作为政治方向，作为思想政治教育的主题。思想政治教育要向业务活动、经济活动、管理工作广泛渗透，深深植根于现代社会生活。在现代社会条件下，政治、经济和科学技术的发展不断开辟出新的领域。市场经济体制所导致的竞争格局，大众传播媒体所形成的传媒环境，广大群众民主权利、自主意识增强之后所投入的各种参与活动，以计算机和信息传播为基础的国际互联网络，以

* 原载于《华南理工大学学报（社会科学版）》2001 年第 1 期，收录时有修改。

及由经济和科学技术发展所导致的环境问题、生态问题等新发展的领域和新涌现的问题，既广泛深刻地推动和影响着社会的进步，也折射出许多新的思想问题、政治问题、道德问题，迫切需要发展了的思想政治教育与之相适应，创建竞争伦理、科技伦理、环境伦理、网络伦理等，保证和促进新领域的发展。随着对外开放的扩大和国际经济、区域经济一体化的发展，遍及世界范围的各种思想文化相互激荡、相互渗透，思想政治教育要面向世界，接受其他思想政治的渗透与挑战。同时，现代科学技术的发展和信息的涌动，加速了各种思想观念的交会，并把许多不同的思想文化浓缩、挤压在一起，使思想政治领域更加错综复杂，形成许多需要我们研究的新问题。即"全球意识"在发展，民族意识也在发展，现代意识在发展，寻根意识、地方意识也在发展。大众传媒既为人们提供了形成思想共识的公众领域，也为人们提供了价值观念选择的多元取向。现代交通、通信技术虽然缩小了人们联系、交往的空间，但人们的信仰结构、道德追求、生活方式却拉大了彼此之间的距离。思想政治在这种全球性的开放的环境中，既分化又综合，既建构又解构，既相互渗透、借鉴，又相互矛盾、冲突的状况，是现代思想政治教育不容回避的。

其二是国际层面，为了适应对外开放的需要，我们要培养大批面向世界的人才。面向世界的人才不仅要掌握参与世界范围竞争的科学技术，也要有面对世界的思想、道德和心理素质。面对世界上各种文化和价值观的冲击，更要有正确分析、鉴别、选择人生观、价值观的思想基础；投身世界范围的经济、科技、人才竞争，更要有敢于竞争的勇气和自强不息的精神；生活在对外开放的环境，活动在各种场所，更要有健康的心理和文明风度；等等。这些思想政治素质，比过去要求更高、更全面。我们要培养这些素质，就要研究其他国家，特别是西方发达国家思想政治方面的重大理论与实际问题，了解它们的文化特点和生活方式，把思想政治教育置放在一个更高更广泛的时空，通过比较、分析，引导人们掌握正确的思想政治观念。思想政治教育面向世界，已经成为发展趋势。进行比较思想政治教育研究，建立比较思想政治教育学科分支也势在必行。这是思想政治教育及学科建设的一个新生点。发展这个新生点，有利于防止滋生把思想政治教育封闭于狭小天地的狭隘心理，也有利于克服因对思想政治教育普遍性不了解而忽视、轻视思想政治教育的无知偏见。

（二）思想政治教育向未来领域的拓展

随着开放的扩大和改革的深化，新情况、新问题不断出现，社会信息的迅速变化和社会信息量的剧增，增加了人们判断与选择的难度；科学技术的迅猛发展，不断改变着生产方式和人们的活动方式；物质文化生活水平的逐步提高，也不断提升着人们的期望值。所有这些既增加了社会的复杂程度，又加快了社会的变化频率。因此，现代社会对每一个单位、每一个人来说，在其发展过程中总是既存在机遇，又存在风险。所谓机遇，就是发展的有利条件和有利时机。所谓风险，就是发展的不利因素和失败危险。机遇也不是人人都看得到并抓得住的，它有稍纵即逝的特点；风险也不是人人都可以预料到并能有效防范的，它具有偶然性与突发性的特点。发展的机遇与风险在很大程度上都具有未知性、未来性的特点。人们希望自己能抓住机遇，避免风险，人们更加关注发展的前景，更加重视未来领域的发展趋势。同时，市场经济的竞争机制已被广泛引入各个领域和各个单位，每个人都要面对竞争。只要有竞争，就会有主动与被动、优胜与劣汰的差别，人们在对这种差别进行判断和选择时，总是力求主动和优胜，避免被动与劣汰。这样，人们对发展过程中的多种因素都会做出自己的分析，特别是对尚未出现的不确定因素既关切而又难以把握，对竞争的结果十分关注。思想政治教育只有面向未来发展，探索适用未来领域的理论与方法，才能满足社会发展和人的发展需要，否则，思想政治教育就会丧失这一领域的主导权而显得落后保守。思想政治教育的特性，也决定了它应当是面向未来的。它担负着为未来培养人才的任务，它的一个重要作用是导向，即以正确的思想指导人们进行实践活动。因而思想政治教育应当具有超前性和预防性。

思想政治教育面向未来发展的主要任务是相互联系的两个方面。其一是思想政治教育本身的科学预测与决策。在现代社会条件下进行思想政治教育，同过去时代不同之处的一个重要表现是，现在的思想政治教育具有自主性与创造性，教育的整个过程也面临着机遇与风险，不是任何教育活动都有成效并顺利发展的，无效甚至出现负效果、停滞甚至倒退的情况完全有可能发生。为了避免思想政治教育的失误，争取主动并取得成效，思想政治教育必须面向未来，进行科学预测和决策。通过预测尽可能降低对未来发展的无知程度，减少风险，把握机遇；通过决策，制订正确的教育计划，规范未来实施行为，开展预防教育，掌握主动权。现代社会条件下，思想政治教育的科学预测与决策问题，是教育由经验走向科学的重要标志，是争取教育主动并取得成效的前提。其二，保证和促进单位和个人面向未来的顺利发展。思想政治教育当然不能代替人们在经济、业务方面的预测与决策，但思想政治教育应当帮助人们增强面向未来的意识，增强预测与决策的自觉性，使之对未来发展趋势有一个清晰认定，学会抓住机遇，化解风险，避免偶然因素和不道德行为的干扰和冲击，驾驭单位和自身的发展。同时，还要帮助人们掌握科学的预测和决策方法，克服经验主义、盲目主义倾向，防止由于复杂因素的困扰和不能面对差距而可能陷于迷信。

因此，社会的发展和人的发展，既向思想政治教育提出了面向未来、进行预测和决策的要求，也为其开展预测和决策创造了条件。正确的预测既是为了现在，更是为了未来，为了在预见的前景和目标发生之前，采取正确的教育决策和教育措施，实现教育的科学化。现代思想政治教育，一定要研究预测和决策的理论和方法，形成思想政治教育预测决策的分支学科，为思想政治教育提供理论指导。

（三）思想政治教育向微观领域的发展

所谓思想政治教育的微观领域，就是指教育者与受教育者的内心世界。宏观的客观世界同人们的主观的内心世界总是不可分割地联系在一起的。宏观世界的开放性、复杂性、易变性，也会导致人们内心世界的开放、复杂与变动。因此，思想政治教育在向宏观领域发展的同时，也必须向微观领域发展。向宏观领域发展是向微观领域发展的条件，向微观领域发展是向宏观领域发展的基础。人们的内心世界虽然归根结底是客观世界的反映，但由于内心世界掺入了主观因素，内心世界的变化往往同客观世界的影响并不完全同步或对应，内心世界具有更大的复杂性和潜隐性，它像一个"黑箱"，无法窥探，也难以敞开，只能通过深入研究，才能把握其发展变化的规律性。

应当看到，西方发达国家在人的微观领域方面的研究起步比较早，在研究个体、生命以及人们情感问题上形成了众多的学派，产生了大量的研究成果。有从哲学角度研究个性的生命意志、权力意志、生命绵延、自然本能、存在状态、自我实现；有从心理学角度研究个体知、情、意、行的认知心理学派、社会学习心理学派、人本主义心理学派、价值澄清心理学派等；有从伦理角度研究实用主义伦理学、直觉主义伦理学、新实证主义伦理学、自我实现的人道主义伦理学等。西方的这些学派，都是以人为中心展开的，重在研究人的内心世界。虽然这些学派重视人的感情和自然存在，忽视人的社会性的局限，但它们重视对人的内心世界的研究，注重人们潜能的开发是值得我们借鉴的；尽管各个学派在理论上和实践上都表现出片面性，但它们在某一个方面，或者在方法上对我们是有启示的。

在现代社会条件下，社会因素和社会信息不断增多并且变化节奏加快，整个社会和人们的利益关系复杂程度增加，社会竞争性加剧，加上新旧体制的转换、新旧观念的冲突，不可避免地会带来许多新问题、新矛盾。所有这些变革、矛盾，都会引起人们的心理震荡，增加心理负荷，甚至导致一些人心理不平衡，产生心理障碍与心理疾病。同时，面对一个复杂多变的环境和激烈竞争的社会，人们要取得事业成功、提高生活质量，即在享受现代物质文明的同时要追求文明的精神生活，就需要有一个健康良好的心态。否则，人们可能会在经济、社会迅速发展的过程中，不断增加精神苦闷，甚至遗失自己的精神家园。因此，心理方面的问题十分突出地摆到了思想政治教育者面前。开展心理测试与心理分析、进行心理诊断与心理咨询、普及心理保健知识、提高心理素质，便成为政治思想教育的一项重要任务。

研究人们内心世界的问题，还有一个更重要的任务，就是开发人力资源。每一个人都有一个复杂的内心世界，每一个人都有巨大的潜能。人们的知、情、意、行既表现在德行上，也表现在智力上。德行与智力的关系，智力因素与非智力因素的关系，人们的需要、动机与行为之间的关系，人们主观能动性的发挥，等等，都是需要我们进一步探索的问题。我们对宏观领域的研究、探索不会穷尽，同样，我们对微观领域的探索也不可能到头。我们要把人们的潜能充分发挥出来，把人力资源充分开发出来，如果不掌握人们内心世界的发展变化规律，不能有效地把外在教育内化为人们的思想，那只能是一句空话。

所以，我们要正视现代社会条件下人们心理层面的问题和需要，重视人力资源开发，借鉴西方人学研究方面的有用成果，探索思想内化理论，掌握心理发展规律，建立具有中国特色的思想政治教育心理学。

二、思想政治教育的内涵拓展

思想政治教育的外延拓展，必然带来思想政治教育的内涵拓展。思想政治教育的内涵拓展，是由思想政治教育的结构发展决定的，主要是思想政治教育的功能发展。

（一）由再生功能向超越功能的发展

当代许多教育社会学家，正在用大量的实证材料批判资本主义社会存在的一种教育，这种教育只是不断地将一个现存社会再复制、再生产出来。联合国教科文组织国际教育委员会在《学会生存——教育世界的今天和明天》一文中指出，人们对现有教育种种弊端的责难，其中最主要的是它的"保守性"，"自古以来教育的功能只是再现当代社会和现有的社会关系"，"人们时常责备它是固定不变的"①。事实上，这种具有再生功能的教育，在缓慢发展的社会中，在不同时间限定（过去、现在、将来）并无显著差别的情况下，是普遍起作用的。我国古代所推行的"传道、授业、解惑"教育，就是一种再生功能教育。思想政治教育受这种传统教育的影响很深，加上过去集中统一的计划经济体制，使思想政治教育的再生性更加突出，如满足于对上级精神的照转、照传；沿袭古代的注解、注释方式；教育从本本、原则、语录出发，对新观点、新见解采取怀疑、设防的态度；等等。这种教育，固然可以传承文化、继承传统，其存在有合理性的一面，但它过分注重传承，只是简单再生、重复过去的东西，缺乏创造与超越，不能满足社会发展和人的发展需要。直到现在，我国一些地方、一些单位思想政治教育滞后，跟不上经济、科技和社会发展的步伐，在一定程度上与这种传统教育功能有关。

针对教育，包括思想政治教育的保守性、封闭性，邓小平提出了教育要面向现代化、面向世界、面向未来的主张，还提出了培养"有理想、有道德、有知识、有纪律"的社会主义新人的目标。这为克服思想政治教育的功能性危机，推动思想政治教育实现超越、发展指明了方向。同时，当代社会发展全面、变更迅速的情况，同过去时代已经根本不同，现在绝不是过去的再现，未来更不是现在和过去的翻版，教育的重任是要"替一个未知的世界培养未知的儿童"②，"在历史上第一次为一个尚未存在的社会培养新的人。这就为教育体系提出一次崭新的任务"③。因此，在现代社会条件下，

① 联合国教科文组织国际教育发展委员会：《学会生存——教育世界的今天和明天》，华东师范大学比较教育研究所译，教育科学出版社1996年版，第36、85页。

② 联合国教科文组织国际教育发展委员会：《学会生存——教育世界的今天和明天》，华东师范大学比较教育研究所译，教育科学出版社1996年版，第36页。

③ 联合国教科文组织国际教育发展委员会：《学会生存——教育世界的今天和明天》，华东师范大学比较教育研究所译，教育科学出版社1996年版，第36页。

思想政治教育的生命线作用、先导性作用，应当合理地被理解并作为超越功能进行发展和发挥。这种发展和发挥的基础和需要，就是思想政治教育向未来领域的发展。思想政治教育只有发展超越功能，即面向未来不断实现对自身的超越，并不断促进人们实现超越，才能真正把握未来，拥有未来，并"形成未来社会的一个主要因素"①。否则，面向未来就是一句空话。

（二）由单一功能向多样功能的发展

我国实行改革开放之后，党的工作重点转变为以经济建设为中心，开放的环境给思想政治教育带来了前所未有的新情况，经济和科学技术的高速发展给我国社会各个方面都带来了很大的推动作用，思想政治教育也不例外。社会和人们对思想政治教育的需要各式各样，要求也越来越高。对思想政治教育功能的认识，在实践中和理论上逐步趋向全面深化，使思想政治教育功能有了新变化和新发展。

应当承认，在我国实行改革开放之前，思想政治教育的功能是单一的。这种单一性不是由思想政治教育本身所决定的，而是当时社会政治、经济、文化共同作用的结果。以政治运动为中心，思想政治教育成为政治运动首当其冲的手段。计划经济体制的集中统一性，从体制上保证思想政治教育只能为政治运动服务。经济发展得不到应有重视，文化领域被全面卷入政治运动之中。在这样的历史条件下，思想政治教育的功能只能突出地表现为单一的政治功能。

实行改革开放之后，思想政治教育单一的政治功能受到挑战，人们在认识上也产生了矛盾。有人认为，思想政治教育只具有政治功能，党的工作重点转移使这种功能丧失或大部分丧失，因而思想政治教育存在和发展的现实性受到怀疑。有人认为，应当对思想政治教育的功能进行改革，即改变其政治功能，用道德功能、文化功能取而代之，这就是所谓淡化政治的中性化主张。还有人把以经济建设为中心仅仅作为一个经济命题，而不是一个政治命题，认为思想政治教育服从和服务于经济建设这个中心，就是把思想政治教育作为解决具体经济工作、业务工作矛盾的手段。这些认识反映出来的问题是：思想政治教育的功能是单一的还是多样的，是要发展还是不发展，以及如何发展。

---

① 联合国教科文组织国际教育发展委员会：《学会生存——教育世界的今天和明天》，华东师范大学比较教育研究所译，教育科学出版社 1996 年版，第 36 页。

首先，思想政治教育的政治功能不会丧失，也不能改掉，而是要在新的形势下发展。思想政治教育政治功能的发展，是随着政治的发展而发展的。在"冷战"时期，国际政治的集中表现是社会主义国家与资本主义国家之间的抗争、战争，而现在的集中表现是社会主义国家与资本主义国家之间的并存竞争，即在经济、文化上既有交流合作，又有矛盾斗争。在改革开放前，我国政治的集中表现是以阶级斗争为纲，以政治运动为中心，是一种革命的政治、斗争的政治。改革开放后，我国政治的集中表现是以经济建设为中心，发展社会生产力，是一种建设的政治、经济的政治。政治同其他事物一样，同样处在变化、发展之中。以经济建设为中心是党的基本路线，即政治路线的重要组成部分，而不是一个单纯的具体业务问题；它反映并代表了全国人民的根本利益，而不是某个系统、某些人的具体利益；它是具有全局性、战略性的问题，而不是简单的方法或手段。因而，执行党的基本路线，坚持以经济建设为中心，保证社会主义现代化建设的顺利进行，排除干扰、冲击党的基本路线的各种错误倾向，是思想政治教育艰巨的政治任务，是新形势下思想政治教育发挥政治功能的集中表现。

其次，发展思想政治教育的经济功能，发挥思想政治教育在经济建设中的作用。思想政治教育的经济功能在现代社会越来越突出，也越来越受到实际工作者和理论工作者的重视。思想政治教育的经济功能，是由思想政治教育的工作对象、作用对象和工作目的所决定的。思想政治教育的工作对象是人，工作目的是提高人的思想政治素质。而人是生产力中最积极、最活跃的因素，人是经济活动的主体。人的思想政治素质，即人的思想水平、道德面貌、劳动态度以及事业心、责任感等，不仅直接影响生产力及其要素的作用方式和人作为生产力的发展状况，而且还决定人的科学文化素质的性质和方向，影响人的智力和体力发挥的程度，也就是影响在生产力中起决定作用的劳动力，即劳动能力。所以，马克思说："教育会生产劳动能力。"[1] 人的主动性、积极性、创造性，决定和影响生产力的提高和经济的发展。这在现代社会条件下，不仅越来越成为不同社会制度下人们的共识，而且还形成并发展了综合开发人的精神潜能和智力潜能的理论，如企业文化理论、学习型组织理论等。

最后从思想政治教育的作用对象来看。思想政治教育的作用对象是经济工作、业务工作，目的是要促进经济工作、业务工作的发展。一事物对他事

---

[1] 《马克思恩格斯全集》第26卷，人民出版社1974年版，第210页。

物的作用就是该事物的功能。思想政治教育是经济工作、业务工作的生命线，它与经济工作、业务工作相互结合、渗透，决定经济工作、业务工作的方向，直接推动经济工作、业务工作的发展，从而使经济、业务不仅有质的保证，而且有量的增长，这就是其经济功能的表现。否定政治对经济的作用，否定思想政治教育对经济工作、业务工作的作用，同否定经济对政治的作用，否定经济工作、业务工作对思想政治教育的作用，在本质上是一样的，就是否定政治与经济的统一，割裂政治工作与经济、业务工作的关系，这就违背了政治与经济发展的规律性，不符合现代社会各项工作社会化程度不断提高的发展趋势。思想政治教育一定要与经济工作、业务工作相结合，以经济、业务为基础；同时，"经济工作和其他各项业务工作中都有政治"①。

当然，思想政治教育经济功能的发挥，与经济工作、业务工作是不同的，它通过人的实践活动，通过"物质变精神，精神变物质"的转化来实现。人的实践需要思想、理论的指导，正确的思想、理论可以转化为物质，思想政治教育正是提供思想、理论，实现转化的方式。思想政治教育的经济功能之所以还没有引起足够的重视，之所以要发展，除了前面所讲的认识方面的原因之外，还有一个重要原因，就是我们对思想政治教育与经济工作、业务工作结合渗透与转化理论、方法，缺乏实践上的探索和理论上的研究，"两张皮"的现象还不同程度存在。这种情况，只能通过发展、发挥思想政治教育的经济功能和开发人力资源的功能才能解决。

（三）发挥思想政治教育的文化功能，促进文化的繁荣和发展

广义的文化是指与"自然"相对应的概念，是由人所创造的、非自然所提供的、人适应环境的超生物手段与机制的总和，它包括物质文化、制度文化、精神文化；狭义的文化仅指精神文化。我们这里所说的文化，主要是指由政治、经济决定的观念文化和心理形态文化，包括政治、法律、哲学、道德、价值取向、心理素质、行为习惯等。现代教育对社会文化具有保存、传递功能，传播、交流功能，创造、更新功能。

思想政治教育能够传承思想文化传统，传授思想政治价值，传播思想理论知识，传递思想道德信息。思想政治教育也能够增强人们互相之间的信任理解、情感交流、思想沟通、行动配合。这些作用涉及的内容不仅能主导意

---

① 《江泽民文选》第2卷，人民出版社2006年版，第363页。

识形态，更主要表现为文化功能。这种文化功能是思想政治教育的传统功能，是一般思想政治教育应具备的功能。这种传统的文化功能已经不能满足现代社会文化发展和人们对文化追求的需要，因此发展思想政治教育的文化功能也显得十分迫切。

首先，发展思想政治教育，解放思想、更新观念的功能。解放思想、实事求是，是党的思想路线。这一思想路线在思想政治教育中的运作就是解放思想、更新观念。解放思想、更新观念是观念文化的改革与创新，它是推动现代社会发展和人的发展的前提，是保持和发展人的创造性的关键。由于现代社会的发展是一种全面、迅速的发展，现代社会的竞争在很大程度上是创造性的竞争，所以，解放思想、更新观念不是一时性的，更不是一次性的，必须持久地坚持下去。解放思想、更新观念应当成为思想政治教育的长期任务。同时，思想政治教育要实现其超越本质，帮助人们在实践中做到思想领先，也只有发展解放思想、更新观念的功能。

其次，发展思想政治教育，创设文化环境的功能。文化环境主要指精神文化环境，不仅包括舆论、风尚、传统、精神面貌、心理状态等，还包括精神文明建设活动以及各种文化活动。实行开放并开展竞争之后，建设、创造良好的文化环境成为单位和个人发展的重要条件。开放的环境需要选择、吸收健康有益的文化因素，排除、抑制消极颓废的文化影响；激烈的竞争需要营造宽松协调的文化氛围，防止不必要的相互防范与争斗；提倡创新需要创造有利于培养创新精神和有利于各种人才脱颖而出的环境，反对论资排辈、压制冒尖的保守习俗；发挥民主需要不断扩大群众参与政治、文化活动的范围，克服思想闭锁、情感冷漠、人际松散的状况；等等。这些都是思想政治教育所面临的文化建设任务。同时，随着人们在学习、工作上自主性的增强和社会化程度的提高，随着人们生活、娱乐方面的多样化发展，集中统一进行思想政治教育的方式受到制约和挑战。思想政治教育需要由教育者与受教育者的面对面教育，更多地转变为通过文化环境，即运用大众传媒营造的舆论环境进行教育；通过大众参与所开展的文化活动，通过文化布设所形成的氛围等，进行潜移默化的教育。这种教育更富有文化性，也更有感染性。

论思想政治教育的本质及其发展[*]

思想政治教育的本质是什么？它有哪些发展？这是当前思想政治教育所要研究的基本理论问题。在 2000 年 6 月召开的中央思想政治工作会议上，江泽民同志指出：党的思想政治工作是经济工作和其他一切工作的生命线，是团结全党和全国各族人民实现党和国家各项任务的中心环节，是我们党和社会主义国家的重要政治优势。江泽民同志对思想政治工作地位、作用的论述，更加有利于我们在新的历史条件下对思想政治教育本质的认识和理解。

一

思想政治教育的目的性，就是思想政治教育的目标指向性或价值取向性。它在阶级社会里表现为阶级性或党性，是思想政治教育最鲜明的特性。

第一，思想政治教育的目的性是思想政治教育区别于社会环境对人们影响的本质之所在。人生活在现实社会中，总是处于一定的环境条件下，要受到来自社会环境的各种影响，人作为社会活动的主体，在各种活动和社会环境中，思想和行为都会受到影响或教育，社会环境也具有一定的教育作用。但是，社会环境不一定都有思想政治教育的作用，有些社会活动缺乏正确的价值取向，具有盲目、随意的倾向；有些社会因素则具有消极影响。社会环境对人们思想、行为的影响，往往带有自发性、不确定性，既有正面影响，也有负面影响，既有必然性影响，也有偶然性影响。而思想政治教育则是有组织、有计划地以培养、提高人的思想政治素质为目的的活动，它明确地体现并指示着人的发展和社会发展的方向性和价值取向，这是思想政治教育与环境影响的区别。

第二，思想政治教育的目的性反映社会发展的本质要求和一定阶级的根本利益。思想政治教育的目的与有些社会活动的目的不同，它不是思想政治教育自身可以确定的，而是根据一定社会的生产力发展水平和经济、文化发展状况，根据统治阶级的意识形态要求而提出来的。思想政治教育的目的必

---

[*] 原载于《教学与研究》2001 年第 3 期，收录时有修改。

须遵循一定社会发展的方向，体现一定社会发展的目标并为实现社会发展目标服务；必须反映统治阶级的根本利益和意志，为统治阶级的政治服务。所以，思想政治教育的目的，既具有广泛的社会性，也具有鲜明的阶级性。在现代社会条件下，我国思想政治教育的目的必须反映时代特征，符合现代社会发展的方向，具有现代指向性。同时，又必须符合我国工人阶级和广大人民群众的根本利益，坚持社会主义方向。思想政治教育的目的性，从根本上反映了思想政治教育的社会性和阶级性。

第三，思想政治教育的目的性反映了人的能动性特点和人的发展要求。人区别于动物的根本特征是人具有主观能动性，或自觉能动性。人的主观能动性就是人的活动的目的性。人的这种能动性特点决定人在活动中必定受一定的意识、思想的支配。但是，支配人的意识、思想，有先进与落后、科学与经验、系统与零散之分，正是这种受不同思想支配的区分，使人面临两种发展选择：一种是以落后的、经验的、自发的意识和思想为指导的自然、自发状态下的发展；另一种是自为的、自觉状态下的发展，也就是不断接受先进的、科学的思想，在有目的的思想政治教育作用下的发展。人的行动是受目的支配的，因而，从古至今，人总是通过确立、发展并追求理想信念来改变人的现实存在，实现人的自觉的、全面的发展。

人在社会中的发展，如同其他事物的发展一样，具有广泛选择的可能，呈现多样化发展趋势，现代社会条件下更是如此。同样的客观条件，不同的人会有不同的发展结果，这与人的不同价值取向、主观努力直接相关。人只有选择与社会发展目标相一致的方向、相吻合的价值，才能从目标中获取正确取向和动力支持，才能更快地发展。思想政治教育就是要通过人的主体选择，把人在发展中符合社会目标的思想政治强化为理想信念，并对其行为起支配作用，使之与社会发展方向保持一致，并同社会发展形成互动。

二

思想政治教育的实践性就是思想政治教育的现实性和思想政治教育价值实现的有效性。在社会生活中表现为与其他实践活动的结合与渗透，它是思想政治教育显著的本质属性。

第一，思想政治教育是以人为实践对象的活动，其出发点和归宿都只能是实践。首先，从出发点来看，思想政治教育不可能脱离现实的、具体的人的思想进行教育，只能从现实的人、具体的人的实际出发来开展教育。从人的思想实际出发进行思想政治教育，必须分析思想形成、发展、变化的实践基础和客观原因，绝不能脱离人的实践活动和客观条件，空洞抽象地进行思想政治教育。

其次，从落脚点来看，思想政治教育的目的是要帮助人们形成正确的思想，提高其思想政治素质。而正确思想的形成和思想政治素质提高的动因，归根结底来自社会实践和社会发展的需要。所以，思想政治教育不仅要从实际出发，帮助人们实现思想认识上的飞跃，提高思想政治素质，而且要帮助人们运用正确的思想指导实践，完成从认识到行动的飞跃；不仅要引导人们正确地认识世界，更重要的是要引导人们能动地改造世界，并在认识和改造客观世界的过程中，同时也改造自己的主观世界。因此，思想政治教育所要遵循的知行统一、认识世界与改造世界的统一、改造主观世界与改造客观世界的统一的原则，充分体现了思想政治教育的实践性这一本质属性。

第二，思想政治教育的价值只能在实践中实现。思想政治教育是有效还是无效，是正效果还是负效果，效果是大还是小，其效果的质和量，都不能用主观认识来检验，而只能用社会实践来检验。离开实践谈思想政治教育的价值，就会失去客观的衡量准则，只会导致思想政治教育的主观随意性，甚至会造成思想上的混乱。

同时，思想政治教育价值的实现，必须坚持理论联系实际，坚持思想政治教育与经济工作、业务工作等实际工作相结合。只有这样，正确的理论、思想才有产生作用的基础和对象，才能真正发挥导向、激励作用，思想政治教育也才能真正发挥生命线的作用。理论一旦脱离实际，便失去了发挥作用的基础和对象，理论的指导作用无以发挥，价值无法实现，理论只会成为抽象、空洞的概念和教条。思想政治教育脱离实际，就是理论与实际分离，思想与行为脱节，其特征不是本本主义、教条主义，就是形式主义、文牍主义。这样的思想政治教育，不仅不能实现其应有价值，还会造成言行不一、弄虚作假，损害思想政治教育形象，造成思想混乱的不良后果。我们党的历史上曾经多次发生过的教条主义、本本主义的错误，都是因脱离中国革命的实际和建设的实际而导致的，都给党的事业和国家造成了无法挽回的损失。毛泽东、邓小平都从理论上深刻地分析过教条主义产生的根源及危害，系统地论述了理论联系实际原则的重要性，都指出：理论若不和革命实践联系起来，就会变成无对象的理论；实践若不以革命理论为指导，就会变成盲目的实践；对于马克思主义的理论，要能够精通它，应用它，精通的目的全在于应用。因此，要强调思想政治教育的有效性，实现其价值，必须深刻地认识和把握思想政治教育实践性的本质属性，反对教条主义。

第三，思想政治教育的实践性是不断发展的，在现代社会条件下更加突出和重要。以人为实践对象的思想政治教育，是随着人类社会的发展而不断发展的。在人类社会早期，因为"人类差不多完全受着同他异己地对立着的、不可理解的外部大自然的支配"①，人类与大自然混为一体，以人为实践对象的活动尚未出现。随着人类改造自然、社会实践活动的发展，人与自然界的分化越来越明显，人的主观能动性也不断增强。这时，既需要一般学校教育传承文化，发展智能；也需要思想政治教育维护统治秩序，传承道德。但是，在古代社会，由于生产力不发达，物质匮乏，加上残酷的政治压迫和经济剥削，绝大多数人没有受教育的权利，政治资源分配和道德要求极不合理，人们只能注重对自然界和社会的实践，无法对自身进行观照。并且，人处于生产力、生产关系、法律制度的支配、奴役之下，出现人的各种对象物的异化。绝大部分人的全部社会实践以外部世界的改变为主题，人的自身的发展受到抑制，人的主观能动性的发挥与人自身的发展是片面的、局部的，一部分人的发展，要靠牺牲大部分人的发展为代价。因此，在剥削阶级统治的社会，剥削阶级为了维护自身的统治，只会采取愚民政策和手段，不可能真正把人作为工作的实践对象来培养人的主体性，促进人的全面发展。

随着科学技术的发展和社会的全面进步，人的主体意识不断增强，人在改造客观世界的过程中，不断意识到人自身的改造与发展逐渐成为时代的主题。在主体人的发展和客体对象物的发展关系中，人的发展越来越成为主导方面，即经济的发展主要依靠知识、科技，知识、科技的发展依靠人才，人才的发展依靠教育培养，教育的发展要通过开发人的潜能来实现。这是现代社会发展的一个逻辑关系，是任何人都无法改变的事实。因此，现代社会是以人为主体的社会，是需要人的主体性充分发展，即人的智能被最大限度地发掘，人的能动性最大限度得以发挥的社会。人的主体性发展再不是过去时代的那种片面性、抑制性发展，而应当是精神、智能、心理等多方面的发展。一个全面发展的人是"以一种全面的方式，也就是说，作为一个完整的人，占有自己的全面的本质"②。人所面对的对象化世界，是人本质的展现，要使人"占有自己的全面的本质"，就是要把这个对象化世界在文化形

① 《马克思恩格斯选集》第4卷，人民出版社1995年版，第96页。
② 《马克思恩格斯全集》第42卷，人民出版社1979年版，第123页。

态上全面地复归于人，为人所掌握、所驾驭。思想政治教育就是要用富有时代特征的先进的精神文化，用人类传承下来的优秀文化塑造人、开发人，发掘人的内在潜能，实现人的主体性。

总之，从社会实践的发展可以看出，人类经历了以自然界、社会、人自身为实践对象的发展。以人为实践对象的思想政治教育，在新的历史条件下成为发展人、开发人的越来越重要的实践活动，思想政治教育的实践性也越来越丰富。

三

思想政治教育的目的性、实践性，内在地包含着思想政治教育的超越性。思想政治教育的超越性，就是其面向未来的发展性及对社会实践活动和人的行为的先导性。它是思想政治教育突出的本质属性。

第一，思想政治教育是既立足现实，又面向未来的实践活动。思想政治教育以现实的社会和现实的人为基础，确认现实的客观条件和人们的主观思想认识水平，并以此为出发点，确定思想政治教育的切入点，有针对性地开展工作。切入点过高或过低都是脱离实际的。

思想政治教育要承认现实并立足现实，但绝不是满足于现实、拘泥于现实，更不是要把现实的人的思想再复制出来，简单而重复地维护社会现状，保守现存的思想水平与认识能力。而是要面向未来，为了未来的发展和目标的实现，改变社会现状，推进社会发展，提升人们的思想政治素质，培养一代又一代新人，实现对现存社会和现实人的超越。在前面我们已经分析过人的能动性决定了人不会满足于现状，社会也不会维持现状，人的发展和社会的发展仅靠在自然、自发的状态下实现的时代早已过去。在现代社会条件下，发展成为时代主题，并表现为一种世界范围的广泛竞争，反映在社会的各个领域和社会生活的各个环节中。发展虽然主要是经济发展，但经济发展和社会的发展，既依赖人的发展，又推动人的发展。思想政治教育只有紧扣时代主题，大力促进人的发展和社会发展，才能显示其时代特征，体现其超越性本质属性。如果思想政治教育不能实现人和社会对现存状况的超越，仅仅只是维持现实社会秩序和人们现有思想水平的手段，那么，思想政治教育在激烈竞争、迅速发展的潮流中，就会陷于保守而成为社会中不起任何作用的活动。因此，思想政治教育不仅为过去、现在所决定，而且更重要的是要为未来所决定，即为超越现实的目标所决定。

第二，思想政治教育是一种既解决现实问题，又具有先导作用的活动。要有针对性地解决人们的现实思想问题、实际问题，不能只讲空洞的道理和抽象的概念。但是，解决实际问题有两种方式，一种是就事论事的解决，一种是超越式的解决。就事论事的解决，思想认识水平只可能是原地踏步，某一问题解决了，类似问题可能还会出现。而超越式的解决，就是超出事情和认识的现有状况，使思想水平和认识能力得到提高和升华，思想政治教育的本质就是要使人们的思想认识超越现有水平。同时，思想政治教育不只是解决现有的思想矛盾和已经发生的问题，更重要的是要把人们在思想政治方面的长处、优势和积极因素充分发挥出来，引导、提升到更高程度，并尽可能有效预防将来会发生的问题，这就是由思想政治工作的超越性所要求的主动性、预防性。如果思想政治教育陷于已经发生的问题而不能自拔，就会出现"按下葫芦起来瓢"的消极被动局面。消极被动、放"马后炮"都不符合思想政治教育的属性。特别是在现代社会条件下，思想政治教育不仅要关心人们现实的存在，更要观照人们未来可能面对的问题。因为现代社会的复杂性、变更性、竞争性、发展性使每一个人随时都面临着多种选择、多重风险和许多思想道德方面的实际问题，人们需要消除对未来发展的困惑，避免挫折和失败。思想政治教育必须对人们的发展进行引导，进行符合规律的预测和指导，帮助人们少走弯路、少犯错误。这种预测、预防在现代社会显得越来越重要。

从以上三个方面的分析，我们可以对思想政治教育的性质做如下概括：思想政治教育是一种有目的性、具有超越性的实践活动。这种实践活动随着社会的发展和人们主体性的增强，其作用越来越重要。思想政治教育在社会生活中是一种多属性、多因素的特殊活动。

思想政治教育基本规律研究[*]

一

思想政治教育基本规律也可称为思想政治教育的一般规律或普遍规律，它是在思想政治教育中普遍存在并贯穿思想政治教育过程始终的本质的、必然的规律。

自改革开放以来，我国各有关领域都在努力探索思想政治工作、思想政治教育的科学化途径和学科化建设，对这一学科发展的一个根本问题，即思想政治教育基本规律的研究不断深化，取得了丰硕的成果。对思想政治教育基本规律的研究也存在着不同的思路和观点。这些不同的思路、认识、界定直接影响着思想政治教育及其学科的性质与作用。在借鉴已有研究成果的基础上，本文再做一些探索。

对思想政治教育基本规律的研究，学者们有着不同的思路。有的学者认为，思想政治教育的基本规律是过去尚未明确解决的问题，应当以马克思主义理论为指导，对思想政治教育的诸要素和复杂关系进行全面系统的分析、研究，找出其本质联系，揭示其规律。据此，有些论著把马克思主义关于思想政治教育的理论作为基本理论在论著中单列，然后再对思想政治教育的基本规律进行概括。这种写法突出了马克思主义关于思想政治教育的基本理论即唯物史观的重要性，但给人的印象，似乎这些理论与思想政治教育基本规律是有区别的，不是同一层次、同一性质的东西。

有的学者认为，马克思主义的思想政治教育基本理论，就是对思想政治教育基本规律的揭示，二者是同质的、一致的。这不仅在理论上符合逻辑，而且也为党的思想政治教育的传统和实践所证实。否则，基本理论就不能称之为基本理论。

关于思想政治教育基本规律的界定，许多学者也从不同的角度和层面进行了探索。有的把思想政治教育的过程规律界定为思想政治教育的基本规

* 原载于《思想理论教育导刊》2001 年第 1 期，收录时有修改。

律，认为思想政治教育过程规律是一个体系，是一个由基本规律和具体规律组成的多侧面、多层次的规律体系，"适应超越律"是贯穿思想政治教育全过程的基本规律。有的把思想政治教育基本规律界定为：在各种思想观念冲突中定向引导的规律，教育过程在迂回曲折中发展的规律，层次递进地进行教育的规律。这些界定把思想政治教育规律划分出基本规律和具体规律的层次，并能揭示各种规律之间的内在联系，形成规律体系，是可取的。但思想政治教育过程规律能不能包括思想政治教育的基本规律是需要讨论的。也有的论著把思想政治教育的任务、目的、功能等具体内容或具体规律界定为思想政治教育基本规律。如有的认为，思想政治教育的基本规律就是调动人的积极性和主动性，实现党的政治任务；有的认为是解决思想问题与解决实际问题相结合；还有的认为是从社会和个人的实际情况出发，通过马列主义、毛泽东思想、邓小平理论教育，提高人们认识世界和改造世界的能力。显然，这些界定虽然具体、明确，但作为思想政治教育的基本规律，恐怕失之过窄，对思想政治教育的本质揭示不够。还有一些论著，以西方行为科学、人格理论和心理学为借鉴，把思想政治教育的基本规律概括为社会适应规律、要素协同规律等；有的把行为科学的"需要、动机、行为"理论和心理学的知、情、意、行理论作为思想政治教育的基本规律。这种界定对认识和掌握思想政治教育基本规律有启发，但也难以全面揭示思想政治教育的本质。

马克思主义的唯物史观既揭示了社会发展的规律性，也揭示了人的本质、人的发展以及人的思想形成、发展变化的规律性。思想政治教育的根本任务就是要引导和帮助人们遵循思想形成发展的规律，确立正确思想。而正确的思想必须符合社会发展规律和人的发展规律，反映一定社会发展的要求。因此，思想政治教育的基本矛盾，是一定社会发展要求与受教育者实际思想水平之间的矛盾。解决这一基本矛盾所要遵循的基本规律是思想形成发展的规律。这一基本规律是思想政治教育能够进行并取得成效的根本依据。

二

在研究思想形成发展规律之前，首先要研究这一规律产生的客观基础，然后从不同层次研究这一规律的不同表述。

（1）自觉能动性理论，揭示了思想形成发展规律的基础。思想形成发展的规律是有其不以人们意志为转移的客观基础的，这个基础就是人对思想的需要。这种需要既是主观的，又是客观的，但归根结底是客观的。因为"在社会历史领域内进行活动的，全是具有意识的、经过思虑或激情行动的、追求某种目的的人；任何事情的发生都不是没有自觉的意图，没有预期的目的的"①。这就是说，人的存在不是一种纯自然的客观存在，而是一种有意识的、有思想的客观存在。人有思想是人的一种自觉能动性。

（2）社会存在与社会意识关系的理论，揭示了一般思想形成发展的规律。社会存在与社会意识关系的理论，是马克思主义唯物史观的基本理论，它揭示了社会存在决定社会意识，社会意识对社会存在具有反作用的规律。马克思说："意识在任何时候都只能是被意识到了的存在，而人们的存在就是他们的实际生活过程。"② 又说："物质生活的生产方式制约着整个社会生活、政治生活和精神生活的过程。不是人们的意识决定人们的存在，相反，是人们的社会存在决定人们的意识。"③ 社会存在与社会意识关系的理论，揭示了一般意识、一般思想形成发展的规律。即不论是什么思想，都是由社会存在决定的。"归根到底，是由生产力和交换关系的发展决定的。"④ 这样，社会存在与社会关系的理论给思想政治教育指出了一种必然性根据，即分析、研究各种思想意识、思想过程的产生、发展、变化，只能在社会存在中去寻找根源；提高思想认识、推进思维活动也必须以"人们的存在"，即人们的实际生活过程为基础。

（3）能动反映论和灌输论，揭示了正确思想形成发展的规律。辩证唯物主义的认识论是能动反映论，是关于认识的本质及其发展规律的理论。能动反映论之所以是正确思想形成发展的理论，乃在于它是以实践为基础的。实践，并且只有实践，才能产生认识的需要，提供思想的来源；只有实践，人们才能接触和反映客观世界，推动人们由认识事物的现象深入到认识事物的本质，由感性认识上升到理性认识；只有实践，才是检验认识正确与否，判断思想价值取向的唯一标准。所以，毛泽东说："人的正确思想只能从实践中来。"⑤ "一个正确的认识往往需要经过由物质到精神，由精神到物质，即由实践到认识，由认识到实践这样多次的反复才能够完成。"⑥ 离开实践

① 《马克思恩格斯选集》第 4 卷，人民出版社 1995 年版，第 247 页。
② 《马克思恩格斯全集》第 3 卷，人民出版社 1960 年版，第 29 页。
③ 《马克思恩格斯选集》第 2 卷，人民出版社 1995 年版，第 32 页。
④ 《马克思恩格斯选集》第 4 卷，人民出版社 1995 年版，第 251 页。
⑤ 《毛泽东文集》第 8 卷，人民出版社 1999 年版，第 320 页。
⑥ 《毛泽东文集》第 8 卷，人民出版社 1999 年版，第 321 页。

来谈思想，则思想是无源之水、无本之木，无法检验其正确与否，也无法推动其丰富发展。

马克思主义的灌输论是由列宁提出来的教育理论。列宁在《怎么办》一文中指出："工人本来也不可能有社会民主主义的意识。这种意识只能从外面灌输进去。"① 所谓"从外面灌输"，是指"从经济斗争范围外面"向工人灌输他们原来不了解的先进政治思想和"从工人同厂主的关系范围外面灌输给工人"阶级意识，使工人阶级明确自己的历史使命。列宁在这里所说的"从外面"灌输，强调了革命理论指导革命实践的重要性。

尽管今天的社会历史条件同列宁所处的时代不同，但灌输理论并没有过时。对生活在社会主义国家的每个公民来说，马克思主义的科学世界观和方法论同样不可能自发产生，需要通过自觉地学习、接受教育、用于实践，才能在头脑中确立起来，形成思想政治素质，并且只有通过教育和自觉学习，才能逐步实现局部利益和眼前利益的超越，充分认识并重视国家利益和民族利益，充分认识并主动承担社会历史使命，自觉地向更高的思想境界和更高的实践阶段发展。因此，我们不能把灌输理论简单地理解为一种教育方法，它实际上揭示了正确的世界观只能通过学习、教育、实践而自觉形成，不会盲目、自发产生。这也是不以人的意志为转移的客观规律。

灌输理论虽然没有过时，但它需要不断丰富和发展。毛泽东创立的关于正确处理人民内部矛盾的理论、邓小平提出的社会主义精神文明建设理论，都是在社会主义条件下对灌输理论的发展。这两个理论都包含了人的正确思想不可能自发产生的深刻内涵，都强调要遵循思想形成发展的规律，通过思想疏导、思想道德建设的途径，推动正确思想的形成，而不能用行政方式、简单的方法解决思想矛盾，不能用物质文明建设代替思想道德建设。

能动反映论和灌输理论所揭示的正确思想形成发展的规律从不同侧面强调了实践的作用，阐述了思想与实践的辩证关系。首先，我们所说的实践是以正确理论为指导的实践，是有目的、能动的实践。能动反映论是既以实践为基础，又以辩证唯物主义为指导的理论，不是只讲实践，也不是不要理论指导的实践。其次，我们所说的理论是正确的理论、科学的理论。正确的理论、科学的理论本来就来自实践并经受了实践的检验。灌输理论不仅强调自觉学习、自觉接受教育，掌握正确理论，也强调运用正确理论指导实践。如果理论脱离实际，不用于实践，就是教条主义、形式主义。所以，能动反映

---

① 《列宁选集》第1卷，人民出版社1972年版，第247页。

论和灌输理论既揭示了实践起决定作用的规律，又揭示了思想的相对独立与反作用规律。

三

思想政治教育不仅要面向人，而且要面向社会。思想政治教育作为一个相对独立的系统，与社会的政治、经济、文化领域以及各项工作有着广泛的联系和复杂的关系。其中，受社会政治、经济、文化制约和为社会政治、经济、文化发展服务，是所有关系中最基本的关系。因此，服从和服务于社会发展的规律，是思想政治教育的另一基本规律。这一基本规律，既由思想政治教育的上层建筑性质所决定，又是思想政治教育在社会中赖以存在并发挥作用的根本依据。马克思主义关于经济基础与上层建筑关系的理论、关于政治与经济关系的理论、关于人的全面发展理论，都揭示了这一基本规律。

（1）思想政治教育服从社会发展。

首先，思想政治教育要服从社会政治需要。就是说，思想政治教育受社会政治制约，适应社会政治发展，要根据社会政治制度、社会政治目标，确立思想政治教育的性质和方向。政治，说到底，是占统治地位阶级的根本利益和根本意志。服从社会政治需要，就是维护占统治地位阶级的根本利益。同时，思想政治教育必须遵循国家的制度、方针和培养目标，按照一定的原则，坚持以占统治地位阶级的意识形态为主导进行教育。另外，思想政治教育必须在一定阶级、政党或国家机构的领导下，有计划、有组织地进行，这是思想政治教育服从政治需要的保证。思想政治教育具有的政治性、思想性突出的特点，决定它必定是在占统治地位的阶级、执政党或国家专门机关的掌握之中，并作为维护政治统治的重要手段。

其次，思想政治教育受社会经济制约。经济是社会结构的基础，也是社会生活的中心。它对整个社会的发展，包括思想政治教育，具有决定性作用。经济制度决定政治制度，经济制度和政治制度决定思想体系。以私有制为主体和按资分配为主的经济制度，产生的是个人主义为主导的思想体系；以公有制为主体和按劳分配为主的经济制度，产生的是集体主义为主导的思想体系。这两种不同的经济制度和思想体系，决定着思想政治教育的不同性质。我国社会主义初级阶段的经济制度决定我国必须坚持以集体主义为原则，以为人民服务为核心的社会主义思想体系，思想政治教育也必须适应并能维护这一思想体系。同时，建立在根本经济制度上的经济体制，在社会生活中也发挥着某种基础性作用，对思想政治教育也有十分重要的影响。不同的经济体制对思想道德的要求是不同的。另外，经济的发展，特别是现代科学技术的发展，不仅是制约思想政治教育发挥作用的客观条件，而且不断开辟新领域、提出新问题，折射出许多新的思想道德问题，需要由思想政治教育来解决。还有，任何思想政治教育都要有一定的物质条件和一定的手段。特别是在现代社会条件下，物质条件和现代手段直接决定和影响思想政治教育的效果。

最后，思想政治教育受文化的影响。文化既以观念形态反映生产力发展水平和生产关系等，又以观念形态植根于人们的思想意识之中，成为人们深层心理结构。文化的影响，首先是一种思想道德观念、价值取向、风俗习惯的影响。这种影响，一般是由民族文化的长期熏陶而产生的。同时，文化环境、文化条件也影响着教育内容、教育方式的选择和教育的效果。在现代开放的社会条件下，思想政治教育面临着各种思想文化相互激荡的复杂局面，同时也面临着各种思想文化的选择。因而，这些既为思想政治教育发展提供了良好机遇，也使思想政治教育面临严峻挑战。

（2）思想政治教育服务社会发展。

思想政治教育为社会政治服务，首先是要为巩固社会政治制度、维护社会政治稳定服务。思想政治教育的这一功能，是以通过长期的、经常的爱国主义教育、集体主义教育、社会主义教育，引导人们坚定政治方向、坚持政治原则、达成政治共识、反对政治偏向的方式来实现的。所以，毛泽东说："掌握思想教育，是团结全党进行伟大政治斗争的中心环节。如果这个任务不解决，党的一切政治任务是不能完成的。"① 在世界上不同社会制度并存竞争的时代背景下，在全面深刻变革的发展过程中，巩固社会主义制度、稳定社会政治秩序是我国发展的前提和基础，思想政治教育责无旁贷地要担当起这一重任，这是思想政治教育发挥政治主导作用的集中表现。

其次，思想政治教育通过广泛持久的民主法制教育和方针政策教育，推进社会主义民主政治建设和依法治国方略的实施。民主政治的发展和依法治国方略的实施，既需要坚实的思想政治基础，又需要不断排除错误思潮的干扰。所以，民主建设和法制建设不仅仅是制度建设，更重要的是思想建设。没有巩固、一致的思想基础，制度是难以落实的。

最后，思想政治教育通过为统治阶级培养接班人，推进政权的延续和政

---

① 《毛泽东选集》第3卷，人民出版社1991年版，第1094页。

治目标的实现。为本阶级培养接班人是思想政治教育的主要政治功能。任何统治阶级都会充分利用这一功能，培养能够忠诚代表本阶级、本民族利益，体现统治阶级意志的人才。所以，培养与争夺接班人的问题一直是执政党始终高度重视的政治问题。党在培养接班人的过程中，不论是过去、现在还是将来，都始终把思想政治素质放在第一位。"政治和经济的统一，政治和技术的统一，这是毫无疑义的，年年如此，永远如此。这就是又红又专。"① 思想政治教育服务于经济工作、业务工作，主要是通过为其提供思想政治保证来实现的。思想政治保证有三个方面：一是方向保证，即保证经济工作和业务工作发展的正确方向，发挥"思想和政治又是统帅，是灵魂"② 的作用，防止经济工作、业务工作走到邪路上去。二是条件保证，即创造良好的思想政治环境，包括正确处理经济工作、业务工作中的矛盾，协调人们之间的利益关系，沟通人际情感等，保证经济工作、业务工作的正常运行。"经济发展需要有坚强的政治保证和充分的政治条件，否则经济建设也搞不好。经济工作和其他各项业务工作中都有政治。"③ 三是动力保证，即提高思想道德素质，为经济发展和社会进步提供精神动力。思想政治教育通过理想信念的形成、奋斗目标的激励和人格境界的提升，为人们从事经济工作、业务工作提供持久、强大的精神动力。"建设有中国特色社会主义，必须着力提高全民族的思想道德素质和科学文化素质，为经济发展和社会全面进步提供强大的精神动力和智力支持。"④ 思想政治教育为经济、业务发展服务，归根结底，是通过调动人们生产、工作的积极性、创造性，实现由"物质变精神，精神变物质"的转化。人的积极性、创造性可以转化为生产力，可以转化为物质力量，这是人们的共识。在现代社会条件下，在经济发展主要依靠科技的知识经济时代，人的积极性、创造性对经济、科技的发展更为突出和重要。

思想政治教育为文化发展服务，首先要坚持和维护社会主流文化的主导地位，维护统治阶级的思想。思想政治教育通过向社会传播精神文化、分配政治资源、生产思想产品，担负着维护、丰富、发展主流文化或主导意识形

---

① 《毛泽东文集》第 7 卷，人民出版社 1999 年版，第 351 页。

② 《毛泽东文集》第 7 卷，人民出版社 1999 年版，第 351 页。

③ 江泽民：《在纪念中国共产党成立七十八周年座谈会上的讲话》，人民出版社 1999 年版，第 7 页。

④ 江泽民：《高举邓小平理论伟大旗帜，把建设有中国特色社会主义事业全面推向二十一世纪》，人民出版社 1997 年版，第 39 页。

态的任务，同时也担负着批判、抵制有害文化，借鉴、吸收有益文化的职责。同时，思想政治教育要为文化的繁荣、发展营造良好的思想政治条件，保证文化发展的社会主义方向。另外，思想政治教育还要进行文化环境优化，运用现代科技手段，创造积极向上、文明健康的氛围，为丰富多彩的群众文化生活服务。

思想政治教育视域的新拓展*

随着我国改革开放的深化和中国特色社会主义现代化建设的推进，思想政治教育及其学科也不断向纵深发展，研究领域拓宽，研究课题更新，研究视角多样，富有时代特征和前沿性的研究成果大量涌现。交往视域中的思想政治教育研究具有重要的理论价值与实践价值。交往是指在一定的历史条件下，人与人之间相互往来，进行物质、精神交流的社会活动。交往活动是人类特有的存在方式，是人与人之间发生社会关系的中介。交往有物质交往与精神交往、个人交往与群体交往、直接交往与间接交往等类型。交往系统的要素包括显性要素与隐性要素。显性要素是指交往主体、交往对象、交往手段、交往环境、交往过程、交往内容等外在要素；隐性要素是指影响交往的利益、观念、情感、尊严等内在要素。这些要素，有物质的也有精神的；有实体的也有非实体的，它们相互结合、渗透，形成社会交往。不管哪种交往都包含物质因素和精神因素，正是这些因素才体现交往是人与人之间的"相互联系、交流和交换"关系，而不是物与物之间的无精神要素的关系。所以，马克思恩格斯在《费尔巴哈》一文中，论述物质、意识与关系之间的联系时指出："凡是有某种关系存在的地方，这种关系都是为我而存在的；动物不对什么东西发生'关系'，而且根本没有'关系'……因而，意识一开始就是社会的产物，而且只要人们还存在着，它就仍然是这种产物。"① 这就是说，人、交往、意识总是不可分割地联系在一起的。

交往性思想政治教育蕴含两重含义：一是赋予社会交往育人功能和德行价值，二是赋予思想政治教育的教育者和教育对象的互动功能与相互转化。因而，交往性思想政治教育是适应现代开放性、信息化需要的教育形态，是对思想政治教育传统模式的超越。

交往性思想政治教育，揭示了交往视域中思想政治教育的意蕴：一是坚持平等、民主原则，确立育人为本的思想政治教育理念，解构传统思想政治教育的教育者与教育对象固定不变的范式，构建了思想政治教育的教育者与

　＊　原载于《学校党建与思想教育》2012 年第 16 期，收录时有修改。
　①　《马克思恩格斯选集》第 1 卷，人民出版社 1995 年版，第 81 页。

教育对象的互动、转化范式。二是以交往理论为依据，以交往实践为基础，改变了传统"主客"类型的思想政治教育，即将教育对象视为被动客体的思想政治教育，从理论与实际相结合的高度肯定了教育对象在思想政治教育过程中的主体地位。三是古今中外思想家从交往视角论述思想政治教育的思想，凝练了其中的真知灼见。四是交往性思想政治教育较之对象性思想政治教育具有多级主体性、双向建构性和平等对话性等本质特征。五是实现交往性思想政治教育的路径，强调实现交往性思想政治教育要从对象性思维向关系性思维、从线性思维向非线性思维、从封闭性思维向开放性思维的转变。

思想政治教育加强和改进的哲学论域*

　　思想政治教育是我们党和国家的优良传统和政治优势，在我国革命和建设的伟大实践中，思想政治教育发挥着生命线的作用。新时期，思想政治教育所处的国际国内环境、思想政治教育的对象都发生了深刻的变化，思想政治教育的任务更艰巨，面临的挑战更加严峻，必须进一步加强和改进思想政治教育。从哲学高度上思考这一问题，有利于把握现代思想政治教育的本质、特点、规律和方法，增强思想政治教育的主动性。

　　当今，思想政治教育所处国际环境的一个显著特征是经济的全球化发展。经济全球化已是一个不争的事实，任何国家经济要发展，都会或迟或早、或多或少受到经济全球化发展的影响。经济的全球化不仅包含生产的全球化、贸易的全球化，还包括投资的全球化、金融的全球化、信息的全球化。同时，科技的全球化、教育的国际化也是不可改变的客观发展趋势。这一方面为各国在世界经济的整体格局中优化本国的资源配置提供了一条有益的途径；另一方面，由于经济全球化是以一种特定的世界经济体系为背景的，以美国为代表的少数几个发达国家处于这个经济体系的中心，它们凭着强大的势力挤占发展中国家的发展空间，使世界范围内经济上的两极分化因经济全球化而加剧。发达国家和发展中国家、富国和贫国的差距在拉大。伴随经济全球化的进程，一些西方发达资本主义国家，特别是美国，利用自己经济、科技的优势，在经济全球化过程中极力强调"国际游戏规则"，弱化别国的主权，发展中国家因此丧失了部分经济主权。

　　由经济全球化带动的全球化发展趋势，深刻地影响着世界历史进程，无疑也影响着中国的历史发展。全球化发展趋势开拓了新的发展领域，开阔了人们的视野，催生了新的思维方式——面向世界的开放性思维。各国都在以开放的眼光和开放的实际行动迎接全球化的挑战。因全球化的发展，一些人往往更注重全球化，强调全球意识，而忽视民族化，淡化民族意识、国家意识，有人甚至借全球化否定民族化。传统的国家观念、民族观念、爱国主义正受到猛烈的冲击。为此，我们所面对的国际范围的一个主要矛盾就是全球

---

　　* 原载于《现代哲学》2001年第3期，作者张彦、郑永廷，收录时有修改。

化发展与民族化发展的矛盾。全球化发展趋势是不可逆转的客观发展趋势，它要求我们以国际社会为背景，以国际发展趋势和其他国家为参照，来认识人们思想和行为的变化，开展思想政治教育，坚持历史与现实的结合，从国际比较、竞争以及学习、借鉴的层面，增强民族凝聚力和民族发展的责任感，维持国家利益与安全，这也是时代赋予爱国主义教育的新内涵。

民族化发展仍然是当今世界发展的基石，是全球化发展的基础。民族化发展表现为民族经济、政治、文化的全面发展。民族化发展是一种多极性、多样性的发展，是民族的根本利益取向。中华民族的发展，关系到中国在世界发展中的地位和命运，关系到中国人民的根本利益。在全球化发展的背景下，推动中华民族的发展，使中国自强于世界民族之林，这是每个中华儿女的职责，也是思想政治教育的重任。

全球化与民族化是当今世界既相联系又相矛盾的发展趋势。全球化要以民族化为基础，并为民族化的发展提供条件；民族化要以全球化为背景，并为全球化的发展创造基础。真正有生命力的民族经济、政治、文化是全球性的。思想政治教育必须以全球化与民族化相统一的思路来开展主旋律教育。既反对只讲全球化、忽视民族化的淡化国家、民族意识的倾向，又反对只讲民族化、不讲全球化的狭隘爱国主义、民族主义倾向，特别要警惕和反对西方国家利用经济全球化，推行政治、文化"西方化""美国化"的图谋。这是新形势下思想政治教育面向世界、面对开放所必须正视和解决的一个重要矛盾。

我国正处于并将长期处于社会主义初级阶段的国情是思想政治教育所面对的国内环境。在社会主义初级阶段，由实际的生产力发展水平确定并实行以公有制为主体、多种所有制经济共同发展的基本经济制度，以按劳分配为主体、多种分配方式并存的分配制度，使中国经济、社会的发展呈现出主导性下的多样化发展特征。经济成分和经济主体的多样化、就业和分配方式的多样化、社会组织形式的多样化、社会生活方式的多样化，是社会主义初级阶段社会存在多样性的主要表现。多样性的社会存在必然决定多样化的思想观念，决定意识形态领域的多样化状态。因此，多样性是社会主义初级阶段的特征之一。思想政治教育面对国内社会，特别是意识形态领域的一个重要矛盾，是主导性与多样性的矛盾。在意识形态领域，思想政治教育必须坚持党的基本路线，坚持社会主义意识形态的主导地位，这是由我国以公有制和按劳分配为主体，以集体主义为原则，坚持社会主义制度所决定的；否则，思想政治教育就会改变性质和方向。思想政治教育坚持主导性，就是要在意识形态领域坚持社会主义意识形态的主导地位；学习马克思主义，要坚持以邓小平理论为中心；在各种教育中，要坚持爱国主义、集体主义、社会主义教育的主旋律；在思想观念体系中，要坚持以集体主义为原则，以为人民服务为核心。这些不同层次的主导性是思想政治教育不同层面的支柱和灵魂。

同时，思想政治教育也要坚持多样性，思想政治教育的多样性是由我国社会主义初级阶段社会存在的多样性所决定的。多样性一方面表现为社会主义本身发展的层次性和团体、个体的特殊性；另一方面表现为对古代、西方文明成果的继承性与借鉴性。人们思想的差异性、价值取向的多样性，追求不同的个性特点，在现代社会尤为突出。思想政治教育发展、引导这种多样性，是社会和个人发展的客观要求，也是思想政治教育发展创新的条件。

主导性和多样性在哲学上表现为普遍性与特殊性，它们既相互统一，又相互矛盾，是事物存在的基本样态。思想政治教育在目标上、内容上、评价上，都必须坚持主导性与多样性的统一。既要克服过去只讲先进性，不顾广泛性，只求统一性，不顾差异性，只讲社会主义，不继承、借鉴古代和西方文明成果的倾向；又要反对忽视先进性和统一性，不要原则性，只注重继承、借鉴古代和西方的东西，用多样性淹没，甚至取代主导性的倾向。新形势下的思想政治教育，应当坚持在主导性指导下发展多样性，在多样性基础上坚持主导性。

思想政治教育所处国际、国内环境的深刻变化，需要运用和探索新理论。同时，思想政治教育的对象在多元变化的环境下，其思想、行为的变化也是深刻的。在建立和发展社会主义市场经济体制条件下，在开放的环境中，在现代科技特别是信息技术飞速发展的时代里，团体和个体的自主性大大增强，主体性充分发展，积极性、创造性得到发挥，这是较之计划经济体制的一个巨大进步，是推动社会发展和个体发展的动力。同时，市场经济体制是一种现代化、社会化体制，现代社会的一切领域在快速社会化。每个团体和个人都要适应这种社会化的发展趋势，把自己融于现代社会之中，把社会和他人的发展作为自己发展的条件，以自己的发展为社会和他人的发展提供条件。只有这样，个人、他人和社会才能相互促进，协调发展。

自主性与社会化是人在发展过程中的两个侧面，既是统一的，又是矛盾的。如果只强调自主忽视社会化，就会脱离他人和社会，走向个人中心，走向新的自我封闭，甚至滑向个人主义、利己主义。这样的人，自主性、主体性的发展会受到抑制，自身素质也难以提高。相反，只强调社会化，忽视自主性，就会放松自身努力，走向依赖和从众，甚至成为他人和金钱的奴隶。

这样的人是丧失主体性、缺乏素质的社会化，不是真正的社会化。人的发展的自主性和社会化分离的这两种倾向，在现实生活中都不同程度地存在着。思想政治教育对象的一个重要矛盾，就是自主性与社会化的矛盾。思想政治教育要大力培养人们的自主性，克服依赖性；发展主体性，克服盲目性；发挥创造性，克服平庸性。思想政治教育不仅要面向个体，帮助、引导人们实现主体性发展，提高自身素质；还要面向群体和社会，帮助、引导人们实现社会化发展，丰富社会关系。这既是现代社会的客观要求，也是马克思主义关于人的全面发展理论的全面贯彻。

总之，思想政治教育要使人们在处理个人与社会的基本关系上达到自觉，必须根据现代社会的实际，引导人们从理论上认识自主性与社会化发展的关系，帮助、引导人们自觉、全面发展自己。

思想政治教育重要现实问题的理论研究[*]

2013 年 8 月 19 日，习近平总书记在全国宣传思想工作会议上强调指出："宣传思想工作一定要把围绕中心、服务大局作为基本职责，胸怀大局、把握大势、着眼大事，找准工作切入点和着力点，做到因势而谋、应势而动、顺势而为。"① 习近平总书记在 2016 年 5 月 17 日主持召开的哲学社会科学工作座谈会上指出，我国正在经历历史上最为广泛而深刻的社会变革，也正在进行着人类历史上最为宏大而独特的实践创新。"这是一个需要理论而且一定能够产生理论的时代，这是一个需要思想而且一定能够产生思想的时代。"②

思想政治教育的职责与任务，就是要紧跟时代发展，服务党的中心工作，以正确的理论为指导，解决人们现实的思想问题和实际问题。因而思想政治教育不仅要以中国特色社会主义理论体系为指导，而且要提供解决现实思想问题与实际问题的理论。所谓思想政治教育重要现实问题理论，就是具有时代性、创新性与应用性，能帮助人们有效解决面临的现实问题、现实干扰的理论。当前，人们普遍面临着多元文化条件下一元主导与多样发展的问题，市场经济体制下主体性与社会化的矛盾问题，社会激烈竞争过程中外在压力与内在动力的转化问题，信息社会发展过程中信息获取与信息整合的统一问题。这些时代背景和由此而产生的新情况、新问题，使人们在认识、适应和发展的过程中不断提高自己，但也使一些人，特别是有些青少年产生了迷茫与困惑，有的甚至形成了不良习惯，因而需要研究这些新情况、新问题，发展新理论，有针对性地开展思想政治教育。当前，加强思想政治教育重要现实问题的理论研究，应坚持一元主导与多样发展的辩证，坚持主体性与社会化的统一，坚持将外在压力向内在动力转化，坚持信息获取与信息整合的结合。

---

[*] 原载于《学校党建与思想教育》2016 年第 13 期，作者曹群、郑永廷，收录时有修改。
① 《习近平谈治国理政》第 1 卷，外文出版社 2014 年版，第 153 页。
② 习近平：《在哲学社会科学工作座谈会上的讲话》，人民出版社 2016 年版，第 8 页。

一、坚持一元主导与多样发展的辩证

所谓"元"，就是主要的、根本的意思；所谓"样"，即样式、形式。一元与多样，源于哲学上"一与多"的关系，也就是统一性与多样性的关系，两者既相互对立，又相互统一，是事物存在与发展的基本样态。

思想政治教育重要现实问题理论研究之所以要坚持一元主导与多样发展的辩证统一，是因为自我国实行改革开放政策、建立社会主义市场经济体制和推进社会信息化发展以来，文化领域、意识形态领域和价值观念出现了多样化发展。各种新的文化形态与社会思潮不断涌入和涌现，使思想政治教育的环境日益复杂多变。加上有些人或缺乏分辨能力，或理论水平不高，或别有用心，提出了"指导思想多元化"、消解并废除"国家意识形态"等错误观点，盲目崇拜西方文化、散布资本主义错误思想、追求个人主义价值观等，导致一些人迷茫困惑，造成极少数人思想混乱、行为失范，甚至违法乱纪。要解决这些复杂、多样、多变的现实问题，既不能就事论事，也不能简单对待，而是要抓住实质，提炼出新的理论与方法，并让群众掌握和运用，以解决面临的现实问题与干扰。

坚持一元主导与多样发展的辩证统一，适用于思想政治教育的各个方面，诸如坚持马克思列宁主义、毛泽东思想和中国特色社会主义理论体系主导，吸收、转化、扬弃多样理论成果，批判各种错误理论；坚持社会主义意识形态主导，分辨、改造其他意识形态的具体内容，抵制封建主义、资本主义意识形态侵袭；坚持中国特色社会主义文化主导，继承、借鉴古今中外多样优秀文化知识，反对腐朽、落后的文化糟粕；坚持社会主义核心价值观主导，追求多样具体价值实现，纠正错误价值取向；等等。在人类社会发展的历史进程中，任何国家和社会，不管社会形态多么不同、社会思想多么复杂，但在意识形态领域，占主导地位的思想始终是统治阶级的思想，或者说任何国家和社会的指导思想都是一元的，绝不是多元的。为此，2004 年中共中央颁发的《关于进一步繁荣发展哲学社会科学的意见》指出，"繁荣发展哲学社会科学必须坚持马克思主义的指导地位"，"决不能搞指导思想多元化"。习近平总书记在哲学社会科学工作座谈会上强调："坚持以马克思主义为指导，是当代中国哲学社会科学区别于其他哲学社会科学的根本标志，必须旗帜鲜明加以坚持。"① "一与多"的关系，是一对既相互对立又相互统一的矛盾。"一"以"多"为基础，"多"以"一"为归属，统一于"一"。马克思主义的"一"与非马克思主义的"多"是对立、矛盾、冲突的，但又是相互依赖、转化、统一的；不是有"一"无"多"、以"一"盖"多"的关系，也不是"一"和"多"并行、互不干涉的关系，而是"一"寓于"多"、"一"容纳"多"、"一"整合"多"的辩证统一关系。它们既对立又统一，在矛盾中共存，在转化中发展。在意识形态领域，坚持一元主导，就是坚持正确的政治方向、正确的政治原则，就是要在复杂、多样、多变的状态下，抓根本、抓主导、抓纲要。抓住根本、主导、纲要，才能方向坚定、头脑清醒、认识明确。淡化、忽视甚至否定一元主导，就会陷于复杂、多样、多变的状况之中，迷途不知所向，茫然不知所措，困惑不知所解，甚至可能陷于错误之地。坚持多样发展就是坚持多层次、多途径、多样式、多侧面的个性化发展。只有多样发展才能活跃思想、充实生活，使个人与社会丰富多彩。忽视、禁止多样发展，必定导致压抑、粗暴、强制性状况。因而一元主导与多样发展必须辩证统一，既不能以一元主导代替多样发展，也不能以多样发展冲击一元主导，只能在一元主导下发展多样性，在发展多样性的基础上坚持主导性。忽视和否定一元主导、多样发展就会因迷失方向、丧失原则而导致混乱；忽视和否定多样发展、一元主导就会因缺乏基础而导致枯竭。主导性源于多样性，又高于多样性，并指导、选择多样性，制约多样性的发展方向；多样性则以主导性为前提，并丰富主导性，服务主导性，推动主导性发挥主导作用。

在思想文化领域，多样性脱离主导性的倾向是存在的。诸如，质疑指导思想一元化，主张指导思想多元化；盲目提出"去政治化"，主张所谓"中性化"；追求资产阶级思想文化，把马克思主义"边缘化"等。其基本取向就是淡化、冲击甚至否定社会主义意识形态性的主导，把业务工作、文化活动、学术研究、价值追求等视为可以不要马克思主义指导、不受社会主义政治制约、脱离中国实际与文化传统的纯业务、纯学术、纯个体的活动，其后果就是模糊正确方向、制造思想混乱、陷于资产阶级意识形态。因而一定要坚持一元主导与多样发展的辩证理论，认识和解决意识形态领域、思想文化领域的问题。

---

① 习近平：《在哲学社会科学工作座谈会上的讲话》，人民出版社 2016 年版，第 8 页。

二、坚持主体性与社会化的统一

所谓主体性，是指人的主体意识以及人在实践过程中所具有的各种功能属性的总和，主要表现为主体的能动性、创造性、主导性和意识性。简单地说，主体性就是自主性。所谓社会化，是指个体在特定的社会文化环境中，学习社会中的标准、规范、价值和所期望的行为，适应社会并积极推进社会发展的过程。社会化是个体持续终生的经历，也是人类特有的行为，包括接受教育、与其他社会成员交往互动两个过程。用弗洛伊德的话说，社会化就是用个人学习控制天性的冲动，就是把野兽关到笼子里。主体性与社会化的关系实际上是个人与社会的关系。个人与社会是相互依存、相互制约、相互促进的对立统一关系。个人是社会的成员，个人行为对社会风气、社会舆论、社会发展产生影响；社会由个人组成，社会政治、法律、道德、文化对个人言行起制约、引导的作用。

社会主义市场经济体制的建立、社会主义民主与法治的发展，改变了过去计划经济体制下人的依赖性，增强了人的独立性、自主性与竞争性，这是人的发展的重要表现。同时，随着我国改革开放的不断深入、义务教育的普及、各种教育的发展，以及人们活动范围的扩大和移民人口的增加，人们的社会化程度不断提高。

但是，在认识和处理主体性与社会化的关系时，并不是所有的人都能正确对待，有些人只看到了市场经济体制、社会主义民主政治赋予单位与个人独立性、自主性与竞争性的一面，而忽视了市场经济体制、社会主义民主政治蕴含着社会化与合作性的要求，以为主体性就是单位与个人的完全独立与自由，有的人甚至以自我为中心、唯我独尊。应当看到，市场经济是商品经济高度发展的结果，是社会化程度很高的一种经济形态；社会主义民主是无产阶级和广大人民共同享有的民主，是人民的民主而不是哪一个人的民主。同时，我国的市场经济体制是社会主义市场经济体制，包含着集体主义和全局长远的价值追求，富有社会化的深刻内涵。因此，在社会主义市场经济体制和社会主义民主政治背景下，既要增强人的主体性、竞争性，又要提高人的社会化、合作性程度。

主体性思想是针对西方中世纪神学对人的否定，针对封建社会、资本主义社会把人作为工具的异化现象提出来的，旨在提高人的主体地位，促进人的发展，发挥人的积极性与创造性。所以，马克思在《〈政治经济学批判〉

导言》中确定了"主体是人，客体是物"的思想。马克思所说的人，不是抽象的人，也不是所谓"纯粹的人"，而是现实的人，"我们的出发点是从事实际活动的人"①。而且，人的主体性要以实践为基础，即人的主体性"是对象性的本质力量的主体性，因此这些本质力量的活动也必须是对象性的活动"②。马克思同时认为，现实的个人不是彼此孤立的人，而是生活在一定社会关系中的个人。"人的本质是人的真正的社会联系，所以人在积极实现自己本质的过程中创造、生产人的社会联系、社会本质。"③ "一个人的发展取决于和他直接或间接进行交往的其他一切人的发展。"④ 显然，马克思既肯定了人在实践基础上的主体性，也强调了人在社会领域中的社会化。

人的主体性这一概念之所以在改革开放过程中受到普遍重视与运用，一方面因为"文化大革命"强化人的依赖性、否定人的尊严与自主性；另一方面是为了适应市场经济体制和社会主义民主发展的要求，必须调动人们的积极性、自主性与创造性。增强人的主体性，必须与人的社会化相协调，离开社会化孤立地强调人的主体性，或无限度地扩大人的主体性，就会走向个人本位、个人中心、个人主义，从而形成自我封闭。资本主义国家所追求的个人主义价值观，以及这种价值观扩大到资本主义社会所形成的"人类中心主义"倾向，就是人的主体性无限度扩充的结果。同时，人的社会化也离不开人的主体性，离开了人的主体性的社会化，是没有基础、没有质量、不稳定的社会化"空壳"，很容易造成冲突与混乱。因此，主体性与社会化必须统一，主体性奠定、夯实社会化基础，社会化提供、开拓主体性空间。

在新的历史条件下，我们要强化自主性、竞争性教育，增强人们的主体性，提高人们的思想政治素质；同时，也要强化社会化、合作性教育，推进人们的政治社会化、道德社会化，更好地适应社会发展，为推进社会发展做出贡献。这是新形势下思想政治教育必须坚持的两个方面。割裂、对立这两个方面，不是走向个体主义，就是走向专横。

三、坚持将外在压力向内在动力转化

随着社会竞争的加剧，人们的工作、学习、生活都面临着较大的压力；

---

① 《马克思恩格斯选集》第 1 卷，人民出版社 1995 年版，第 73 页。
② 《马克思恩格斯全集》第 42 卷，人民出版社 1979 年版，第 167 页。
③ 《马克思恩格斯全集》第 42 卷，人民出版社 1979 年版，第 24 页。
④ 《马克思恩格斯全集》第 3 卷，人民出版社 1960 年版，第 515 页。

社会的快速发展、日益加快的生活节奏，需要人们保持紧张、高效才能应付；社会科技、文化创新，使新知识剧增且快速更新，迫使人们必须终身接受教育；互联网迅猛拓展，新媒体不断涌现，人们必须对海量信息进行分辨与取舍；社会不确定因素增多，风险与危机频发，给人们造成应对困难。所有这些都形成了来自社会的压力，归纳起来有竞争压力、工作压力、学习压力、选择压力、信息压力、危机压力等，人人都面临压力，人人又面临不同的压力。因而压力问题是人们感觉到的突出问题。为此，正确认识、对待和转化外在压力，既是思想政治教育的重要任务，也是人们的现实需求。

压力之所以成为人们共同关注并难以应对的问题，一是因为压力多样，相互交错，并在不同时间、不同场合此消彼长地变化着。二是压力来自外在社会，同时形成主观感受与心理压力，使人们呈现各种心理反应与行为。三是随着压力的变化与增大，一些人难以对其正确认识和对待，或听之任之，或消极回避，或以错误的认识和行为应对，从而导致矛盾与冲突。思想政治教育必须正视并解决这一问题。

首先，正确认识压力产生的根源，树立积极对待压力的态度。压力不是凭空产生的，也不是短暂存在的，而是源于社会发展的必然性。我国消灭了剥削阶级之后，阶级斗争已经不是社会的主要矛盾，而计划经济体制导致个人对单位的依赖，也制约了经济社会的发展。十一届三中全会后，我国实行的改革开放政策和市场经济体制，为我国社会提供了新的强大动力，形成了充满活力的社会竞争机制，推进我国经济社会快速、持久向前发展。这既是我们共同经历的实践过程，也是我国和我们自身发展、提高、改善生活的根本原因。因而，不管单位与个人在竞争过程中是否顺利，总体上我们都有发展与提高，我们应当站在全局、长远发展的高度，认同、接受社会竞争和快速发展的压力，并积极投入社会竞争、快速发展的洪流之中。绝不能因为一时一事竞争不利，就抱怨社会竞争、快速发展的形势与政策。

科技、文化、网络、信息快速发展所带来的工作压力、学习压力、选择压力、信息压力，同样是社会竞争、快速发展的结果与表现，是社会文明发展的标志。在这些相互交织、相互促进的发展中，因缺乏经验或有些人难以适应，难免发生新矛盾、新问题。不管遇到什么问题，我们只能以积极的态度解决问题，推进发展。不能因为有压力、有问题而抱怨甚至阻碍、否定这些发展。

至于风险、危机问题，它是在社会竞争、快速发展过程中，一些单位与个人忽视以人为本，不能坚持全面、协调、可持续发展的后果，也与当代社会的多样化、复杂性和突变性有关。我们既要积极应对风险、危机，也要在认识、化解风险和危机的过程中学习、锻炼、提高自己，获得新的发展机遇。

其次，深刻认识压力是主观性与客观性的统一，确立对待压力的自主性与自觉性。前面已经讲过，压力，实际上是社会心理压力，它既源于外在客观条件，也是人的内心感受。对于压力存在的客观条件，我们要去认识它、适应它，如果不去认识、不去适应，或者消极逃避，我们就不可能正确对待压力。"人们要想得到工作的胜利即得到预想的结果，一定要使自己的思想合于客观外界的规律性，如果不合，就会在实践中失败。"① 我们应当看到，工作、学习、生活在同样的客观条件下的人群，由于对压力的态度、感受压力的大小、对待压力的方式等主观因素存在明显个体差异，这种差异大致可归纳为三种类型：一是敢于面对，正确认识，积极转化压力；二是害怕正视，消极对付，承受压力；三是放弃自主，信神信鬼，逃避压力。这三种类型在现实中都不少见，第一种类型的人无疑能够正确认识和对待压力。因此，要明确压力是客观条件与主观认识的辩证统一。在客观外在成为常态的条件下，只能寻求主观认识对客观存在的适应，即正确认识外在压力产生的原因、特点与本质，形成正确应对外在压力的感觉、态度、意志和目标。别人是不能代替自己认识和对待压力的，只能靠自己自主、自觉地认识和对待，否则就会陷于盲目或错误状态。

最后，努力实现压力向动力的转化，增强发展活力。既然压力是主观性与客观性的辩证统一，说明主体可以对它进行转化，即将客观外在的压力转化为主观内在的动力。内在动力的形成是一个由认知、感受、意志、目标四个要素构成的心理过程。认知就是对外在压力的认识，性质有正确与错误之分；感受是人对外在压力的认知所产生的情感体验及态度倾向，性质有好感与厌恶之别；意志是人在应对压力过程中克服困难和挫折的精神状况，性质有坚持与逃避之异；目标是人在认知、感受、意志基础上形成的明确、具体的愿望、价值追求，性质有合理与错乱之差。人只有遵循正确的认识路线并付诸实践，才会在一定压力条件下获得提高，才能进一步拓展、升华认识路线，确立更大、更远的发展目标，并与集体、民族、国家的目标相接，形成理想信念，从而产生持久、强大的内在动力，这就是外在压力与内在动力转化的要义与逻辑。如果按照错误的认识并付诸行动，肯定会导致失败。正如毛泽东所说的，"一切事情是要人做的"，"做就必须先有人根据客观事实，引出思想、道理、意见……思想等等是主观的东西，做或行动是主观见之于

---

① 《毛泽东选集》第 1 卷，人民出版社 1991 年版，第 284 页。

客观的东西，都是人类特殊的能动性"。①

因此，若实现了外在压力向内在动力的转化，内在动力就会平衡或大于外在压力，人就会富有活力。若不能实现转化或转化不充分，外在压力就会大于内在动力，人就会因动力不足，而精神状态萎靡不振。由此可以看出，要实现外在压力向内在动力的转化，主要靠人自己发挥主观能动性，关键要突破个体自发、狭隘、封闭的思想观念与价值目标，确立适应我国社会发展需要的价值取向与理想信念，把自己融入社会发展的潮流之中。只有正确的理想信念、远大的目标追求，才是人产生内在动力的不竭源泉。

四、坚持信息获取与信息整合的结合

这里所说的信息，泛指社会传播的一切内容，主要包括互联网络、通信系统传输和处理的对象。信息是一种普遍联系的形式，人通过获取、识别自然界和社会的不同信息来认识不同事物，进行改造世界的活动。所谓信息获取，是指以一定动机，在一定范围内，通过一定的技术手段和方法，参与信息活动并得到信息的过程。所谓信息整合，是指有目的地对获取的信息进行整理，实现信息资源配置优化，发掘信息功能与价值，形成成果并付诸实际应用的过程。信息获取是信息整合的前提与基础，信息整合是信息获取的结果与目的，两者必须紧密结合。

人们要进行认识活动，首先要获取一定的信息。这些信息从各个方面汇集而来，缺乏整合，是一种自然、自动、自发的信息，具有可感知性，是感性思维的基础。感性思维包含感觉、知觉、感性概念、本能思维倾向、习惯思维、情感活动、直觉、定量等要素，具有自发产生、自动执行、孤立片面、分散并行的特点。互联网特别是新媒体的发展，大大"延伸"了人们的身体器官，拓展了人们获取信息的方式，开拓了人们多角度认识世界的视野。但由于海量信息良莠不齐、鱼龙混杂，西方意识形态、价值观念和社会思潮无孔不入，暴力、色情、虚假等不良信息传播扩散，构成了纷繁复杂的信息生态。面对不断涌现、五花八门的信息资源，一些人或追求新奇，或满足感官刺激，每天通过多种方式获取信息，容易形成信息的碎片化聚集。所谓信息碎片化，是指人们通过大众传媒获取大量信息，但难以鉴别真伪与优劣，没有深刻的理解和记忆，使了解的信息成为过眼云烟。碎片信息是缺乏

① 《毛泽东选集》第2卷，人民出版社1991年版，第477页。

理性整合、陷于感性认知的信息。这种感性获取信息的倾向与习惯，通常会降低认知成本，导致人目标模糊、理性思维退化。早在1971年，美国经济学家赫伯特·西蒙就对现代人的注意力匮乏症做出了诊断：大量信息消耗的是接收者的注意力，信息的聚敛意味着注意力匮乏。美国作家尼古拉斯·卡尔在《浅薄》一书中，提出了我们这个时代面临的一个重要课题：我们在尽情享受互联网慷慨施舍的同时，是否也正在牺牲深度阅读和深度思考的能力。他认为，互联网是一个鼓励粗略阅读和肤浅学习的环境，带来的信息碎片化容易使人的注意力与精力分散——当我们开始利用网络代替个人记忆，从而绕过巩固记忆的内部过程时，我们就会面临掏空大脑宝藏的风险。

因而，只满足感性获取信息，容易导致人们陷于自发状态。"如果以为认识可以停顿在低级的感性阶段，以为只有感性认识可靠，而理性认识是靠不住的，这便是重复了历史上'经验论'的错误。"① 要防止、克服这种状态与错误，必须理性整合信息，提高理性思维能力。理性思维是一种有明确的思维方向，有充分的思维依据，能对事物或问题进行观察、比较、分析、综合、抽象与概括的一种思维。简单地说，理性思维是人们把握客观事物本质和规律的高级思维活动。理性思维包含概念运用、定性思维、范畴思维、逻辑思维、因果推理等要素，是在感性思维基础上的整合，形成有效的抽象，联络事物内部的逻辑关系，使思想体系成为具有广泛联系和因果关系、顺序关系、空间关系、时间关系的有机整体，因而理性是思维的灵魂。面对纷繁复杂的信息，面对信息碎片化的冲击，人只有通过理性思维，才能明辨方向，划清是非，决定取舍，有所作为。一个人如果只是被动接受信息、重复传播信息，甚至被信息困扰而无所适从，就是忽视、放弃了理性思维。常言道："不会思考的人是白痴，不肯思考的人是懒汉，不敢思考的人是奴隶。"在当代社会条件下，在文化、教育十分发达的社会背景下，人如果陷于感性，不会理性思考，就会丧失主体性，还会丧失适应与发展能力。人只有会思考、有思想，并能与时俱进坚持新理念，发展创造能力，才能超越自我、站在前头，开创新的局面，铸就新的业绩。

为此，在信息社会条件下，思想政治教育重要现实问题的理论研究，要引导人合理、辩证地运用感性思维和理性思维。即既要发挥感性思维的长处获取信息资源，又要发挥理性思维的作用整合信息资源，只有把二者统一起来，人们才能适应和推进信息社会的发展。

---

① 《毛泽东选集》第1卷，人民出版社1991年版，第291页。

论思想政治教育的发展及其特点[*]

　　思想政治教育的发展,既是现代社会发展和人的发展提出的客观要求,也为现代社会发展和人的发展提供了条件。思想政治教育的发展是内涵发展和外延发展、渐进发展与飞跃发展、层次发展与协调发展的统一,它既包括传统思想政治教育向现代思想政治教育的转变,又包括现代思想政治教育的不断超越与深化。

一、思想政治教育的发展

　　自"冷战"结束之后,发展成为社会生活各个领域的共同特征,成为社会的主题,发展概念成为当代社会使用频率最高的概念。诚如邓小平同志所言:"现在世界上真正大的问题,带全球性的战略问题,一个是和平问题,一个是经济问题或者是说发展问题。"[①] 发展主要是经济发展和现代科学技术发展,经济发展是社会发展的基础,"科学技术是第一生产力"[②]。经济发展、经济竞争成为当代世界发展趋势主导性因素,且各国间的竞争越来越突出,也越来越激烈。

　　经济发展必然与社会发展形成互动,即经济发展必定带动社会发展,社会发展也必定促进经济发展。经济发展与社会发展,还会与人的发展形成互动,即经济发展与社会发展促进人的发展,也依赖人的发展,人的发展推动、保证经济发展和社会发展。所以,发展在当代社会是一种普遍性追求,是一种现代价值取向,是一种不断的超越。发展与改革、竞争、开拓、创新等社会活动直接相关,"'发展',必然是个规范性的概念,几乎同'改进'是同义词"[③]。同时,发展是一个综合过程,目前这已被国际社会所承认。经济增长是一种动力,但其本身并不是目的,因此除经济增长之外,发展首先是社会性的。发展还与和平、人权、民主管理、环境以及最后但并非最不

---

　　* 原载于《思想教育研究》2000 年第 6 期,收录时有修改。

① 《邓小平文选》第 3 卷,人民出版社 1993 年版,第 105 页。
② 《邓小平文选》第 3 卷,人民出版社 1993 年版,第 274 页。
③ 罗荣渠:《现代化:理论与历史经验的再探讨》,上海译文出版社 1996 年版,第 47 页。

重要的文化和人们的生活方式有着密切联系。联合国教科文组织对社会发展的这一观点说明：发展是时代对一切领域的要求，发展不只是经济的增长，也是社会各个领域的改进过程；发展不只是社会现代化，也是人本身的现代化；发展不只是制度的不断健全和完善，也是人的思想观点的不断更新和丰富。因而，发展对社会、对人来说，是一个永无止境的过程。思想政治教育面对社会和人的发展，理所当然地要不断发展。

我们把发展概念引入思想政治教育，称之为思想政治教育发展。所谓思想政治教育发展，就是思想政治教育观念、内容、方式、体制、模式等各个方面适应现代社会发展和人的发展需要，并促进社会发展和人的发展的改革、转变。简单地说，就是实现思想政治教育现代化。思想政治教育发展包含两个过程：一是传统思想政治教育向现代思想政治教育转变发展的过程，二是现代思想政治教育完善深化发展过程。这两个过程是没有明确界限的，两个过程都指向现代化。所以，我们可以说，思想政治教育发展的实质是实现思想政治教育现代化，它同思想政治教育现代化是同义概念。

我们对思想政治教育的发展，是以现代思想政治教育为指向，以传统思想政治教育为参照，从教育内涵、性质不同来说明的。那么，现代思想政治教育与传统思想政治教育相比，其发展表现在哪些方面呢？

第一，所处时代不同，服务对象不同。传统的思想政治教育是战争与革命时代的教育，它是以阶级斗争为纲，以政治为中心，为夺取政权、巩固政权服务。它必须围绕战争和革命展开，动员、组织民众进行英勇不屈的斗争，取得革命的胜利。传统思想政治教育在我国历史上发挥了巨大作用，为无产阶级夺取政权和巩固政权建立了不朽功绩，并在长期的革命实践中不断探索、发展，形成了完整的理论体系。后来，传统思想政治教育由于受"左"的思想影响，没有随着社会的发展而改变服务对象且进行新的探索，特别是在"文化大革命"中为错误的政治运动服务，致使思想政治教育的形象遭受严重损害。

现代思想政治教育是和平与发展时代的教育，是以经济建设为中心、坚持四项基本原则、坚持改革开放、服从和服务于社会主义现代化建设的教育。教育的时代内容、教育的服务对象和教育的任务同过去相比，已经不同了。时代主题的变化带来时代内容的变化，社会主义现代化建设的伟大实践，不仅向思想政治教育不断提出新情况、新问题、新要求，推动思想政治教育发展，而且为思想政治教育不断提供新内容、新途径、新条件，保证思想政治教育发展。因此，新的时代赋予思想政治教育新的使命和新的时代面貌。

第二，所处环境不同，教育内容不同。如今，我国的社会环境已大大不同于过去。对内对外开放的环境，改变了过去封闭与半封闭的环境；复杂多变的信息环境，改变了过去相对单一的文化环境；单位之间和人与人之间的竞争环境，改变了过去绝对平均主义状况；社会主义市场经济体制的建立，改变了过去的计划经济体制。所有这些客观条件的变化，都已经和正在深刻影响着人们的价值观念、思维方式和行为方式，也在不断改变着思想政治教育的内容、途径和方法。

第三，发展趋势不同，教育手段不同。传统思想政治教育是在科学技术发展相对较慢，各个学科呈现分化发展趋势的情况下运行的，思想政治教育与现代科学技术尚无直接的结合与渗透，传统的经验模式与教育方法十分突出。现代科学技术的迅速发展，带来了思想政治教育的深刻变革与巨大进步。思想政治教育不仅可以吸收相关学科的最新研究成果，直接运用现代科学技术所提供的现代化技术与手段，而且作为一门新兴的、综合性的学科确立起来，走上了科学化的发展轨道，确立了科学的形象。

第四，运行状况不同，教育要求不同。在革命战争年代和计划经济条件下，思想政治教育强调统一性与权威性，其运行状况多以传授、服从、执行为特征，难免会出现照抄照转，甚至教条主义、形式主义的倾向。在改革开放和市场经济条件下，多种经济成分和多种分配方式的共存，多种文化的渗透与激荡，多种价值取向的存在，必然导致思想政治教育的不同要求。思想政治教育必须克服过去的单一运行模式，坚持原则性与灵活性相结合、先进性与广泛性相结合的原则，才能创造性地开展思想政治教育。

总之，现代思想政治教育同传统思想政治教育是两种状态、特征不同的教育，是分属于两个不同时代的教育。但是，我们肯定现代思想政治教育并不是否定传统思想政治教育。除了要历史地、客观地肯定传统思想政治教育在历史上的重要作用之外，我们还要继承传统教育的教育传统。传统教育和教育传统的概念是不同的，传统教育是已成的、定型的、过时的教育，是过去时代一个实体性的东西。而教育传统，则是联结教育的过去、现在与将来的一个动态的流程，处在不断更新、重构、创造之中的尚未定型的东西。作为定型的传统教育，它是无法适应并搬到现在这个时代来的，作为传统教育的优良的教育传统，是可以传承并融于现代教育体系中的，而且现代教育要以传统教育为基础和前提，才能建构现代教育的体系。所以，我们既要看到现代思想政治教育与传统思想政治教育的联系，不要割断历史，又要看到它们的区别，不断创新发展。

二、思想政治教育发展的特点

思想政治教育的发展呈现出比较复杂的状态，同其他领域或其他工作相比，具有自身的明显特点。

（一）内涵与外延相结合的发展

思想政治教育的发展主要是其内涵发展。内涵发展首先要从思想政治教育存在和面临的实际情况出发，根据思想政治教育的内在结构和自身特性，找到自身发展的模式和方法。对思想文化的发展，"共同适用的统一发展模式是不存在的。近几十年的经验充分表明，任何发展模式都不是普遍适用的，也不能推广，无论从地域还是从时间上将都不能推广"[①]。所以，思想政治教育发展，不能仿效经济发展、科技发展的模式，更不能照搬西方国家思想政治教育的发展模式，只能从思想政治教育的内在矛盾运动寻求发展动力，从调整内部结构入手。如调整教育目标、改进教育内容、改革教育方法等，来推动思想政治教育发展，满足社会和人们对教育的需要，这就是思想政治教育的内源发展。任何真正的发展，首先应当是内源发展。只有内源得到发展，才能保持和发展思想政治教育的自主性与主动性，减少依赖性与被动性。

其次，内涵发展要着力于教育质量的提高，这是思想政治教育发展的根本。教育质量是衡量教育优劣程度的标志，是检验教育有效性的尺度，是教育的生命，它决定教育的存在意义与社会价值。提高教育质量就是不断提高教育的水平，促进受教育者的思想品德不断升华与超越；就是不断提高教育的可接受程度，增强教育的实效性；就是不断提高教育的渗透力，加快经济、业务工作的发展速度。在社会各个领域、各项工作都处于迅速发展的情况下，一方面社会提出了提高教育质量的迫切要求，需要思想政治教育的高质量服务；另一方面，社会发展也向思想政治教育提出挑战，只有不断提高质量的教育，才能与社会发展相协调。

思想政治教育在着重于内涵发展的同时，也要注重外延发展。思想政治教育的外延发展，主要不是思想政治教育在人员、时间、工作规模等数量上

---

① 联合国教科文组织：《内源发展战略》，社会科学文献出版社1988年版，第2页。

的扩充，而是思想政治教育在领域上的拓展。这是教育要面向现代化、面向世界、面向未来的客观要求，是现代科技、现代经济发展开辟新领域的要求。所以，思想政治教育必须改变过去的封闭状态和与业务工作相分离的"两张皮"状态，在面向世界范围，渗透业务领域，在适应并促进传媒环境、网络系统、社会竞争的发展中，要有所作为。

思想政治教育的发展是内涵发展与外延发展的统一过程。内涵发展为外延发展提供前提和基础，外延发展为内涵发展提供舞台和条件。若思想政治教育的内涵得不到发展，便很难在相应的领域发挥作用，更没有力量走向科技和经济发展所开辟的新领域。同样，若思想政治教育的外延得不到发展，也很难通过研究新情况、新问题而吸收新内容，探索新方式，致使其内涵发展缺乏条件。所以，思想政治教育要通过改进内部结构、提高教育质量，更好地适应和促进外延领域的发展，同时要根据外延领域的客观要求，发展思想政治教育功能，丰富思想政治教育内涵。

（二）渐进与飞跃相结合的发展

思想政治教育的发展既是一种渐进性发展，也是一种飞跃性发展，是渐进发展与飞跃发展的统一。

思想政治教育的发展之所以具有渐进性特点，是因为思想政治教育的改革是在我国社会政治制度、经济制度基本不变的基础上进行的，是在马克思主义指导下和社会主义意识形态主导下进行的，是在继承思想政治教育优良传统的前提下进行的，而不是对原来思想政治教育的完全否定和推翻。这样一种既要继承又要改革的过程，只能是一种渐进过程，而不是一种突变过程。同时，思想政治教育的改革是按照全社会逐步改革开放的进程进行的。由于经济领域改革发展很快，现代科学技术发展迅速，而思想政治教育受其特点影响，相对比较滞后，加上要改革长期形成的、体系十分完备而在过去时代发挥过巨大作用的传统思想政治教育体系，建立适应现代社会的新体系，在认识上和实际工作中，都会遇到许多矛盾。因而，改革思想政治教育的旧体系、建构新体系，需要有一个探索完善的过程，不可能一蹴而就。

思想政治教育的发展之所以具有飞跃性的特点，是因为思想政治教育的改革也涉及局部性的改变。我国所进行的广泛改革，实际上是一场革命。时代的变迁、党的工作重点的转移、社会环境的变化、经济体制的改革等，使社会面临转折发展的新格局。这种新格局带来思想政治教育目标以及时代内容、环境内容、理论内容的改变。这种改革是对过去的继承，更是一种飞跃或超越，具有质的区别性。例如，思想政治教育从服务于政治运动为中心转变到服务于经济建设为中心，从以阶级斗争为纲的教育内容转移到以建设有中国特色社会主义为主的内容，就是一种飞跃性发展。同时，思想政治教育的发展，是思想政治教育的所有要素、各个环节的全面、协调发展，而不是某一要素、某一环节的调整和发展。思想政治教育全面、协调发展的目标，是要建构适应现代社会需要的思想政治教育新体系、新模式。这种新体系、新模式，同过去传统思想政治教育的体系、模式是不同的，这就是思想政治教育的整体性飞跃，是思想政治教育局部发展与渐进发展的结果。因此，思想政治教育的发展是渐进与飞跃两种状态相统一的发展。渐进发展过程中包含着飞跃发展的因素，飞跃发展通过渐进发展的积累来实现。忽视渐进发展，势必忽视对优良传统的继承，忽视思想意识的相对独立性特点，犯操之过急，甚至虚无主义的错误。忽视飞跃发展，势必忽视思想政治教育的改革创新，忽视对新情况、新问题的探索，犯消极滞后、僵化保守的错误。

（三）协调式与突破式相结合的发展

思想政治教育的发展，首先应当是一种全面、协调的发展。这种全面、协调发展包括两个层面：一是思想政治教育作为一个系统，它的各个要素、各个环节，包括主体、客体、介体、环体，以及思想政治教育的决策、实施、调节、评估等，不仅都要发展、改进、提高，而且还要相互配合、协调一致地共同发展。各个要素、各个环节的发展可以改善思想政治教育结构，是思想政治教育发展的基础。但仅有要素、环节的发展还不行，还要有要素、环节的协调配合，形成良好的教育结构，思想政治教育才能发挥最佳功能。所以，思想政治教育要素与思想政治教育结构，要既全面又协调地发展。二是思想政治教育作为一个相对独立的系统，它在社会中不能孤立发展，必须与社会的其他系统相适应地协调发展。脱离社会的经济、业务工作，要么单冒独进，要么消极滞后，这都不是思想政治教育的正常发展。既与社会其他系统的发展相适应，又能促进社会其他系统的发展，才是思想政治教育的全面、协调发展。

思想政治教育的全面、协调发展，是系统要素相互制约、相互作用的表现，是一种整体发展态势。但思想政治教育全面、协调发展，并不是思想政治教育要素、环节在任何时候、任何条件下均匀进展的，而是显示出发展的层次性、不平衡性。思想政治教育发展的层次性是通过重点突破来实现的。从时序来看，一般是最重要的要素放在第一层次，先予以重点发展，取得突破之后，带动其他层次或要素的发展。思想政治教育最重要的要素是个体中的教育目标和教育内容，它是决定思想政治教育方向和状态的要素，因而在改革发展中，它是重点。事实上，我国思想政治教育的改革、发展，最先正是从目标、内容开始的。如党的工作重点的转移、改革开放方针的确定、对"文革"的否定、培养"四有"新人目标的提出等，都直接关系到思想政治教育的目标以及时代内容、环境内容、理论内容的改革、发展。而这种改变、发展不是量的增减，而是质的变化，是突破式的发展。同时，从发展的空间结构来看，一般是某一方面有所发展的同时，另一方面有所退化，不可能完全保留原有的要素、内容，总是有进也有退，有突破创新也有革除陈旧。思想政治教育运用富有时代特征的新内容，就要取代过时了的旧内容；探索符合现代社会需要的新方法，就要改革传统的老方法；建构现代思想政治教育的新模式，就要废止教育的传统模式；等等。新的发展就意味着老的退化，新的突破的就意味着旧的衰减，这就是发展的辩证法。

　　思想政治教育的发展，是在平衡与不平衡的矛盾中进行的。协调式发展是一种平衡发展，它强调思想政治教育各要素之间，以及思想政治教育系统与社会各系统之间的相互制约与相互作用，有利于思想政治教育的稳定性以及整体性作用的发挥。突破式发展是一种不平衡发展，它强调思想政治教育各要素的相对独立性、能动性，有利于思想政治教育的探索与创新。思想政治教育总是在平衡与不平衡中发展的，即打破原有的平衡，导致不平衡，而不平衡最终总是会趋向新的平衡。

论思想政治教育方法的发展趋势[*]

思想政治教育方法是随着社会的政治、经济、文化和科学技术的发展而不断向前发展的。把握它的发展趋势，不断改进思想政治教育方法，对提高全民族的思想道德素质、推动社会主义现代化建设意义深远。

一、思想政治教育方法的发展条件

一定的思想政治教育是为一定的经济基础和政治制度服务的；一定的经济基础和政治制度决定思想政治教育的内容和方法。反映一定的经济基础和政治制度的是理论内容、时代内容和环境内容。内容决定方法，内容的发展趋势决定方法的发展趋势。同时，方法也有一定的相对独立性，研究已有方法的发展状况也有助于把握思想政治教育方法的发展趋势。

（一）当代马克思主义的指导

一定的理论既是一定的世界观，也是一定的方法论。把理论用于分析、解决人们的思想、行为问题，理论就转化为方法。宗教理论用于宗教活动就成为宗教方法；资产阶级理论用于教育、指导人们的思想和行为，就成为个人本位方法；马克思主义理论用于思想政治教育，就形成了我们党的思想政治教育的方法论体系。

马克思主义理论由马克思、恩格斯创立，经历了列宁主义，在中国经历了毛泽东思想、邓小平理论几个阶段的发展，思想政治教育方法也随着理论内容的发展而不断发展和完善。在当代，"作为毛泽东思想继承和发展的邓小平理论，是指导中国人民在改革开放中胜利实现社会主义现代化的正确理论。在当代中国，只有把马克思主义同当代中国实践和时代特征结合起来的邓小平理论，而没有别的理论能够解决社会主义的前途和命运问题。邓小平理论是当代中国的马克思主义，是马克思主义在中国发展的新阶段"[①]。邓小平理

——————————
　＊　原载于《思想理论教育导刊》1998 年第 8 期，收录时有修改。
　①　《中国共产党第十五次全国代表大会文件汇编》，人民出版社 1997 年版，第 10 页。

论坚持马克思主义基本原理，结合中国社会主义现代化建设实际，反映时代特征，不仅为我国社会的发展指明了正确方向，而且为我们的一切工作提供了科学的思想方法与工作方法。因此，我们只有坚持以邓小平理论为指导，才能把握思想政治教育的方向，推动思想政治教育方法的改革发展。

（二） 当代社会的伟大实践

我们所处的时代是和平与发展的时代，世界的主导因素是各国经济和综合国力的激烈竞争。在这样的时代背景下，我国以经济建设为中心的现代化建设的伟大实践将持久深入地进行下去。时代主题的变化带来时代内容的改变。社会主义现代化建设的伟大实践不仅向思想政治教育不断提出新问题、新要求，推动思想政治教育的发展，而且为思想政治教育不断提供新内容、新途径、新条件，保证思想政治教育的发展。思想政治教育方法只有不断改进、发展，适应社会主义现代化建设的需要，才能真正发挥为社会主义经济基础服务的作用。同时，科学技术和教育的发展也为思想政治教育方法的发展创造了条件。科学技术的每次重大突破都会引起生产力的深刻变革和人类社会的巨大进步，"科学技术日益渗透于经济发展和社会生活各个领域，成为推动现代生产力发展和最活跃的因素，并且归根结底是现代社会进步的决定性力量"[1]。现代科学技术的发展，不仅为思想政治教育提供了相关学科的最新知识和方法，而且直接为思想政治教育提供了现代化技术与手段。教育面向现代化、面向世界、面向未来的广泛实践，正在有力推动教育内容和方法的改革。

（三） 现代社会环境内容的影响

如今，我国的社会环境已不同于过去。对内对外开放的环境，改变了过去封闭半封闭的环境；复杂多变的信息环境，改变了过去相对单一的文化环境；单位与单位之间和个人与个人之间的竞争环境，改变了过去分配的平均主义的状况；社会主义市场经济体制的逐步建立改变了过去的计划经济体制。所有这些客观条件的变化都已经且正在深刻影响人们的伦理观念、思维方式和行为方式，思想政治教育理所当然地要根据这些发展和变化改进和发展思想政治教育方法。

---

[1] 中共中央文献研究室：《江泽民思想年编（1989—2008）》，中央文献出版社 2010 年版，第 148 页。

（四）开展思想政治教育方法的研究和探索

思想政治教育方法的发展既要有正确理论指导，也要以实践为基础进行研究和探索。从总的发展趋势上看，时代内容、理论内容、环境内容决定思想政治教育方法。但是，教育方法产生之后，并不是消极被动的，它具有一定的相对独立性，又可以反作用于内容。因此，我们不仅要深入研究我们党在过去时代的思想政治教育方法，努力加以继承和发扬，而且要系统研究中外古代和当代资本主义国家思想政治教育方法，认真进行批判与借鉴。只有这样，思想政治教育方法才能在比较、鉴别中得到发展和丰富。同文化的发展不能割断历史的道理一样，思想政治教育方法论作为文化的一个组成部分，也有自己的发展历史和发展规律，也不能割断过去。我们对过去、现在思想政治教育方法研究得越深入、越系统，我们对思想政治教育方法的发展趋势的把握就越准确，对规律的运用就越自觉。因此，研究古今中外思想政治教育方法的历史发展、掌握其纵向发展结构，不仅有利于思想政治教育学科的丰富和发展，而且有利于提高思想政治教育水平。

除了对已有的思想政治教育方法进行研究之外，还要研究探讨思想政治教育新领域、新功能、新途径所需要的新方法。这些新方法的创造需要理论、知识方面的借鉴，更需要在实践中反复摸索、总结、提炼、升华。因此，思想政治教育方法的发展过程是理论研究和教育实践相结合的过程。

二、思想政治教育方法的发展趋势

思想政治教育方法，在理论内容、时代内容、环境内容以及自身发展的综合作用下，主要表现出以下三个发展趋势。

（一）分化和综合相统一的发展趋势

既分化又综合是现代科学技术发展的明显趋势。思想政治教育方法论作为思想政治教育学科的重要组成部分，同样呈现这一发展趋势。

思想政治教育方法发展的分化趋势是思想政治教育向各个不同领域拓展深入的结果。过去，思想政治教育多限于日常规范和自身领域，注重人们思想与行为的现实表现，常常就思想论思想，就教育论教育，这种状况制约了思想政治教育的发展和作用的发挥。在新形势下，思想政治教育要切实面向现代化、面向世界、面向未来，充分发挥作用，必须进一步向未来领域、宏观领域和微观领域拓展。

思想政治教育向未来领域拓展，既是世界复杂多变、激烈竞争所提出的要求，也是思想政治教育自身性质所决定的。为了帮助人们切实做到思想领先、减少风险、争取主动、降低对未来社会的无知程度，必须发展超前教育与预防教育。而超前教育与预防教育必须运用思想预测方法、思想教育决策方法和预防教育方法。这些方法是思想政治教育的"探测仪"，也是人们面向未来的"导航器"，还是有效抵制各种宗教、迷信影响的武器。

思想政治教育向微观领域拓展就是向人们的内心世界深入。外部世界的复杂多变和激烈竞争，必然导致人们主观世界的复杂多变和心理负荷加重。人们在心理方面以及教育的内化过程中，都会出现前所未有的新情况、新问题。研究新形势下教育的内化方法、开展心理测试与心理分析、进行心理诊断和心理咨询、普及心理保健知识、提高教育效果和人们的心理素质，是思想政治教育方法发展的重要任务。

思想政治教育向宏观领域拓展，首先要面向社会主义现代化建设，并围绕社会主义现代化建设这个中心开展教育活动，把教育同社会主义经济建设、政治建设、文化建设结合起来，不断选择、吸取社会主义现代化建设的成绩和经验，改进教育内容和方法，培养社会主义现代化建设所需要的人才。其次，思想政治教育要面向世界，走向国际大舞台，研究国外的思想政治教育理论与方法，进行分析、比较、批判、选择，借鉴有用的知识与方法，丰富和发展思想政治教育方法论体系。

思想政治教育方法发展的综合趋势是思想政治教育向相关领域的渗透，与相关学科的结合。思想政治教育向业务、经济领域的渗透，与业务工作、经济工作整合，就是要克服过去传统教育分工的局限，克服思想教育与业务工作、经济工作"两张皮"现象，发展渗透、整合、综合的方法使之相互促进。思想政治教育向环境的渗透、整合就是通过物质环境、制度环境、氛围环境的综合选择、建设、优化来对人们进行教育和同化，使环境成为经常性思想政治教育的途径。思想政治教育学科与相关学科的渗透结合，就是及时吸取相关学科的新知识、新方法，不断充实、丰富思想政治教育方法论体系。

思想政治教育方法论的分化与综合的发展趋势总是相辅相成地结合在一起的，分化中有综合，综合中有分化。分化与综合的趋势，实际上是向纵深方向拓展深化的趋势。不管是分化还是综合都是探索和创造，都是新的发展。

（二）思想政治教育方法社会化的发展趋势

在古代，思想政治教育的等级性、强制性、依附性十分明显，这既与剥削阶级统治的社会性质有关，也与社会化程度低有关。在我国，社会主义制度为人们提供了政治上的平等关系，对内对外开放、社会主义市场经济体制的建立和政治体制的改革，增强了人们的自主性，扩大了社会生活的民主程度。为了适应现代化大经济的需要、适应信息化社会的发展、适应社会化程度不断提高的教育对象的要求，思想政治教育方法也必须向社会化方向改进和发展。这就要求不断增强思想政治教育的平等性，克服教育者与受教育者之间存在的不平等现象，探索尊重人、理解人、关心人、爱护人的方法，建立教育者与被教育者之间平等的、双向的教育、影响方式；不断增强教育的自主性，减少教育的依赖性，发展自我认识、自我教育、自我约束、自我管理的方式，帮助受教育者自觉进行自我修养、自我完善，使自我教育成为每个人的自觉行为；不断增强教育的民主性，避免教育的强制性，研究协商、沟通、讨论、评议、自我批评的具体措施，使思想政治教育成为人们共同关心和参与的活动。总之，思想政治教育方法的社会化，就是要改变只依靠思想政治教育部门和思想政治教育工作者做教育工作的状况，要引导广大群众和各个部门学习并掌握一定的教育方法，关心、参与教育活动，互教互帮，共同提高。只有这样，思想政治教育才能发展成现代化、社会化的教育。

（三）思想政治教育手段现代化的发展趋势

传统思想政治教育向现代化思想政治教育转变的重要标志是现代化手段的运用。现代科学技术的迅猛发展和在社会各个领域的广泛运用，既向思想政治教育提出了手段现代化的迫切要求，也为思想政治教育手段现代化创造了条件。思想政治教育面对信息化社会，面对社会化程度不断增强的受教育者，面对各项工作、各个领域的竞争状态，只有改变传统方式，运用现代化手段，才能有效发展自身，适应社会发展需要。思想政治教育手段现代化，不是对现代高科技手段的简单搬用，而是一个创造性运用的过程；也不是只涉及教育的某一方面，而是涉及教育的各个环节，包括调查、收集、处理思想信息手段的现代化，思想教育信息传播的现代化，思想教育反馈、评估手段的现代化，思想政治教育环境建设、优化手段的现代化等。而且，随着科学技术的不断发展，思想政治教育手段要不断更新。思想政治教育只要有效地综合运用现代化手段，就会改变思想政治教育的面貌，创造新的教育感化力量和富有时代气息的育人环境。

邓小平改革创新思想教育方法的贡献*

　　邓小平同志运用马克思主义的思想方法，结合现代社会的实际，吸收当代自然科学和社会科学方法论的新成果，形成了自己颇具特色的方法论。这些特色，在邓小平思想政治教育理论和方法中，同样得到充分的体现。首先，邓小平特别强调实践的作用。他不囿于书本，不拘泥于经验的限制，不迷信其他国家的种种模式，始终坚持"实事求是、一切从实际出发，理论与实践相结合的这样一个马克思主义的根本观点，根本方法"①。在思想政治教育方面，他强调"学马列要精，要管用的"；提倡实事求是绝不能离开马列主义、毛泽东思想的基本原理，但也不要把马列主义、毛泽东思想当作教条；要用马克思主义理论，也要用社会主义现代化建设的发展来说服教育群众。他坚持反对思想政治教育上的教条主义、形式主义，认为离开中国实际和时代发展来谈马克思主义没有意义。因此，邓小平的教育方法具有鲜明的实践性和时代性特点。其次，邓小平总是把思想政治教育放在国际国内的大背景下进行考察，总是紧密地把思想政治教育同现代化建设结合在一起。他提出了"教育要面向现代化，面向世界，面向未来"②的方针，提出了物质文明建设和精神文明建设"两手抓"的方针；在思想战线上一再强调既要防止"左"，又要警惕右；既要坚持四项基本原则，反对资产阶级自由化，又要大胆改革开放，敢闯敢干；既要坚持说服教育为主，又要强调纪律约束；既充分肯定革命精神的作用，又要求切实解决问题。因而，他总是全面地、系统地考虑思想政治教育的作用和方式，其教育方法具有突出的辩证性和系统性。另外，多样性和综合性也是邓小平思想政治教育方法的明显特点。他一向反对脱离实际的形式主义倾向，反对用搞群众运动和"抓辫子""戴帽子""打棍子"的简单办法来解决人民群众的思想问题；主张要针对每个系统、每个人的不同情况去做思想工作；要求各个部门相互配合，运用多种方法来解决人们的思想问题和实际问题。邓小平同志改革创新思想政治

---

　*　原载于《中国高等教育》1998 年第 12 期，收录时有修改。

　①　《邓小平文选》第 2 卷，人民出版社 1994 年版，第 114 页。

　②　《邓小平文选》第 3 卷，人民出版社 1993 年版，第 35 页。

教育方法的贡献，主要有以下四个方面。

第一，把善于学习、解放思想与研究新情况、解决新问题结合起来。邓小平指出，实现四个现代化是一场深刻伟大的革命。在这场革命中，必然会出现许多预想不到的新情况和新问题，肯定会涉及一批人的切身利益，一定会遇到重重障碍。因此一定要教育党员和群众以大局为重，以党和国家的整体利益为重。邓小平认为，教育的有效方法就是引导大家认真读点书，组织大家认真学习，引导大家善于学习。他说："学习什么？根本的是要学习马列主义、毛泽东思想，要努力把马克思主义普遍原则同我国实现四个现代化的具体实践结合起来。"① 干部还要根据现代化建设的需要，学习经济学、科学技术和管理相关知识。要努力"从实践中学，从书本上学，从自己和人家的经验教训中学"②。同时，学习要确立马克思主义的正确指导，克服保守主义和本本主义，打破思想僵化和旧的习惯势力影响，坚持实事求是、解放思想。而"解放思想，就是要运用马列主义、毛泽东思想的基本原理，研究新情况，解决新问题"③。这样，邓小平把学习理论、解放思想和研究新情况、解决新问题紧密结合起来，把解决思想问题和解决现代化建设的实际问题紧密结合起来，这是邓小平在新形势下对理论联系实际原则的新发展。全党和全国人民按照邓小平同志所确定的正确原则、途径、方法深入学习，使我国出现了思想解放、精神振奋的生动活泼的局面，并有效地推动改革开放的深入和社会主义现代化建设取得一个又一个伟大成绩。

第二，说服教育与执行制度相结合。邓小平同志提出，在思想政治教育上，要坚持以说服教育为主的方针。他既强调以理服人，坚信马克思主义是科学，又注重用事实说服人，遇到困难和问题要向群众据实讲解，争取群众的理解和支持。邓小平反复强调，反对资产阶级自由化是一项长期的斗争，各种错误思想也会长期存在，既然是长期的事情，就不能采取群众运动的方式来处理，只能靠经常性的说服教育来解决。因而他坚决反对"四大"（大鸣、大放、大字报、大辩论）的做法，反对粗暴过火的所谓批判以及残酷斗争、无情打击的简单方式。

在坚持说服教育为主的同时，邓小平还强调执行制度。通过执行制度来规范和约束人们的行为，巩固思想教育的成果。他认为，对封建主义在党内

---

① 《邓小平文选》第 2 卷，人民出版社 1994 年版，第 153 页。
② 《邓小平文选》第 2 卷，人民出版社 1994 年版，第 153 页。
③ 《邓小平文选》第 2 卷，人民出版社 1994 年版，第 179 页。

外思想政治方面的种种残余，既要批判和反对，又要制定和完善各种符合社会主义的制度和法律来清除影响，从制度上保证整个社会生活的民主化；对有资产阶级自由化倾向的人，虽然重在教育，但必要时也应采取一些行政手段和法律手段；在解决群众思想问题时，也要执行组织制度和工作制度，执行纪律。邓小平把说服教育同执行制度结合起来，是对历史经验的正确总结，也是在新形势下对教育与管理相结合原则的发展。他说："历史经验证明，用大搞群众运动的办法，而不是用透彻说理、从容讨论的办法，去解决群众性的思想教育问题，而不是用扎扎实实、稳步前进的办法，去解决现行制度的改革和新制度的建立问题，从来都是不成功的。"①

第三，发扬革命精神与重视物质利益相结合。邓小平一再强调，我们要建设的社会主义国家，不但要有高度的物质文明，而且要有高度的精神文明。过去，我们就是靠马克思主义的科学理论和革命精神投身革命，吸引全国人民和国外友好人士，取得了革命成功。现在搞社会主义现代化建设，同样要大力"发扬革命和拼命精神，严守纪律和自我牺牲精神，大公无私和先人后己精神，压倒一切敌人、压倒一切困难的精神，坚持革命乐观主义、排除万难去争取胜利的精神"②。他还呼吁广大共产党员要以身作则，把革命精神推广到人民、全体青少年中间去，使之成为中华民族精神文明的主要支柱，为世界上一切要求革命、要求进步的人们所向往，也为世界上许多精神空虚、思想苦闷的人们所羡慕。

在强调发扬革命精神的同时，邓小平坚决摒弃过去不讲物质利益、空洞抽象做思想政治工作的"左"的倾向。他以马克思主义唯物史观为指导，大胆提出要承认物质利益，要讲物质利益。他说："革命是在物质利益的基础上产生的，如果只讲牺牲精神，不讲物质利益，那就是唯心论。"③ 在现实生活中，"不重视物质利益，对少数先进分子可以，对广大群众不行，一段时间可以，长期不行"。他还说："加强思想政治工作，讲艰苦奋斗，都很必要，但只靠这些还是不行，最根本的因素，还是经济速度，而且要体现人民的生活逐步地好起来。"④ 从根本上讲，邓小平提出以经济建设为中心、大力发展生产力，归根结底是为全体人民的物质利益而奋斗，是为了使全体人民共同富裕。因此，邓小平同志强调发扬革命精神与重视物质利益相结合

---

① 《邓小平文选》第 2 卷，人民出版社 1994 年版，第 336 页。
② 《邓小平文选》第 2 卷，人民出版社 1994 年版，第 368 页。
③ 《邓小平文选》第 2 卷，人民出版社 1994 年版，第 146 页。
④ 《邓小平文选》第 3 卷，人民出版社 1993 年版，第 355 页。

的原则和办法，既体现了马克思主义关于物质与精神辩证关系的原理，又反映了他对人民群众的关心和爱护。这是邓小平同志在新形势下对思想政治教育关于精神鼓励与物质鼓励相结合原则的丰富和发展。

第四，依靠群众与以身作则相结合。相信群众，依靠群众，是我们党一切工作的根本方法。邓小平同志在新的形势下继承和发展了这一方法。邓小平指出，在进行社会主义现代化建设过程中，党内和群众中需要解决的思想问题很多，思想政治工作非常重要。但怎样有效地解决这些问题呢？他认为："党只有紧紧地依靠群众，密切地联系群众，随时听取群众的呼声，了解群众的情绪，代表群众的利益，才能形成强大的力量，顺利地完成自己的各项任务。"① 因此，联系群众、依靠群众、听取群众的意见和呼声、了解群众的情绪和要求、代表群众的利益，就是做思想政治工作的有效方法。如果对群众的呼声、情绪、利益全然不顾，思想政治工作既脱离群众又脱离实际，绝不会有好的效果。邓小平把思想政治工作置于群众之中，既依靠群众来做，又解决群众的思想问题和实际问题，从而找到了思想政治工作的坚实基础和有效途径。这既是对党的群众路线传统的继承，又是对思想政治工作存在的某些形式主义、脱离实际问题的纠正。

邓小平同志一方面提出了思想政治工作要面向群众来做、要依靠群众来做的根本途径，另一方面，他也提出了做好工作的最重要的条件，或者说最重要的方式，就是教育者要以身作则。他说，思想政治工作"要做得有针对性、细致深入和为群众所乐于接受。最重要的条件，就是凡是需要动员群众做的，每个党员，特别是担负领导职务的党员，必须首先从自己做起"②。政治工作干部更要强调以身作则，政治工作干部不能"说的是一套，做的又是一套"。政治工作干部不联系实际、不联系群众，做政治工作就没有人听。他要求政治工作干部应恢复和发扬革命战争时期政治工作的优良传统，做马列主义、毛泽东思想和革命实践相结合的榜样。邓小平把依靠群众做思想政治工作同教育者要以身作则结合起来，既明确了思想政治工作的根本途径，又提供了做好思想政治工作的根本条件，从而扩大了思想政治教育关于身教重于言教原则的范围，丰富了身教重于言教的内容。

此外，邓小平还在新形势下继承和发展了百花齐放、百家争鸣的方针和批评与自我批评的方法。他把"双百"方针推广到思想理论战线，把坚持

① 《邓小平文选》第 2 卷，人民出版社 1994 年版，第 342 页。
② 《邓小平文选》第 2 卷，人民出版社 1994 年版，第 342 页。

"双百"方针同肃清"左"的影响和建设社会主义民主与法治结合起来，同实事求是、解放思想结合起来，从而赋予了"双百"方针新的时代内容和要求。对思想理论战线某些有争论的问题，对党的路线、方针、政策有时难以理解的情况，邓小平主张不搞强迫，不搞运动，不搞争论，可以耐心等待，允许看，鼓励人民大胆地试，大胆地闯，逐步在实践中统一认识。他说："不搞争论，是我的一个发明。不争论，是为了争取时间干。一争论就复杂了，把时间都争掉了，什么也干不成。"① 邓小平发明的不争论，是正确总结"文化大革命"的教训、适应我国改革开放新形势、创造性运用"双百"方针的办法。

针对我国社会中存在的问题，针对改革开放过程中出现的新的错误倾向，邓小平同志强调批评的武器一定不能丢。他认为，我们要警惕右的倾向，主要防止"左"的倾向，要抵制实行开放所带来的一些坏的东西的影响，要肃清封建主义在党内外思想政治方面的种种残余，要反对资产阶级自由化和"一切向钱看"的腐朽思想，不做思想工作、不搞批评和自我批评一定不行。"从团结的愿望出发，经过批评和自我批评，达到新的团结，这就是正确处理人民内部矛盾的主要方法。坚持'双百'方针也离不开批评和自我批评。"② 他同时也强调，批评要采取民主的说理的态度，要讲分寸，绝不能像"文化大革命"那样搞围攻，搞运动。

---

① 《邓小平文选》第3卷，人民出版社1993年版，第374页。
② 《邓小平文选》第2卷，人民出版社1994年版，第392页。

论思想政治教育的文化功能及其发展[*]

一、思想政治教育文化功能内涵的厘定

"文化"在汉语中实际是"人文教化"的简称。前提是有"人"才有文化，意即文化是讨论人类社会的专属语。"文"是基础和工具，包括语言和文字。"教化"是这个词的真正重心所在：作为名词的"教化"是人群精神活动和物质活动的共同规范；作为动词的"教化"是共同规范产生、传承、传播及得到认同的过程和手段。而究其文化的价值，马克思主义认为，在于谋求"超出对人的自然存在直接需要的发展"，就是"发展不追求任何直接实践目的的人的能力和社会的潜力（艺术等科学）"①，卡尔·波普尔则将整个世界划分为三个部分：物质世界是"世界1"，思维意识是"世界2"，人类精神活动的产品即文化则归结成"世界3"。他认为"世界3"是"世界1"和"世界2"相互发生转化的中介。从中我们或许可以得到这样的启示：以物质运动为基础的社会的发展和以精神运动为特征的人的发展，都离不开文化的积累和拓展。思想政治教育若在这样的基点上去处理人与社会的关系，可能会从长期的社会本位与个人本位之争中解放出来而进入一种全新的境界。文化能丰富人的境界，陶冶人的心灵，净化并激发人的精神，进而促进主体的人的知、情、意的全面发展和主体人格的形成、稳定与提升。

思想政治教育是思想教育、政治教育、道德教育的综合概念，是自人类社会形成以来就有的现象与活动。作为一种特殊的教育活动，思想政治教育通过文化的形式实施，创建一个陶冶人们心灵的"文化场"，以文化传承、文化熏染、文化渗透、文化自觉等方式表现出来，在潜移默化中使社会准则和思想品德规范内化为个体的思想品质，这正是思想政治教育文化功能的内在旨趣。所谓思想政治教育的文化功能，是指思想政治教育在培养人的实践

---

  * 原载于《江苏高教》2008 年第 5 期，作者郑永廷、黄伟武，收录时有修改。

  ① 庄思晦：《文化价值与商品价值——再谈文化能否市场化》，载《哲学研究》1994 年第 10 期。

活动中，采用一定的文化方式，通过文化武装人的头脑，提高人对不同层次、不同风格文化的分辨力、鉴赏力和创造力，通过文化进一步挖掘人的知识及技能的潜力，陶冶人的情操，增强人的道德自律性，从而提高人的总体素质，达到人的全面和谐与充分自由的发展，即马克思所说的对人的本质的全面占有或本质的回归①，进而实现对文化的孕育、整合和预测等。思想政治教育的文化功能是思想政治教育的社会教化功能、经济功能、管理功能、教育功能和其他功能的基础。思想政治教育文化功能的实现将有助于思想政治教育的文化底蕴和文化品质得到彰显。

二、思想政治教育文化功能的实质

所谓文化功能，是指文化在社会和人存在和发展中的作用。它是文化价值本身的实现。众所周知，动物和人有着本质的不同。动物与自己的生命活动是直接同一的。"它就是自己的生命活动。"② 人则不然，他进行的是有意识的生命活动。正因为人作为类存在物这一基本事实，才为自然人创造出真正意义上的人即"文化人"提供了现实的生理基础。而自然人为了生存需要所进行的人类劳动又直接推动了这一进程，成为"文化人"产生的社会基础。在这里，被人类创造出来的文化作为客观的存在物起着决定性的评判作用。"我们的研究起点应该是这些动物开始以人的方式来思维的时候。"③而"以人的方式来思维"这一实践活动显然是真正意义上的人的活动，是"文化人"所进行的文化活动。可见，文化随人类劳动而生，同时又赋予人之为人真正的意义，是具有本原性的存在。"各大文化才是主体，是始因，是起源，各大文化是由最深沉的精神基础上崛起，而文化外壳涵盖下的民族，无论就其内在形式或整体展现而论，皆是文化的产物……世界历史是各大文化的历史。"④ 这就充分体现出了文化所特有的功能。其实质是使人文明化、人文化，包括自然人的社会化、自发人的自觉、蒙昧人的启蒙和开化。

而思想政治教育是以在原始文化产生基础上出现的原始教育为萌芽的。之后，在漫长的历史发展过程中，人类不断劳动，并不断地积累、传递劳动

---

① 郑忠梅：《文化视野中的思想政治教育研究》，吉林人民出版社 2006 年版，第 150 页。
② 《马克思恩格斯选集》第 1 卷，人民出版社 1995 年版，第 46 页。
③ ［意］维柯：《新科学》，朱光潜译，人民文学出版社 1986 年版，第 139 页。
④ ［德］斯宾格勒：《西方的没落》，东晓林译，黑龙江教育出版社 1988 年版，第 378 页。

知识，也不断地传授劳动组织、规则要求，以及劳动产品分配原则等作为一种社会组织的共同心理、信仰、习俗、行为方式、情感、性格方面的一致要求。这种知识、经验、思维、能力、行为习惯、制度等的综合习染与传授活动，是一种文化传递活动，也是最宽泛意义上的思想政治教育的体现。随着社会生产力水平的提高，出现了剩余产品和私有制，社会分化为统治阶级和被统治阶级，统治阶级为了巩固自身的统治和根本利益，在改造旧有思想政治教育资源的基础上逐渐形成了真正意义上的思想政治教育。《现代思想政治教育学》在谈到思想政治教育本源性时有相似的论述："随着生产力的发展，出现了阶级分化和阶级统治的社会。道德教育一方面开始与社会生活、政治生活相结合，另一方面开始从社会生活中分化出来，成为统治者与学校教育的专司。"[1] 从上述对文化和思想政治教育所做的历史探源可以看出：思想政治教育的出现晚于文化的出现，它是社会分工的产物，同时也是文化走向分化的产物。文化可以说是思想政治教育的母体。因此，思想政治教育天然具有文化的"遗传因子"。

如果我们再从系统论的角度考察文化和思想政治教育的关系，可以发现：如果我们把文化视为一个系统，思想政治教育就是元素或子系统（如果把思想政治教育视为一个系统在其中考察的话）；如果把思想政治教育单独视为一个系统，文化就作为其外在环境存在。事实上，"没有一个现实的事物完全不可被看作系统。一切事物都以系统的方式存在，都可以用系统方法研究"[2]。文化和思想政治教育同样可以被视为系统来考察。系统所具有的整体突现性、等级层次性、系统环境互塑共生性以及系统所表现的行为和功能，文化和思想政治教育都相应具有。因此，从这个意义上说，思想政治教育文化功能就是思想政治教育作为系统对文化环境所表现出来的功能。其实质是文化功能的具体化与精练化，是文化和思想政治教育的关系问题在实际运行中的再现。思想政治教育文化功能反映出的是其关系的一个方面，即思想政治教育对文化的作用。

三、思想政治教育文化功能发展的走向探寻

"教育是个意义结构，也就是说教育负荷着意义和价值……教育就是通

---

① 张耀灿、郑永廷等：《现代思想政治教育学》，人民出版社 2006 年版，第 103 页。

② 苗东升：《系统科学精要》，中国人民大学出版社 1998 年版，第 29 页。

过解释，把人类的历史经验与现实同学生的生活结合起来"①，呈现为主体以文化环境为意义语境进行的交往互动，并传递和生成新的价值、意义；同时，主动进行文化选择和创新，从而生成新的文化环境②。作为一项特殊的教育，思想政治教育同样具有一般意义上的教育所具有的功能属性。然而，随着当下经济全球化、社会信息化、文化多元化和价值取向多样化的不断加深，以及因激烈竞争导致的人们思维方式由原来"向后看"（即习惯于拿现在和过去做比较的思维方式）更多地转变为"向前看"（即面向未来，积极迎接挑战，寻求可持续发展的思维方式），思想政治教育所具备的传统的复制、再造功能已远不能满足现代社会发展和人们对文化追求的需要。为了适应实践的新要求，思想政治教育的文化功能要随着社会文明的进步与人的文明需要的提高而不断发展。由此而来，思想政治教育文化功能中更高层次的超越功能便凸显出来，并呈现出新的形态，主要表现为文化孕育、文化整合和文化预测。

（一）发展文化孕育功能

"我和我的文化伙伴，只有通过一种陌生的经验，一种在陌生的文化和文化状况中的同感，才能通达陌生的文化。"③ 这种"文化状况"的孕育在今日之中国甚为必要。思想政治教育文化孕育功能的发展，是社会发展与人的发展的客观要求，也是促进社会发展与人的发展的需要。改革开放以后，创设良好的文化环境成为组织和个人发展日益重要的外部条件。开放的环境难免泥沙俱下，需要人们选择、吸收健康有益的文化因素，排除、抑制消极颓废的文化影响；残酷的竞争需要人们营造宽松协调的文化氛围，防止不必要的相互防范与争斗；提倡自主创新需要人们创造有利于培养创新精神和有利于各种人才脱颖而出的激励环境，反对论资排辈、压制先进的保守陋俗；发挥民主需要党和政府不断扩大群众参与政治、文化活动的广度和深度，克服思想封闭、情感冷漠、人际松散等状况。同时，随着人们在学习、工作上自主性的增强和社会化程度的提高，随着人们在生活、娱乐方面的多样化发展，过去集中统一进行思想政治教育的方式受到制约和挑战。思想政治教育

---

① 金太铉：《理解与教育意义的生成》，载《高等师范教育研究》1993 年第 4 期。

② 罗洪铁、周琪等：《文化环境：思想政治教育运行的新视界》，载《马克思主义研究》2007年第 3 期。

③ ［德］胡塞尔：《胡塞尔选集》，倪梁康选编，上海三联书店 1997 年版，第 921 页。

需要由教育者与受教育者的面对面教育，更多地转化为通过文化环境，即运用大众传媒所营造的舆论环境，运用互联网络构建的虚拟空间，通过大众参与所开展的文化活动，通过文化布设所形成的氛围等，进行潜移默化的教育。因此，思想政治教育以文化的形式创建一个陶冶人们心灵的"文化场"，通过文化所营造的氛围丰富人的精神境界、陶冶人的心灵、净化并激发人的高尚情操，以促进主体的人的知、情、意的全面发展和主体人格的形成、稳定与提升，促进社会组织的内部功能优化以及文化环境的建设，从而孵化出新的文化人、新型的社会组织和新的文化场域。

（二）发展文化整合功能

"全球性恢复了文化的无边界性并且促进了文化表达方式的无限可更新性和无限多样性，而不是促进了同质化或杂交化"①。由于全球化带来的不同国家、不同民族、不同种族和不同宗教信仰等文化之间的碰撞和融合，加之信息化催生的文化传播方式的快速化、信息形式的碎片化和传播容量的海量化，当下的文化呈现出多样、多变、多元的特征，客观上要求进行新的文化整合，发展和强化思想政治教育的文化整合功能。所谓文化整合，是指在一定历史时期，特定组织通过某种方式和手段，在容纳多种文化因子的基础上确立共同的思想信仰和价值观念，使一定群体成员在保持各自立场、看法的前提下，树立群体成员对组织的基本思想与价值认同，以增强社会的凝聚力和有序性的过程。② 整合的过程就是生成的过程、自觉的过程。整合功能充分体现出思想政治教育的计划性、目的性和主导性。面对全球化带来的挑战和冲击，我们必须发挥教育社会化的积极效应，努力探索优化我国思想政治教育文化整合功能的有效途径，将主流意识形态观念有效地传送给社会成员，内化为他们的政治认同与自觉追求，并始终引领各种文化思潮有序发展和和谐共存。

（三）发展文化预测功能

市场竞争的日益加剧导致现代社会的流动性和不确定性增大。不确定性是当下社会的一个显著特征。同时，竞争使人一致面向未来，谁能准确地捕

---

① ［英］阿尔布劳：《全球时代：超越现代性之外的国家和社会》，高湘泽译，商务印书馆2000年版，第227页。

② 朱志刚：《论思想政治教育的文化整合功能》，载《理论学刊》2007年第11期。

捉到未来的机会，谁就会在残酷的竞争中抢得先机、赢得生存，并立于不败之地。因此，尽可能地把握未来、赢得未来是一切组织和个人所面临的重大课题。尽管预测本身具有不确切性的特点，预测的结果在实践中总要产生误差，但是人们从来都不曾怀疑预测的重要性。在美国，每年照例由经济顾问委员会、管理和预算局、商务部和许多其他政府机构公布对全国经济活动的关键性预测。许多大公司也纷纷加入了预测活动，希望预测出新产品、销售量、边际利润和劳动力需求等的前景。因为成功的预测会使公司获得更多的利润，所以为此支付费用也是合算的。思想政治教育面对时代的变迁，同样需要开发和强化自身的文化预测功能。作为主流意识形态，思想政治教育要真正担负起引领社会文化思潮的重任，真正代表、永远代表先进文化的前进方向，自身的文化预测机制必须建立和完善起来。不要如《回答未来的挑战》中所讲的，"当冲击发生，事件象闷雷行空般滚滚而来之时，人们这才站起身来，到那时充其量只能是张望一下已经击下的闪电而已"①。苏联解体、东欧剧变何其相像，"一场没有硝烟的战争"就本质而言，就是一场文化战争，发生在思想领域的现代战争。从这个高度讲，思想政治教育文化预测功能不仅仅是为了引领文化，更重要的是捍卫自己文化的个性，捍卫自己意识形态的个性和社会主义政权存在的合法性。因此，思想政治教育文化预测功能将成为越来越重要的超越功能。无论对国家、对组织和对个人而言，要化解未来的风险、把握未来的机遇，思想政治教育文化预测功能都显得不可或缺。

---

① 张学礼：《大思路——预见未来的方法论》，陕西人民出版社1987年版，第44页。

思想政治教育发展的哲学论域[*]

发展是一个哲学概念。所谓发展，是指事物由小到大、由简到繁、由低级到高级、由旧质到新质的运动变化过程。事物的发展是事物内部矛盾运动的结果，是量变与质变的统一。发展这个概念随着社会的发展也在不断发展。有人认为"进化""进步"就是发展；有人把"实现内在潜能的过程"称为发展；有人把"周期轮回"看作发展；也有人把"变化""演进"说成发展；还有人认为发展就是超越原有的状态，进到更高水平或阶段。总之，发展这个概念运用的领域越来越大，其内涵也越来越丰富，以至到了现代社会，有学者把"发展"作为一个独立研究对象，建立了"现代发展学"学科，在哲学领域，则形成了"发展哲学"的新分支。

发展是当代社会的主题，是时代的特征。发展是当代运用最多的概念之一，它几乎被引入社会生活的所有领域。邓小平强调："发展才是硬道理。"党的十五届五中全会把发展作为解决中国所有问题的关键。既然发展概念已经被广泛引入各个领域，那么，我们也可以把发展概念引入思想政治教育，称之为思想政治教育发展。思想政治教育的发展，既由现代社会的发展和人的发展的客观要求提出了必要性，又由现代社会的发展和人的发展所创造的条件提供了可能性。现代思想政治教育的发展是现代社会发展的一个组成部分，它应当与现代社会的发展协调一致。

引入发展概念，是为了从哲学层面上对现代思想政治教育的认识、研究和实践，增强科学性，克服经验性；增强创新性，克服滞后性；增强系统性，克服分散性；增强有效性，克服一般化。所以，将发展的概念引入思想政治教育，目的就是从理论上、从思想政治教育与现代社会发展和人的发展关系上，探讨现代思想政治教育发展的规律，推动思想政治教育现代化。

发展概念被引入思想政治教育的确很有必要，意义十分深远。但思想政治发展涉及许多问题。

所谓思想政治教育发展，就是传统思想政治教育的观念、内容、方式、体制、模式等各个方面适应现代社会发展和人的发展需要，并促进社会发展

---

* 原载于《社会主义研究》2001 年第 5 期，作者郑永廷、唐鸣，收录时有修改。

和人的发展的改革、转变，就是实现思想政治教育现代化。思想政治教育发展实际上包含两个方面：一是传统思想政治教育向现代思想政治教育的转变发展过程，这是个复杂而艰难的过程，是一个渐进变革的过程。在这个过程中，思想政治教育的改革是按照全社会逐步改革开放的进程进行的。由于经济领域改革发展很快，现代科学技术发展迅速，而思想政治教育受其特点影响，相对比较滞后；加上要改革长期形成的、体系十分完备而在过去时代发挥过巨大作用的传统思想政治教育体系，建立适应现代社会的新体系，在认识上和实际工作中，都会遇到许多矛盾和困难。因而，改革旧体系、建构新体系只能是一个渐进发展过程。二是现代思想政治教育深化、完善的发展过程是一个渐进整合、系统完善的过程，伴随着社会现代化发展和人的全面发展的协调和深化。所以，我们可以说，思想政治教育发展，本质是实现思想政治教育现代化，它同思想政治教育现代化应是同一概念。

思想政治教育的发展，既有社会发展和人的发展提供的实践基础，也有指导社会发展和人的发展的现代理论。发展实践与发展理论相结合，是我们认识和实现思想政治教育发展的根本途径。

首先，和平与发展的理论和实践赋予思想政治教育时代特征。邓小平指出："现在世界上真正大的问题，带全球性的战略问题，一个是和平问题，一个是经济问题或者说发展问题。"[①] 他强调，"应当把发展问题提到全人类的高度来认识，要从这个高度观察问题和解决问题"。正因为和平与发展"关系全局"，具有"全球性、战略性的意义"，所以和平与发展构成了时代特征，成为当代世界的主题，邓小平把它概括为当今时代的发展理论。我国的经济发展、生产力发展，不仅必然带动上层建筑的发展，而且也需要发展的上层建筑为其服务。思想政治教育是影响甚至决定上层建筑性质与方向的因素，对经济发展的方向、速度有直接作用。以传统的思想政治教育为指导，还是以现代思想政治为指导发展经济，这是一个时代性问题、政治性问题。因此，思想政治教育面临着经济、社会全面、协调发展的局面，必须积极主动发展自身，必须保持一定超前的优势来推动经济、社会的发展。思想政治教育不发展，或者发展慢了，就会成为经济和社会发展的障碍。

在和平与发展的时代，思想政治教育的时代内容、理论内容、环境内容、目标要求、方法途径等都不同于过去时代，具有开放性、现代性、发展性的鲜明特征。这一特征决定思想政治教育的发展是一种变革的发展，即改

---

① 《邓小平文选》第3卷，人民出版社1993年版，第105页。

革过时的、旧的体系，建立现代的、新的体系。

　　其次，改革开放的理论与实践推动思想政治教育全面发展。改革开放理论是我国新时期最重要的发展理论，改革开放实践是我国新时期最伟大的实践。我国的改革是整个社会全方位的改革。改革必然带来人们思想观念、道德观念、价值观念和行为方式的深刻变化，思想政治教育面临这些变化必须改革。同时，经济、政治、文化、教育、科技体制的改革，也必然要求并带动思想政治教育的改革。改革的理论与实践不仅为思想政治教育提供发展动力，而且直接为思想政治教育发展提供基础。同时，邓小平强调："中国要谋求发展，摆脱贫穷和落后，就必须开放。"① 实行对外开放的目的是发展，对外开放的本质就是发展，而且是面向世界的快速、协调发展。教育要面向现代化、面向世界、面向未来的理论，就是开放发展的理论。开放打破了传统思想政治教育的狭隘领域和教育层面，为思想政治教育提供了"三个面向"的广阔发展舞台，也为思想政治教育提供了发挥作用的广泛时空领域，思想政治教育能够以其高度社会化、现代化面貌，融入现代社会。同时，开放改变了传统思想政治教育相对封闭、单一的文化环境，使思想政治教育面临着复杂多变的文化环境、信息环境、竞争环境，面临着各种理论、思潮、信息的激荡、冲击，思想政治教育必须在这样的复杂环境中进行比较、鉴别、选择。"有比较才能鉴别，有鉴别和斗争才能发展。"② "正确的东西总是在同错误的东西作斗争的过程中发展起来的。真的、善的、美的东西总是在同假的、恶的、丑的东西相比较而存在，相斗争而发展的。"③ "这是真理发展的规律，当然也是马克思主义发展的规律。"④

　　再次，可持续发展理论与实践指导、制约思想政治教育协调发展。可持续发展就是要在既符合现代人的需要又不损害未来几代人的需要的情况下获得发展。在可持续发展中，人是关键因素。人既是可持续发展的目的，即可持续发展归根到底是为了现代人和未来人的长远利益；人又是实现可持续发展的决定性因素，即经济发展、环境质量、生态平衡归根到底是由人决定的。所以，可持续发展，实际是"以人为中心的发展"。在现代社会条件下，经济、环境、生态方面所出现的严重问题，如片面追求经济发展，导致环境恶化、生态破坏的现象，绝不仅仅是科学技术上的问题，而在很大程度

　　① 《邓小平文选》第 3 卷，人民出版社 1993 年版，第 266 页。
　　② 《毛泽东文集》第 7 卷，人民出版社 1999 年版，第 280 页。
　　③ 《毛泽东文集》第 7 卷，人民出版社 1999 年版，第 230 页。
　　④ 《毛泽东文集》第 7 卷，人民出版社 1999 年版，第 231 页。

上是人不全面、不协调发展的反映和表现。正因为如此，环境伦理、生态伦理、科技伦理以及信仰伦理才被尖锐而突出地提到现代化的面前。现代人如果不从思想政治上警醒，不从可持续发展上找到自身发展的方位与路径，特别是找到正确的价值观念和伦理支持，就会遇到生存危机，在很大程度上可以说是由思想道德危机而导致的生存环境危机。

按照可持续发展的理论与实践要求，思想政治教育不能只观照人自身的思想道德，就像经济学家不能只顾发展经济而不顾环境状况，生态学家不能只研究自然生态而忽视社会状况的道理一样。思想政治教育就要探索人的思想政治教育同社会经济发展和人的生存环境之间的关系，坚持以全面、协调的观念研究经济、环境、生态中人的思想政治情结，发展经济伦理、环境伦理、生态伦理内容，用以协调人与社会、自然的关系，保持人的发展与社会、自然界发展的平衡。同时，可持续发展的理论与实践，还要求思想政治教育确立"面向未来"的观念，即长远发展观念，预防人们的短期行为与片面发展，引导人们始终站在社会发展的前面，进行全面发展。所以，可持续发展的理论与实践有利于指导解释社会活动、人际关系、风俗习惯，有利于规范人们相互之间与自然资源、自然环境之间的各种行为，并提供文化修养、激励机制以及价值等一整套观念，为思想政治教育提供长远发展指导。

最后，人才资源开发的理论与实践促进思想政治教育深度发展。人才资源开发理论是人的全面发展理论在现代社会的发展，是对人才资源合理利用、对人的潜能深度发掘的理论。在这一理论指导下，人才资源开发的实践已经成为全社会的焦点。

在现代社会条件下，发展生产力主要依靠科学技术，发展科学技术依靠人才，人才的培养靠教育，这一逻辑关系已经成为世界范围的共识。为此，人才培养与人才竞争已经走上了国际舞台。所以，邓小平反复强调，要靠教育发挥我国人才资源的巨大优势，要提高知识分子的数量和质量，要在党内和全社会造成一种风气——尊重人才。江泽民在党的十五大报告中，把人才资源开展作为一个重大的理论与实践问题提到了全社会的面前，他指出："我国现代化建设的进程，在很大程度上取决于国民素质的提高和人才资源的开发。"①

人才资源开发的理论与实践，向思想政治教育提出了艰巨的任务，指明了发展方向。思想政治教育要担当人才资源开发的重任，必须努力改变中国

---

① 中共中央文献研究室：《十五大以来重要文献选编》（上），人民出版社 2000 年版，第 35 页。

深层文化结构，为培养和选拔人才创造有利环境，克服重人文、轻科技，重官位、轻事业，力求平稳、不敢冒险，知足常乐、安于现状，不求有功、但求无过，惯于均衡、抑制冒尖等倾向，使拔尖人才能脱颖而出，为打破常规发现、选拔和培养杰出的人才创造条件。同时，要增强思想教育的创造性，为培养创新精神和具有特色的各种人才服务。增强思想政治教育的创造性，就是增强思想政治教育的针对性、有效性，发展思想政治教育的个性。现代社会的激烈竞争已经向教育提出了培养人们创造精神和实际能力的迫切要求。创造是推动现代社会发展和人的发展的最强有力手段。创造是人的主体性的最充分的发挥，是人的内在潜能的最大限度的发展。创造不仅包括创造能力，而且包括创新精神。创新精神是比人的主动性、积极性更高层次的精神，它既要有远大的目标、执着的追求去提供强大的创新动力，也要有顽强的意志、勇敢的拼搏精神去克服困难和阻力，还要有不怕挫折的冒险精神、不怕失败的牺牲精神去面对创造的风险。因此，培养这种创造精神不是一般性的思想政治教育所能担当的，需要研究如何开发人的内在潜能，如何发挥思想政治教育的发展功能。

思想政治教育的发展，内容是十分丰富的，包括上文涉及的思想政治教育的本质发展、观念发展、目的发展，也包括思想政治教育领域发展、功能发展、价值发展，还包括思想政治教育内容、模式、方法、载体等方面的发展。

思想政治教育的发展已经不能再局限于改革开放初期的局部改革发展，也不能局限于思想政治教育自身的发展，而必然把社会发展、人的发展与思想政治教育发展，把思想政治教育各个方面、各个环节的发展联系起来、整合起来，研究思想政治教育发展的系统性、规律性，这就是思想政治教育的理论发展。

研究现代思想政治教育的理论发展，就要研究现代思想政治教育所面临的重要关系，即重要矛盾，找到了重要关系之间的本质联系，就找到了解决矛盾的规律。

首先，在开放的社会条件下，思想政治教育，特别是爱国主义、社会主义、集体主义的主旋律教育，面临着全球化与民族化的关系或矛盾问题，这是一个实际问题，更是一个理论问题。全球化发展与民族化发展是当代社会互动发展的两种趋势，这两种趋势反映在主观层面，就是全球观念与民族观念的关系。全球化发展与民族化发展，表现在经济、科技、信息、文化、教育等许多方面，二者之间既相矛盾又相统一的辩证关系，既揭示了当代社会发展的必然性，也警示着当代社会发展的危险性。

全球化发展是不可改革的客观发展趋势，民族化发展是全球化发展的基点；全球化发展只能依赖民族化发展，民族化发展也必须融入全球化发展。只强调全球化发展，忽视民族化发展，就会淡漠民族、国家界限，陷于西方所宣扬的全球化就是"西方化""美国化"，危及民族国家的发展前途；相反，只强调民族化发展，忽视全球化发展，会使社会进入自我封闭状态，陷于现代狭隘民族主义、地域主义，丧失民族国家的发展机遇。因此，全球化与民族化的辩证统一发展观念，是开放条件下每一个人都应当确立的新的发展观，并且要按照这种发展观念进行主旋律教育。实际上就是要站在国际舞台上，在同西方发达国家进行比较、竞争的过程中，在时空界限相对模糊条件下进行政治教育，教育的条件、内容、目标都发生了很大变化。如果说，中华人民共和国成立前的爱国主义教育是了为民族的独立和解放，中华人民共和国成立后的爱国主义教育是为了国家社会主义制度的建立和巩固，当今的爱国主义教育就是要面向全球发展，立足民族经济、文化的发展，维护国家的安全和利益。因而，应当合理地把当前的主旋律教育引导到民族竞争、发展的层面，按照江泽民同志在第三次全国教育工作会议上所提出的内容和要求进行，即"在当今世界上，综合国力的竞争，越来越表现为经济实力、国际实力和民族凝聚力的竞争。无论就其中哪一个方面实力的增强来说，教育都具有基础性的地位"[1]。因为只有国家具有强大的经济实力、国际实力，我们才能走向世界。"无论就其中哪一个方面实力的增强来说，教育都具有基础性的地位。"[2] 因为只有国家具有强大的经济实力、国际实力，我们才能走向世界；只有强大的民族竞争力、凝聚力，才能推动我们走向世界，才能在实现全球化进程中有所作为。

其次，在社会生活领域和意识形态领域，思想政治教育面临着主导性与多样性辩证的发展状况，坚持主导性与多样性的辩证统一既是思想政治教育面临的新课题，也是思想政治教育工作者所要坚持的新原则。我国基本的政治、经济制度决定我国的意识形态必须以马克思主义为主导，坚持社会主义的性质和方向。在社会主义初级阶段，我们必须坚持多种所有制、多种分配方式、多种社会组织、多种生活方式并存的发展，必须继承过去，借鉴西

---

① 中共中央文献研究室：《十五大以来重要文献选编》（中），北京：人民出版社 2001 年版，第 876 页。

② 中共中央文献研究室：《十五大以来重要文献选编》（中），北京：人民出版社 2001 年版，第 876 页。

方，吸收世界范围内的最新研究成果，这样必定形成社会生活和意识形态领域的多样化发展局面。

主导性与多样性的关系，实际上是普遍性与特殊性、绝对性与相对性、一致性与差异性的关系。社会主义与资本主义的本质区别是集合主义与个人主义的区别。社会主义向来主张要有一个统一的目标、原则，而资本主义则主张相对主义、个人主义，并由个人主义发展到享乐主义、金钱主义。因此，强调社会主义意识形态的主导性，与强调社会主义的方向性、集体主义的原则性，在本质上是一致的。

当前，社会上存在两种影响人们的倾向：一种是理论形态，即否定集体主义原则性、指导思想的统一性和奋斗目标的一致性，而主张个人主义和指导思想多元化，也就是从理论上否定社会主义意识形态的主导性。另一种是实际形态，即为求得发展而忽视必要的遵循，甚至越轨犯规，在信仰领域的多元取向突出，这在实际上背离了社会主义意识形态的主导性。这种用多样化取代、淹没社会主义意识形态主导性的倾向，正是思想政治教育所面临的新挑战。

主导性与多样性是一个古老的哲学命题，是任何事物发展的基本样态，它们只能辩证统一。我们既要吸取过去时代只讲主导性、排斥多样性的教训，也要警惕一些人只讲多样性、忽视主导性的倾向。我们必须在坚持主导性的原则下发展多样性，在发展多样性的基础上坚持主导性。

再次，在市场经济条件下，人的发展面临着自主性与社会化辩证的发展要求，并由此引申出竞争性与合作性、自由性与规范性的关系，这既是每个人面临的发展选择，也是思想政治教育所要把握的准则。

社会主义市场经济体制的建立改变了计划经济体制下人的依赖性，增强了人的自主性与竞争性，这是人发展的一个很大的进步。但是，只看到市场经济体制所要求的自主性与竞争性的一面，而忽视市场经济体制的另一面——社会化与合作性的一面，以为自主性就是个人完全独立，就是孤立的自我奋斗，是一种新的封闭观念。市场经济是商品经济高度发展的结果，是社会化程度很高的一种经济形态，正因为如此，所以它才能推进资源配置和生产的社会化及经济全球化。同时，我国社会主义市场经济体制，不仅反映市场经济体制的社会化要求，而且社会主义、集体主义所强调的整体性、全局性，已经包含着社会化的深刻内涵。因此，在社会主义市场经济体制下，人既要发展自主性、独立性、竞争性，又要发展提高社会化、合作性、集体性。

在社会生活中，一些人只注重市场经济的自主性、竞争性，强调个体性，忽视社会化、合作性，由此走向了个人本位、个人中心、个人主义。这种情况说明，我们在理论上对社会主义市场经济体制的认识有待深化。为此，我们要强化自主性、竞争性教育，以此增强人的主体性，提高人的素质和品位；同时，也要强化社会化、合作性教育，以此发挥人的社会作用。这是新形势下人的全面发展相互联系、不可分割的两个方面。割裂、对立这两个方面，不是走向个体主义和自我封闭，就是走向整体主义和依赖倾向。

论思想政治教育的实践性及当代价值*

"全部社会生活在本质上是实践的"① 是马克思在《关于费尔巴哈的提纲》中的一句名言。实践性是社会与人的本质属性，也是思想政治教育的本质特征。但人们对思想政治教育实践性的理解，多侧重于对思想政治教育实践途径与具体形式的探讨，而忽视了思想政治教育是以人为对象的实践性活动这一实质，往往撇开人的需要和认识人、改造人、开发人的价值目标，陷于教育的理论内容；或者将理论教育与实践教育截然分开，使认识与实践脱离，甚至认为思想政治教育仅仅是"说说而已"，是没有生产性的观念性活动，其结果必然导致教育的针对性与实效性不强、地位不高。鉴于此，必须以当代社会为背景，研究思想政治教育实践的个性特征，并通过对思想政治教育实践性特点的剖析，探讨思想政治教育价值实现的路径。

一、思想政治教育的实践性特点

思想政治教育是"一定的阶级、政党、社会群体遵循人们思想品德形成发展规律，用一定的思想观念、政治观点、道德规范，对其成员施加有目的、有计划、有组织的影响，使他们形成符合一定社会、一定阶级所需要的思想品德的活动"②。它是对人们进行政治教育、思想教育和道德教育的总和。从本质上看，思想政治教育也是一种"主观见之于客观的活动"，即实践活动。如果将实践活动区分为生产实践、社会实践和科学实践三大类的话，思想政治教育应归入社会实践活动，是其中的教育实践形式之一；如果将实践活动对象区分为自然、社会、人的话，它属于以人为对象的实践活动。以人为对象的实践活动，包括对现实的人，也是客观存在对人的主观世界与行为的认识与改造。而"所谓主观世界，是指人的意识、观念世界，是人的头脑反映和把握物质世界的精神活动以及心理活动的总和，它既包括

* 原载于《思想理论教育导刊》2009 年第 1 期，作者曹春梅、郑永廷，收录时有修改。
① 《马克思恩格斯全集》第 3 卷，人民出版社 1960 年版，第 8 页。
② 张耀灿、郑永廷等：《现代思想政治教育学》，人民出版社 2006 年版，第 50 页。

意识活动的过程，又包括意识活动过程所创造的观念，即意识活动的成果"①。因而思想政治教育是关于人的思想观念与行为的发展与改造的实践活动，体现了人的主观世界；同时，思想政治教育也是在一定客观世界下形成并对客观世界产生反作用的存在。改变人的主观世界是一种对象性活动，并且这种改变最终是为了实现对客观世界的改造。

与其他实践活动形式相比，思想政治教育具有政治性、形而上、渗透性等特点。

第一，思想政治教育具有政治方向性特点。思想政治教育总是按照特定时代、特定社会占统治地位的阶级、政党的政治要求、社会理想和道德规范来培养、塑造个体的思想、品德、信念和行为习惯。古今中外，任何社会的任何国家，其思想政治教育都体现着统治阶级的意志。"统治阶级的思想在每一时代都是占统治地位的思想。这就是说，一个阶级是社会上占统治地位的物质力量，同时也是社会上占统治地位的精神力量。支配着物质生产资料的阶级，同时也支配着精神生产资料……占统治地位的思想不过是占统治地位的物质关系在观念上的表现，所有国家的统治阶级，都会充分利用其手中的各种工具，对其社会成员进行有目的、有计划、有组织的教育，力图使社会成员形成符合其阶级意志的思想素质与能力。"② 思想政治教育这一鲜明的特点，不仅体现在这一实践活动的实施者代表着的一定的阶级意志，而且使其表达的思想内容也与其他的教育实践形式相区别。智育侧重于文化科学知识、技能和发展学生智力，体育传授健身的知识技能、增强体质、培养自觉锻炼身体的习惯，美育培育受教育者的美学观点和鉴赏美、创造美的能力，劳动技术教育培养人们在劳动中掌握和运用专门技术的能力。与这些不同，思想政治教育是按照一定阶级的要求，把一定的社会政治、思想和道德转化为个体的政治观念、思想意识和道德品质。因此，思想政治教育是在"知"的基础上，主要解决的是"信"与"不信"、"行"与"不行"的问题。它通过一定的政治与道德机制，使受教育者达到其思想、观念与道德的"信"与"行"的目标要求，产生自觉的"信"与"行"。

第二，思想政治教育具有形而上的特点。思想政治教育是以塑造人的思想政治品德为任务的，这决定了思想政治教育必然广泛地涉及人的精神世界，决定了思想政治教育对作为意义存在物的人的精神家园的关注，突出强

---

① 肖前、李淮春、杨耕：《实践唯物主义研究》，中国人民大学出版社 1996 年版，第 204 页。
② 《马克思恩格斯选集》第 1 卷，人民出版社 1995 年版，第 98 页。

调人的精神家园的建设。一方面,精神生产是一定社会形式的意识生产,确切些说,是意识社会形式的生产。马克思和恩格斯认为,精神生产就是意识的生产,它是在物质生产的基础上产生的,"思想、观念、意识的生产最初是直接与人们的物质活动,与人们的物质交往,与现实生活的语言交织在一起的。人们的想象、思维、精神交往在这里还是人们物质行动的直接产物。表现在某一民族的政治、法律、道德、宗教、形而上学等的语言中的精神生产也是这样"①。那些"发展着自己的物质生产和物质交往的人们,在改变自己的这个现实的同时也改变着自己的思维和思维的产物"②。物质生产属于社会存在的领域,精神生产属于社会意识的领域。物质生产生产出主要满足人们物质需要的物质产品,而精神生产生产的是满足人们精神需要的精神产品,表现为教育、科学、文化知识的发展和人们思想、道德水平的提高。另一方面,精神生产反作用于物质生产,对物质生产具有能动作用。马克思指出:"理论一经掌握群众,也会变成物质力量。"③ 恩格斯也指出:"政治、法律、哲学、宗教、文学、艺术等等的发展是以经济发展为基础的。但是,它们又都互相作用并对经济基础发生作用。"④ 这表明,思想政治教育也是"一种生产力",也能改变外界,对人与社会的存在和发展有着强大的反作用。这种改变对人是直接的,对社会与自然的改变是间接的,是人们的精神(包括意识、思维活动和一般心理状态)通过人们的行动,产生对外界事物的推动作用。⑤ 它要经过两次转化,即受教育者将教育的内容内化为自己的思想观念,首先改变自己,而后再外化为行动改变客观世界。两次转化都具有客观现实性或实践性。

第三,思想政治教育具有渗透性的特点。思想政治素质就是人的思想素质、政治素质与道德素质的总和,它在人的素质体系中居于核心地位,是一个人的世界观、人生观、价值观的综合表现。江泽民在第三次全国教育工作会议上强调指出:"要说素质,思想政治素质是最重要的素质,不断增强学生和群众的爱国主义、集体主义、社会主义思想,是素质教育的灵魂。"⑥

---

① 《马克思恩格斯选集》第 1 卷,人民出版社 1995 年版,第 72 页。

② 《马克思恩格斯选集》第 1 卷,人民出版社 1995 年版,第 72–73 页。

③ 《马克思恩格斯选集》第 1 卷,人民出版社 1995 年版,第 9 页。

④ 《马克思恩格斯选集》第 4 卷,人民出版社 1995 年版,第 732 页。

⑤ 徐冰:《人之动力论》,辽宁人民出版社 1999 年版,第 216 页。

⑥ 《深化教育改革——全面推进素质教育:第三次全国教育工作会议文件汇编》,高等教育出版社 1999 年版,第 17 页。

思想政治教育"在社会生活中表现为与其他实践活动的结合与渗透，它是思想政治教育显著的本质属性"①。从学校各门课程教学来看，思想政治理论课是对学生进行思想政治教育的主渠道、主阵地，其他课程教学也担负着加强学生思想政治教育的责任与义务；就整个社会而言，思想政治教育渗透于生产实践、社会实践与科学实验之中。因此，对受教育者进行思想政治道德素质的培育，不仅仅是思想政治教育工作者的责任，也是社会全体成员应尽的义务。在这个意义上，我们可以说思想政治教育应由全社会成员共同担当，而不能为思想政治教育者独家专营。

二、思想政治教育实践性的缺失

长期以来，社会上不同程度地存在轻视、忽视甚至无视思想政治教育实践性特点的倾向。这种倾向在管理者、教育者、受教育者中有不同的表现。

首先，管理者对思想政治教育实践性的认识偏差及其影响。管理者对思想政治教育实践性的认识偏差，集中体现在有些管理者认为思想政治教育属于上层建筑领域，对其生产性认识、关注不够。他们只看到其思想意识观念的一面，而对其反作用于物质生产的强大作用认识不足。存在着轻视、忽视甚至无视其教育人、培养人、开发人，特别是发挥人的精神潜能所具有的"生产"作用，而仅将其视为消费性活动。在他们看来，思想政治教育不能产生经济利益，对发展经济、科技无用；思想政治教育是一种纯粹的思想活动，是只需要理论、知识投入而不需要物质投入的活动，是"远水解不了近渴""软任务难实现硬指标"的活动。因而，呈现在我们面前的是这样一幅画面：党和政府高度重视思想政治教育，仅2004年，中共中央、国务院继提出《关于进一步加强和改进未成年人思想道德建设的若干意见》后，又发布了《关于进一步加强和改进大学生思想政治教育的意见》，把加强和改进大学生思想政治教育视作"事关国家前途和命运的战略工程""推进现代化建设的基础工程""实现中华民族伟大复兴的希望工程"。这要求"各级党委和政府要从战略和全局的高度"②，"建立健全党委统一领导、党政群齐抓共管、有关部门各负其责、全社会大力支持的领导体制和工作机制，形

① 张耀灿、郑永廷等：《现代思想政治教育学》，人民出版社2006年版，第11页。
② 中共中央文献研究室：《十六大以来重要文献选编》（中），中央文献出版社2006年版，第190页。

成全党全社会共同关心支持大学生思想政治教育的强大合力"①。而实际情况却是某些管理者仅将思想政治教育的重要性停留在口头上，正常开展高校思想政治教育所需的人员、物资、经费不足。形成党和政府强调思想政治教育重要的"优先"地位，与现实中面向思想政治教育投入严重不足局面相并存。这种重视不够、投入不足的倾向，既是市场竞争条件下只顾物质利益、眼前利益的功利化表现，也是管理者片面追求政绩的行为体现，它不仅直接影响思想政治教育的覆盖面与实际效果，使思想政治教育工作者疲于应付，而且在价值导向上发生了偏差，即引导人们重物质轻精神、重科技轻人文，致使一些不良思想与行为滋生蔓延。

其次，教育者对思想政治教育实践性的片面认识与危害。教育者对思想政治教育实践性的片面认识，集中表现在教育目标的确立与教育内容、方式的选择上。一些教育者，包括学校的德育、智育、体育工作者，往往只把教育的目标定位在认知与具体知识、技能的掌握上，在教育过程中，只注重理论概念的阐述、知识内容的叙述与技术技能的传授，也就是只在认知上下功夫。至于理论、知识、技能是否有用，以及如何使之为学生理解、认同、巩固，并能在实践中运用，则往往不作为教育与教学的目标给予确认。这样的教育与教学，是缺乏情感价值激励、意志稳定持续、见诸实际行动因素的活动，是不符合心理活动与主观发展规律的、不完全的教育与教学活动，它难以有效帮助学生形成新的思想与能力，也难以改造不正确思想和不良行为，因而是一种认知性而不是实践性的教育与教学。应当肯定的是，教育与教学要以认知为前提，但认知并不是教育与教学的最终目的，塑造、改造和提高，即塑造先进思想、改造错误思想和提高能力才是教育与教学的最终目的。

教育与教学的认知性目标定位必然导致教育与教学目标、内容与方式选择上的单一性，即注重"书本"内容，忽视"人本"内容，也就是只以书本为对象，而不以学生为对象，只"备书"，不"备人"。虽然教育与教学要面对人进行，但教育者对所面对的人的需要、生活、特点并不了解，不能结合人的实际开展教育与教学。于是，教育与教学只能从书本出发而不是从实际出发，缺乏针对性，也很难具有实效性。这是认知性教育与教学面向单一、脱离实际的一个表现。认知性教育与教学脱离实际的另一个表现，就是

---

① 中共中央文献研究室：《十六大以来重要文献选编》（中），中央文献出版社 2006 年版，第190 页。

内容与方式的单一。在内容上，只注重理论内容、知识内容的选择，而忽视实践内容、生活内容的运用，即使联系实际，也是以与理论不相干的趣闻点缀。在方法上，把理论、知识的传播方式作为课堂教育与教学的唯一方式，缺乏交流、讨论等互动方式，难以使学生实际参与教育与教学过程。这种认知性教育与教学由于缺乏对实际内容的运用与实践方式的采用，也就是理论脱离实际，其结果只能导致学生记忆概念、背诵书本，甚至形成生搬硬套、眼高手低的行为特征。

最后，受教育者对思想政治教育实践性的狭隘观念及后果。把思想政治教育视为外在性施加、当局者的社会需要，而不是自身发展的需要，是一些受教育者经常表达出来的看法。在这些人看来，思想政治教育是维护当局者意志、维护社会稳定的说教，只具有社会价值，个体价值不大甚至没有价值。于是，他们对思想政治教育"无兴趣"或"兴趣不大"，即使参加一些教育活动，也是心不在焉，消极对待。如有些高校学生认为思想政治理论课是必修课程，因此必须参加，但参加的目的不是为了改变自己、提高自己，而是为了记住概念、背诵知识、应付考试。这种被动、消极地接受教育，而不是主动、积极参与教育的方式，是对教育实践性的削弱甚至否定，是难以实现教育价值的。还有些大学生在讨论"思想政治教育是否是门科学"的时候，甚至认为"思想政治兴，则人文学科亡"，反映极少数学生对思想政治教育的逆反心理与排斥态度。

之所以产生对思想政治教育的消极应付与排斥态度，主要是因为一些人在市场竞争的条件下，过分关注自身眼前的物质利益、业务学习，而对全局利益、长远利益不大关心。因为思想政治教育所运用的思想、观念、道德理论，既蕴含着每个人的发展愿望与利益，也体现着社会全局与长远的发展规划和目标。而这些人把个人与社会割裂开来，把个人利益与社会长远利益对立起来，往往就会只对自己的具体利益感兴趣，而对社会发展不关心。于是，这样的受教育者，在思想政治教育过程中，不会改变自己的思想与行为，难免陷于狭隘观念而缺乏发展动力，更不会自觉、主动地根据社会客观发展要求，更新思想观念，养成良好习惯，不断实现对自己的超越和履行改造客观世界的职责。

三、思想政治教育的价值实现

要改变思想政治教育实践性缺失这一现状，发挥思想政治教育对社会进步与个人成长的积极作用，以促成思想政治教育价值的实现，思想政治教育管理者、教育者、受教育者应转变观念，各司其职，自觉履行各自的义务。

第一，管理者应清楚地看到并高度重视思想政治教育作为"精神生产力"在现时代以及未来社会发展中日渐凸显的重要作用。虽然物质生产决定精神生产，但"精神生产是随着物质生产的改造而改造的"[1]，当生产力高度发达后，人们的精神生产，其中包括社会文化产品的生产，将成为人们从事社会生产的重要领域，为个体与社会提供发展的动力源泉。这是因为人的需要及其满足方式具有这样的特点："他们的需要即他们的本性"[2]，"任何人如果不同时为了自己的某种需要和为了这种需要的器官而做事，他就什么也不能做"。[3] 一般来说，在较低层次的需求得到满足之后，较高层次的需求就会取而代之成为人们新的追求目标。当物质需求基本得到满足之后，精神需求就会凸显，而满足精神需求的精神生产的重要性便随之显现。目前，在抓好社会主义经济建设的同时，高度重视精神文明建设，重视思想政治教育已成为我国人民和社会发展的现实需要和迫切要求。所以，管理者要站在提高国家软实力、增强群体核心竞争力和个体发展内在动力的高度，认识思想政治教育的"生产性"与价值性，重视思想政治教育的人力、物力与精力的投入，注重调动教育者与受教育者的积极性、主动性、创造性，充分发挥思想政治教育的作用，为培养全面发展的人才做出贡献。

第二，教育者根据当代社会开放性、全球化、信息化、多样化的发展趋势与要求，改变教育目标定位、内容与方式单一的状况，把"备理论、备学生、备实际"结合起来，把课堂理论教学与社会实践活动结合起来，把知识教育与价值教育结合起来，把知、情、意、行贯穿于教学的过程之中，切实坚持理论联系实际的原则，赋予教育现代性、综合性、实践性特征。只有这样，才能紧密联系国际、国内两个大局，反映国内外经济、政治、文化等方面的最新实际，有针对性地解答受教育者关心的热点、难点问题，真正为学生解惑释疑、指路引航。马克思一再强调："不是意识决定生活，而是生活决定意识。"[4] 任何方式的思想政治教育都要立足实践、面向实践。大学生思想政治教育要贴近生活、贴近实际、贴近学生。脱离实际的思想政治教育，不仅使教育者陷于本本主义甚至教条主义，而且会导致学生对理论的

---

① 《马克思恩格斯选集》第 4 卷，人民出版社 1995 年版，第 448 页。
② 《马克思恩格斯全集》第 3 卷，人民出版社 1960 年版，第 514 页。
③ 《马克思恩格斯全集》第 3 卷，人民出版社 1960 年版，第 286 页。
④ 《马克思恩格斯全集》第 3 卷，人民出版社 1960 年版，第 29 页。

反感而走向经验主义。因此，不仅理论教育要立足于帮助学生理解、认同理论并指导实践，提高学生的思想水平与认识能力，而且要"积极组织学生参加生产劳动和社会实践，帮助他们认识社会，了解国情，增强建设祖国、振兴中华的责任感"①。

高校思想政治教育的对象是正在成长的青年学生，其世界观、人生观、价值观处在确立、稳定的关键时刻，需要教育者的正确引导和帮助。而社会实际的价值取向，往往会对思想政治教育所要实现的精神价值产生不同程度的冲击，因而更要联系价值取向的实际，让学生认识思想政治教育的作用，理解爱因斯坦所说的"科学虽然伟大，但它只能回答'世界是什么'的问题，'应当如何'的价值目标，却在它的视野和职能的范围之外"，"用专业知识教育人是不够的，通过专业教育，学生可以成为一种有用的机器，但是不能成为一个和谐发展的人，要使学生对价值（社会伦理准则）有所理解并产生热烈的感情，那是最基本的。……否则，他——连同他的专业知识——就更像一只受过很好训练的狗，而不像一个和谐发展的人"②。也就是说，思想政治教育要真正帮助学生确立现代理念：正确的世界观、人生观和价值观是做人处世的根基，一个人若想有重大作为，仅有先进的专业知识和技能是不够的，还必须有崇高的精神境界和良好的心理素质。

第三，受教育者应将积极主动地接受他教与自觉自愿地加强自教相结合，也就是既要接受教育者对自己的塑造与改造，也要以自己为实践对象，进行自我认识、自我教育、自我改造。即使教育者的教育富有科学性与实践性，若受教育者没有自我教育与自我改造的愿望，那么再好的教育也是没有价值的。一个境界高远、有贡献的人，总是知不足并不断挑战自我，广泛从环境中吸收各种有益的知识提高自己、超越自己。因而，作为大学生来说，理应在教育，特别是在思想政治教育中塑造自己、发展自己、开发自己，充分发掘自己的精神潜能，为聪明才智的发挥创造良好的主观条件，提供不竭的动力源泉。一个思想家曾经说过："如果人要成为人自身，他就需要一个被积极地实现的世界。如果人的世界已经没落，如果人的思想濒于死亡，那么，只要人不能主动地发现这个世界中适合于他的思想观念，人就始终遮蔽

---

① 中共中央文献研究室：《十四大以来重要文献选编》（下），人民出版社1999年版，第2057页。

② ［德］爱因斯坦：《爱因斯坦文集》第1卷，许良英、范岱年译，商务印书馆1976年版，第339页。

着人自身。"① 为此，青年学生要克服以下三种模糊认识，才能赋予思想政治教育实践性与价值性：一是要克服正确思想可以自发产生的观念，认识到科学理论的掌握、正确思想的形成同样需要"精神生产"活动，即必须借助思想政治教育的实践（包括学习、灌输）才能实现，任何对正确思想形成的自发性崇拜都只会导致盲目主义与经验主义。二是要克服消极、被动接受思想政治教育的状态，认识到积极主动接受、参与教育活动是发展自己、开发精神潜能、实现自我超越的需要，是正确认识世界、改造世界、贡献社会的前提。三是要克服应付、应试的思想政治教育目标定位，认识到正确的世界观、人生观、价值观形成稳定且丰富的自我职责与终身价值，做好活到老、学到老、改造到老的思想准备，以适应学习型社会、终身教育社会的发展需要。

---

① ［德］卡尔·雅斯贝尔斯：《时代的精神状况》，王德峰译，上海译文出版社 1997 年版，第 168 页。

思想政治教育合力理论与实践研究[*]

在当代社会条件下，思想政治教育合力既是一个理论研究课题，也是一个突出的教育实践问题。不管是教育者，还是其他社会成员，都有对共同育人发展前景和协同育人的社会期待，期望广大青少年有一个良好的成长环境与教育氛围。因此，对思想政治教育合力的理论与实践研究，是思想政治教育者的一个重要命题。

一、思想政治教育合力的时代性要求

有目的地研究、寻求思想政治教育合力，既是推进人的全面发展的需要，更是当今社会发展的时代性诉求。

马克思主义在论述人的全面发展与社会发展时，阐述了许多关于合力的科学理论。马克思、恩格斯所提出的人的自由全面发展的命题，既为社会发展指明了方向，也为人的发展确立了目标，是社会发展的最高目标和人进步的根本价值尺度。马克思主义强调，"个人的全面性不是想象的或设想的全面性，而是他的实现关系和观念关系的全面性"[①]。为了实现人的全面发展，马克思同时提出，要在实践基础上把握人的现实社会关系的总和，"人的本质不是单个人所固有的抽象物，在其现实性上，它是一切社会关系的总和"[②]；要根据人的多种需要，"以一种全面的方式，也就是说，作为一个完整的人，占有自己的全面的本质"[③]。要通过实施全面教育来促进人的全面发展，"未来教育对所有已满一定年龄的儿童来说，就是生产劳动同智育和体育相结合，它不仅是提高社会生产的一种方法，而且是造就全面发展的人的唯一方法"[④]。

恩格斯则在深刻阐述人类社会发展过程中经济条件和政治条件交互作用

---

* 原载于《思想理论教育导刊》2009 年第 4 期，作者刘社欣、郑永廷，收录时有修改。
① 《马克思恩格斯全集》第 46 卷（下册），人民出版社 1980 年版，第 36 页。
② 《马克思恩格斯选集》第 1 卷，人民出版社 1995 年版，第 56 页。
③ 《马克思恩格斯全集》第 42 卷，人民出版社 1979 年版，第 123 页。
④ 《马克思恩格斯全集》第 23 卷，人民出版社 1979 年版，第 530 页。

郑永廷文集（第一卷）ZHENG YONGTING WENJI（DI-YI JUAN）

152

的辩证关系时，提出了历史合力论。他说："历史是这样创造的：最终结果总是从许多单个的意志的相互冲突中产生出来的，而其中每一个意志，又是由于许多特殊的生活条件，才成为它所成为的那样。这样就有无数互相交错的力量，有无数个力的平行四边形，由此产生出一个合力，即历史结果，而这个结果又可以看作一个作为整体的、不自觉地和不自主地起着作用的力量的产物……每个意志都对合力有所贡献，因而是包括在这个合力里面的。"①"用马克思的话来说，就造成'新的力量'，这种力量和它的一个个力量的总和有本质的差别。"② 恩格斯的理论既为我们协调社会各种力量，形成良好社会环境提供了指导，也为我们综合各种教育，形成教育合力提供了思路。

列宁从知识的丰富性与教育的全面性层面强调，只有用人类创造的全部知识财富来丰富自己的头脑，才能具备现代有学识的人们所必备的一切实际知识，才能成为共产主义者。

马克思主义关于人的全面发展、社会发展以及教育理论，在我们党的几代领导人那里，结合新的实践又进行了发展。毛泽东说过："思想政治工作，各个部门都要负责。共产党应该管，青年团应该管，政府主管部门应该管，学校的校长教师更应该管。"③ 他认为"力量一分散，事情就难办了"④。邓小平认为工作上出现问题往往"不是哪一个人不合格，或者犯了错误，而是因为合作不好，形成'几套马车'"⑤。江泽民认为，"思想工作是全党的工作，不仅宣传部门要做，各级党委和企业、农村、学校、街道等基层党组织要做，各级行政部门和工会、共青团、妇联等也都有做群众思想工作的责任"⑥。胡锦涛 2005 年在全国加强和改进大学生思想政治教育工作会议上的讲话要求："加强和改进大学生思想政治教育工作，是全党全社会共同的重大任务，要把各方面的积极性、主动性充分调动起来，形成加强和改进大学生思想政治教育工作的强大合力。"⑦

马克思主义关于人的发展、社会发展以及教育的全面性、协调性理论告

---

① 《马克思恩格斯选集》第 4 卷，人民出版社 1995 年版，第 697 页。

② 《马克思恩格斯全集》第 23 卷，人民出版社 1979 年版，第 697 页。

③ 《毛泽东文集》第 7 卷，人民出版社 1999 年版，第 226 页。

④ 《毛泽东文集》第 8 卷，人民出版社 1999 年版，第 64 页。

⑤ 《邓小平文选》第 1 卷，人民出版社 1994 年版，第 332 页。

⑥ 中共中央文献研究室：《十四大以来重要文献选编》（上），人民出版社 1996 年版，第 655 页。

⑦ 中共中央文献研究室：《十六大以来重要文献选编》（中），人民出版社 2006 年版，第 644 页。

诉我们：第一，一切历史事件的发生都是由各种各样的原因造成的，各种原因或各种力量互相作用、互相影响，共同促进事物的发生、发展。同时，这种互相作用的结果总是体现在各种活动的互相作用的合力里面。第二，所谓人的全面发展，是指人的体力和智力、才能和志趣以及思想道德等各个方面的全面发展，是指人的一切才能和个性品质的充分发展。而要促进人的全面发展，必须从各个方面满足人的需要，实施全面教育，形成教育合力。

在当代社会条件下，思想政治教育与过去相比较，其内容、条件与方式都发生了深刻变化。对外开放环境的扩大、经济全球化浪潮的推进、虚拟网络与信息社会的拓展、多元文化格局的形成，打破了自然经济、计划经济社会条件下的分离、封闭的状态，使社会更加开放，各个领域相互渗透，各种文化相互汇合，各类人员交往频繁。社会呈现出复杂、多样、多变，以及机遇与风险并存、发展与阻抗同在、积极与消极交织的状态。处于这样社会环境下的青少年，其思想认识、价值观念、行为方式的形成与发展，绝不是单一因素影响与作用的结果，而是持不同价值观的主体在社会综合化、高度社会化进程中进行比较与选择的产物。于是，当代社会便提出了一个现实而又突出的问题，就是怎样运用马克思主义关于社会合力的理论，引导"无数互相交错的力量"，也就是具有多样化个性、多样化价值取向的人们，按照社会主义核心价值体系的主导，遵循"平行四边形"法则，形成协调、和谐的发展格局，创造良好的社会教育环境；如何运用教育合力理论，针对多种社会因素影响、多种价值取向开展不同内容与方式的教育，组织和协调各方面教育力量，形成有效的教育氛围。因而，马克思主义的社会合力与教育合力理论，是我们在当代社会条件下，建设良好社会环境、充分发挥思想政治教育作用的重要指导理论。

二、思想政治教育合力的科学建构

在社会环境建设与思想政治教育合力建构的实践中，必须立足当代社会实际，遵循科学规律，推进社会与人的全面发展。

首先，科学发展观提供了形成思想政治教育合力的现代指导理论。党中央所提出的科学发展观从我国当代社会的实际出发，既符合我国社会发展价值取向，又揭示了我国社会发展客观规律的指导理论。科学发展观，其核心是以人为本，第一要义是发展，基本要求是全面协调可持续，根本方法是统筹兼顾。以人为本与强调发展是我国社会的根本价值取向，即一切为了人民的根本利益，一切依靠人民推进发展，一切发展为了人民，一切有利于促进人民全面发展。这种人本观与发展观，既提出了社会发展与人的发展的根本目标，也揭示了社会发展与人的发展的动力源泉。科学发展观的全面协调可持续要求，揭示了社会发展与人的发展的客观规律，即不管是社会发展还是人的发展，都不是孤立地进行，任何发展主体都需要发展条件，当发展条件能够全面、协调、可持续地满足发展主体的要求，发展主体才能得到发展。没有条件或条件缺失，发展主体要么不能发展，要么片面、畸形、短暂地发展。因而，社会环境建设和思想政治教育只有贯彻落实科学发展观，才能得到发展，发挥作用。特别是思想政治教育，要改变过去目标、内容与方式单一与孤立进行的状况，一定要坚持理论与实际相结合、主导性与多样性相结合的原则，与当今社会发展需要相一致，和人的全面发展需要相适应，获得最佳教育效果。

其次，教育学、社会学的相关理论提供了形成思想政治教育合力的外在科学依据。思想政治教育形成合力的客观要求是社会高度综合化和社会化发展的要求。这种要求的主要表现在四个方面：一是经济全球化、市场一体化推进了社会的开放与统一，加速了市场的配套与整合，促进了文化的交会与激荡；二是政治民主化与法治化的新发展使社会组织多样化，人们的言行更加自由，社会交往、流动更为频繁；三是科技的快速发展推进了社会信息化，促进了知识、价值观念传播、渗透的网络化；四是教育的国际化、文化大众化，冲破了传统教育的时空界限，推动教育面向社会、面向世界、面向未来。广大青少年生活、成长在这样一个高度综合化和社会化的领域，不同程度面临着适应、辨别、选择上的困难，难免出现思想认识、价值取向上的迷茫困惑，因而特别需要思想政治教育根据不同对象的特点与需要，把家庭、社会、学校教育结合起来，从不同层面、视角，对复杂多变的社会状况进行清晰、合理的分析，从价值主导与发展趋势上进行引导，苏联学者 A.H. 多尔戈娃长期对青少年个性进行犯罪学研究的结果表明：少年丧失家庭的消极影响、在学校里学习成绩不佳、接近不良的伙伴等因素相互作用。"家庭、学校和同伴是所有儿童和少年共有的自然环境，对他们的个性发展有很大的影响力。"[1] 因此，高度综合化和社会化的社会环境需要高度综合化和社会化的教育。

高度综合化和社会化的教育主要表现在两个方面：一是思想教育、政治

---

[1] 关颖：《城市未成年人犯罪与家庭》，群众出版社 2004 年版，第 10 页。

教育、道德教育要以引导学生认同、接受我国社会的核心价值体系、政治与道德规范，促进学生社会化为目标，即教育一定要与社会实际相结合，符合社会发展的要求与趋势；二是思想教育、政治教育、道德教育的目标、内容与方式都要以促进学生全面发展为目标，相互配合，协同开展。也就是说，思想政治教育合力的科学性建构，应当致力于目标、内容、途径的合力性建构。"目标合力"是指国家层面目标、社会层面目标以及个人层面目标的协调，它是思想政治教育合力形成的前提；"内容合力"是指政治教育、思想教育、道德教育、心理健康教育的整合，它是思想政治教育合力形成的关键；"途径合力"是指家庭、学校和社会的配合，它是思想政治教育合力形成的保证。

最后，心理学提供了形成思想政治教育合力的内在科学依据。思想政治教育合力还包括心理合力，即人内在知、情、意、行的全面、协调发展，它是思想政治教育合力形成的内在科学依据。

思想政治教育所要解决的思想问题主要有两点：一是思想认识问题主要指对周围人和事物的看法是否实事求是，具有客观性，因而要靠摆事实和讲道理的方法进行教育；二是思想意识问题主要指人的思想品质、动机、理想、道德和其他意识观念等，解决人们的思想意识问题就要帮助青少年确立正确的世界观、人生观和价值观，克服各种错误的思想意识。从教育学的角度看，思想认识的提高、正确思想意识的确立，不是单一要素作用的结果，而是受教育者知、情、意、行四要素综合作用的结果。所谓"知"，是指对知识、理论及其相互关系的认知与理解，包括概念、判断、观点等，它是思想政治教育的前提与基础。所谓"情"，是指对知识、理论的情感与情绪体验，它在思想政治教育中起强化、催化作用，是思想政治教育的动力。所谓"意"，是指追求知识、理论的毅力与意志，它在思想政治教育中起调节、监督、控制作用。所谓"行"，是指在知识、理论支配与调节下的实际行动，它在思想政治教育中对知识、理论起巩固、稳定、检验作用。

知是情、意的基础和行的先导，情是知、意的催化剂和行的动力，意是知、情的保证和行的保持，行是知、情、意的外在表现和强化的基础。任何思想政治教育都要综合运用心理学的四个要素，形成心理合力才能使思想政治教育富有成效。任何对知、情、意、行要素的偏废，或在运用过程中不协调，都会直接影响思想政治教育的深刻性、持久性和实效性。

三、思想政治教育合力形成的协同方式

所谓协同性，是指以配合、协调为内在要求的一种目标和作用状态。从方法论的角度看，思想政治教育的协同性包括思想政治教育主体具有协调性，思想政治教育内容具有衔接性，思想政治教育方式具有综合性，思想政治教育作用具有渗透性，以此实现思想政治教育的最佳效果。

思想政治教育合力形成的协同运行方式主要体现在如下四个方面。

第一，"整合"是教育合力形成的资源配置方式。《中共中央、国务院关于进一步加强和改进大学生思想政治教育的意见》（以下简称《意见》）明确指出："大学生思想政治教育工作队伍主体是学校党政干部和共青团干部，思想政治理论课和哲学社会科学课教师，辅导员和班主任。学校党政干部和共青团干部负责学生思想政治教育的组织、协调、实施；思想政治理论课和哲学社会科学课教师根据学科和课程的内容、特点，负责对学生进行思想理论教育、思想品德教育和人文素质教育；辅导员、班主任是大学生思想政治教育的骨干力量，辅导员按照党委的部署有针对性地开展思想政治教育活动，班主任负有在思想、学习和生活等方面指导学生的职责。"《意见》既强调了高校各类人员要发挥各自特点与教育资源优势，开展思想政治教育，也强调了要从整体上组织、协调、实施各项教育，整合教育资源，形成教育合力。

第二，"结合"是教育合力形成的运行方式。思想政治教育既包括思想、政治、道德与心理健康等既丰富又综合的内容，又要采取说理、实践、修养等多种相关的途径，因而思想政治教育必须以综合性的"结合"方式运行。所以，中共中央关于印发《爱国主义教育实施纲要》的通知要求："国情教育要同省情、市情、县情的教育结合进行"[1]，"可以结合重要节日、纪念日，组织参观、瞻仰、祭扫活动；结合特定的教育主题，组织社会考察和社会实践活动；利用教育基地开展党、团组织生活和少先队活动；开展美化基地环境和维护设施的义务劳动；结合参观、瞻仰、考察，组织开展征文、主题演讲会、专题讲座、知识竞赛等教育活动"[2]。《意见》更是全面概括了思想政治教育"结合"运行的方式，要求坚持教书与育人相结合、坚

---

① 中共中央文献研究室：《十四大以来重要文献选编》（上），人民出版社1996年版，第923页。
② 中共中央文献研究室：《十四大以来重要文献选编》（上），人民出版社1996年版，第923页。

持教育与自我教育相结合、坚持政治理论教育与社会实践相结合、坚持解决思想问题与解决实际问题相结合、坚持教育与管理相结合、坚持继承优良传统与改进创新相结合，还要"积极探索和建立社会实践与专业学习相结合、与服务社会相结合、与勤工助学相结合、与择业就业相结合、与创新创业相结合的管理体制，增强社会实践活动的效果，培养大学生的劳动观念和职业道德"①。思想政治教育以"结合"的方式运行，既是思想政治教育综合性的本质体现，也是形成思想政治教育合力的本质要求。单一、孤立地开展思想政治教育，既不符合思想政治教育的本质，也不可能形成思想政治教育合力。

第三，"配合"是教育合力形成的强化方式。思想政治教育是涉及家庭、学校、社会、虚拟等领域的活动，这些领域既广泛又相关，既多样又多变。为了创造良好的教育环境，社会各个方面、各类人员，只有相互配合，才能形成教育合力，强化教育效果。为此，《意见》强调："要动员社会各方力量，完善资助困难大学生的机制，帮助大学生解决实际困难。党政机关、社会团体、企事业单位以及街道、社区、村镇等要主动配合做好大学生思想政治教育工作。学校要探索建立与大学生家庭联系沟通的机制，相互配合对学生进行思想政治教育。"②"各有关部门要主动配合，共同做好大学生思想政治教育工作。"③ 对问题严重的学生，《中华人民共和国预防未成年人犯罪法》第三十五条也提出了相互配合进行教育的规定："对有本法规定严重不良行为的未成年人，其父母或者其他监护人和学校应当相互配合，采取措施严加管教，也可以送工读学校进行矫治和接受教育。"④

第四，"融合"是发挥教育合力的作用方式。思想政治教育虽然着重于解决思想认识问题和提高思想政治素质，但并不是思想政治教育的最终目的。思想政治教育的最终目的是要引导青少年运用科学理论、正确思想指导自己的实践，把科学理论、正确思想融合到喜闻乐见的各种活动中去，渗透到业务工作的实践中去，融入全面建设小康社会、创造未来的生活中去，为社会创造物质与精神财富。为此，《意见》要求："要把思想政治教育融入

---

① 中共中央文献研究室：《十六大以来重要文献选编》（中），人民出版社 2006 年版，第 183 页。
② 中共中央文献研究室：《十六大以来重要文献选编》（中），人民出版社 2006 年版，第 190 页。
③ 中共中央文献研究室：《十六大以来重要文献选编》（中），人民出版社 2006 年版，第 190 页。
④ 全国人民代表大会常务委员会法制工作委员会：《中华人民共和国法律汇编（2012）》，人民出版社 2013 年版，第 376 页。

到大学生专业学习的各个环节，渗透到教学、科研和社会服务各个方面。"①
"要建设好融思想性、知识性、趣味性、服务性于一体的主题教育网站或网页，积极开展生动活泼的网络思想政治教育活动，形成网上网下思想政治教育的合力。"②

---

① 中共中央文献研究室：《十六大以来重要文献选编》（中），人民出版社 2006 年版，第 182 页。
② 中共中央文献研究室：《十六大以来重要文献选编》（中），人民出版社 2006 年版，第 184 页。

思想政治教育学原理的体系建构
与深化研究[*]

　　所谓原理，就是基本的、具有普遍意义的道理。思想政治教育学原理，是思想政治教育基本的、具有普遍意义的理论。思想政治教育学原理与思想政治教育理论体系是两个概念。思想政治教育学原理是思想政治教育理论体系的主体，在思想政治教育学科理论体系中占据核心地位。思想政治教育理论体系是思想政治教育学原理的展开研究，包括思想政治教育历史发展理论、思想政治教育前沿发展理论、比较思想政治教育理论等。因而，研究思想政治教育理论，主要是研究思想政治教育学原理。

　　自思想政治教育学科设立以来，学界持续、深入开展了思想政治教育学原理研究。思想政治教育专业创立之初，思想政治教育学原理研究的基点主要是阐述经典作家关于思想政治教育的论述，总结思想政治教育的历史经验，根据我国改革开放和社会主义现代化建设的新发展、新要求，研究思想政治教育的新思路与新方法。随着思想政治教育学科队伍的成长与壮大，经过一段时间的学科建设，思想政治教育学原理开始比较系统地研究思想政治教育的研究对象、基本矛盾、范畴体系、要素结构、运行过程等问题，按照思想政治教育的特点、本质、规律、原则、要素关系等内容，建构原理体系。经过专家们的深入研究、反复讨论、大胆争鸣，思想政治教育的一些难点问题得到解决，形成了思想政治教育专业的统编教材。随着思想政治教育学科硕士学位点、博士学位点的设立与增多，思想政治教育专业的教师与学生对思想政治教育的理论要求提高了，思想政治教育学原理研究的基点再次发生转变，开始综合研究原理体系，深入研究思想政治教育的本质、规律、根源等关键问题，旨在增强思想政治教育学原理的理论性与思想政治教育学科的特色，形成了一批有影响力和说服力的成果。

---

　　* 原载于《思想教育研究》2016 年第 5 期，作者郑永廷、郭海龙，收录时有修改。

一、思想政治教育学原理体系研究

思想政治教育学原理是思想政治教育学科的主要标志，必须在理论上回答四个最基本的问题。

第一，思想政治教育本体论（或本质论）问题。主要回答思想政治教育及其学科是什么的问题。包括思想政治教育、思想政治教育学的概念内涵、外延，思想政治教育学的研究对象、基本范畴、基本要素等，思想政治教育的基本矛盾、主要环节、运行过程，思想政治教育的地位、功能、价值，思想政治教育的特点、本质，思想政治教育的基本规律、具体规律。

第二，思想政治教育本源论（或根源论）问题。主要回答思想政治教育的必然性与普遍性问题。包括思想政治教育是统治阶级进行主流意识形态主导，或"思想统治"的必然要求；思想政治教育是根据社会与人的实践性本质的逻辑展开，即实践是认识的根源，与思想指导实践不可分割；思想政治教育是实现"人是一切社会关系总和"的社会本质的必要方式，即思想政治教育要协调物质关系与思想关系的辩证统一；思想政治教育是满足"人的需要本性"的必备方式，即人的物质需要、社会需要与精神需要都要有相应的满足方式。

第三，思想政治教育结构论（或关系论）问题。主要回答思想政治教育怎么样的问题，即思想政治教育要素的相互关系及运行机制。包括思想政治教育的要素与结构，即教育者、受教育者、教育目标、教育内容、教育方式、教育环境之间的相互关系；教育者与受教育者的类型、特点、作用与关系；教育目标的类型、层次与作用；教育内容的类型（即理论内容、实际内容、知识借鉴等）、内容体系、内容选择与整合；教育原则体系与方法论；教育环境的特点与教育环境的优化；教育载体及其综合运用；教育管理与评估。

第四，思想政治教育发展论（或前沿论）问题。主要回答思想政治教育发展的原因与前景。包括时代发展、社会发展、人的发展既提出了思想政治教育的发展要求，又提供了思想政治教育发展的基础；思想政治教育发展的重点是围绕、服从和服务于党的中心工作，动员、引导广大群众推进改革开放和中国特色社会主义现代化建设，促进人的全面发展，研究并提供解决人们所面临现实问题的正确理论和方法；思想政治教育发展的目标是要在理论上把思想政治教育学科建设成为具有中国特色、中国风格、中国气派的学科。

思想政治教育本体论（或本质论）不是思想政治教育现象与问题的罗列，而是对思想政治教育实践的理论抽象，是区别于其他学科的根本标志，因而是思想政治教育学原理的主体。思想政治教育本源论（或根源论）要从社会与人的两个层面，从人类社会发展的历史演进中，阐述思想教育、政治教育、道德教育存在与发展的普遍性与必然性，消除只有社会主义国家才有思想政治教育的误解，确立思想政治教育是人与社会存在与发展方式的信念，因而是思想政治教育学原理的精髓。思想政治教育结构论（或关系论）是思想政治教育本体论（或本质论）的展开，提供思想政治教育应用性理论，体现思想政治教育综合性与应用性特点，是思想政治教育学原理的重要内容。思想政治教育发展论域前沿论既是社会与人的发展要求，也是思想政治教育为社会与人的发展服务的基本职能，因而是思想政治教育学原理不可缺少的组成部分。

二、思想政治教育学原理深化研究的任务

综观思想政治教育学原理的教材、专著与论文，虽然各有侧重与特色，但前期多数成果比较注重思想政治教育结构论（或关系论）研究，后期一些成果开始重视思想政治教育本体论（或本质论）、思想政治教育发展论（或前沿论）研究。思想政治教育本源论（或根源论）虽有一些研究成果，但多以独立专著、论文出现，只有个别思想政治教育学原理专著有思想政治教育本源论研究内容。这种状况使一些思想政治教育学原理教材、专著存在以下问题：缺乏理论的系统性与深度，前面所阐述的思想政治教育基础理论研究成果存在多样化表述问题，不能从理论上回答为什么思想政治教育具有必然性与普遍性问题，难以为人们提供解决当前所面临现实问题的理论。这就需要进一步拓展、深化思想政治教育学原理研究。

（一）深化、系统化思想政治教育本体论（或本质论）、思想政治教育结构论（或关系论）研究

对于思想政治教育的概念、内涵、外延，思想政治教育的本质、规律，思想政治教育的研究对象、基本范畴，只有深化研究，将理论彻底解释清楚，才能达成共识。如果对研究的概念理解不一致，或在研究过程中增加了一些不必要的设定，如果研究只是各抒己见，缺乏讨论、争鸣，都会导致在

基本理论研究上的差异甚至对峙。这种概念理解"不必要设定""各抒己见"以及成果的差异和多样化，在前一部分已经得到了梳理。

所谓理论研究的"系统化"，就是追求同理论内涵的内在联系和相关理论之间的逻辑关系。要使思想政治教育学原理具有系统性，一是要建构思想政治教育学原理的逻辑体系，而不是零散、平行地摆放研究内容。思想政治教育学原理虽然可以各有侧重、显示特色，但不管其研究成果多么与众不同，必须坚持马克思主义的指导，必须运用辩证唯物主义、历史唯物主义方法，必须遵循思想政治教育的内涵、外延与规范，必须是一个严密的逻辑体系。缺乏逻辑体系的思想政治教育学原理，难以称为原理。二是要在内容研究上形成体系，诸如思想政治教育的范畴体系、思想政治教育的原则体系、思想政治教育的规律体系（即基本规律与具体规律的关系、具体规律之间的关系）、思想政治教育的目标体系、思想政治教育的内容体系、思想政治教育的方法体系，等等。只有将每个研究内容形成系统，才能赋予研究成果理论性，才能体现思想政治教育学原理的本色。如果将研究内容平行罗列，认为多一点少一点无所谓，也会使思想政治教育学原理缺乏理论性与说服力。

（二）深化思想政治教育本源论（或根源论）研究

思想政治教育本源论（或根源论）研究已经涌现一批研究成果，这些成果从各个层面、视角研究了思想政治教育的根源。有学者通过文献调查，汇集了中外古代社会、资本主义社会的先哲、学者对此的研究。他们以各种人性（预设人性）为善、恶、有善有恶、无善无恶、自然人性、理性等预设为前提（虽然这种预设是主观的、不科学的），都阐述了思想教育、政治教育、道德教育的必要性与必然性。即使是预设人性为恶的各种宗教，也把向善、求善的道德教育作为必要方式。有学者从哲学高度论述了思想政治教育的"元理论"，力图从本源上找到思想政治教育存在与发展的根据。还有学者分别从认识、价值、政治等层面探究了思想政治教育的根源。

要科学揭示思想政治教育的本源，必须以马克思主义理论为指导，从社会和人两个层面的本质与人类社会活动的普遍性入手，才能深入进行思想政治教育的本源研究。马克思和恩格斯根据历史唯物主义原理，提出了自阶级社会以来就有阶级统治的著名论断："统治阶级的思想在每一时代都是占统治地位的思想。这就是说，一个阶级是社会上占统治地位的物质力量，同时也是社会上占统治地位的精神力量。"① 马克思和恩格斯不仅阐述了一个阶级"占统治地位的物质力量"与"占统治地位的精神力量"的辩证关系，肯定了占统治地位思想的相对独立性，而且强调"构成统治阶级的各个人也都具有意识，因而他们也会思维……他们还作为思维着的人，作为思想的生产者进行统治，他们调节着自己时代的思想的生产和分配"②。所谓"思想的生产"，就是人们为了认知世界和满足精神生活的需要，所进行的探索、创作和精神生产的活动；所谓"思想分配"，是指按一定规定把思想分配给社会、社会集团以及社会成员的过程和形式。传媒宣传、思想政治教育、各种文化活动等，是人类社会各个历史阶段都要采用的"思想分配"方式。因而思想政治教育的根源是由一定阶级"占统治地位的思想"或占主导地位的意识形态，实施"思想统治"或主导社会发展所决定的。

马克思和恩格斯摒弃了主观的人性论假设，在《关于费尔巴哈的提纲》《德意志意识形态》等论著中，科学揭示了人的实践本质、社会本质和人的需要本性。实践本质从认识论意义上讲，就是实践是认识的来源、实践是认识的动力、实践是检验真理的唯一标准、实践是认识的目的，因而实践是思想政治教育的根源。实践本质从人的主观能动性上讲，人必须坚持思想领先，即思想是行动的先导和动力。任何实践都是先有思想后有行动；有正确的思想才有正确的行动，有积极的思想才有积极的行动，有统一的思想才有统一的行动。有思想无行动只能称之为认识，不是实践；有行动没思想只能称之为本能，也不是实践；只有思想与行动统一才是实践。"思想等等是主观的东西，做或行动是主观见之于客观的东西，都是人类特殊的能动性。"③因而，思想政治教育在提高人的思想认识、增强主观能动性、指导人的正确行动中必不可少。

马克思对人的社会本质进行了论述："人的本质不是单个人所固有的抽象物，在其现实性上，它是一切社会关系的总和。"④ 社会关系"分成物质的社会关系和思想的社会关系。思想的社会关系不过是物质的社会关系的上层建筑，而物质的社会关系是不以人的意志和意识为转移而形成的，是人维持生存的活动的（结果）形式"⑤。人的社会本质既决定人对物质关系的需

---

① 《马克思恩格斯选集》第 1 卷，人民出版社 1995 年版，第 98 页。
② 《马克思恩格斯选集》第 1 卷，人民出版社 1995 年版，第 99 页。
③ 《毛泽东选集》第 2 卷，人民出版社 1991 年版，第 477 页。
④ 《马克思恩格斯选集》第 1 卷，人民出版社 1995 年版，第 60 页。
⑤ 《列宁全集》第 1 卷，人民出版社 1984 年版，第 120-121 页。

要，又决定人对思想关系的需要。思想政治教育正是为满足人们形成与发展合理物质关系与正确思想关系所必备的方式。因为"在社会历史领域内进行活动的，是具有意识的、经过思虑或凭激情行动的、追求某种目的的人；任何事情的发生都不是没有自觉的意图，没有预期的目的的"①。所以思想政治教育为实现人的社会本质所必需。

马克思、恩格斯指出："由于他们的需要即他们的本性，以及他们求得满足的方式，把他们联系起来（两性关系、交换、分工），所以他们必然要发生相互关系。"② 需要的发展"是人的本质力量的新的证明和人的本质的新的充实"③。这就是说，人的需要就是人的本质。马克思进而强调，人的全面发展是"人以一种全面的方式，也就是说，作为一个完整的人，占有自己的全面的本质"④。全面的需要包括物质的、社会的、精神的需要。社会生产、社会活动、思想政治教育等是满足人的全面需要的基本方式。

总之，马克思主义关于人与社会的实践本质、社会本质、需要本质的理论，科学解决了人的认识、人的思想关系、人的精神需要产生的根源，从而可以对思想政治教育的根源进行科学论证。

三、加强思想政治教育重大现实问题的理论研究

思想政治教育重大现实问题的理论研究是思想政治教育学原理研究的延伸。以发展的中国特色社会主义理论为指导，服务于党的中心任务，解决人们现实的思想问题和实际问题，是思想政治教育的职责与任务。因而，思想政治教育学原理不仅要提供顺利开展思想政治教育的一般理论，而且要提供解决现实问题的前沿理论。

党的十八大以来，以习近平同志为核心的党中央提出了一系列思想政治教育的指导思想，确立并部署了一系列战略决策，需要我们认真学习，深入研究，形成思想政治教育的理论与方法。

（一）深化理想信念教育的理论与方法研究

2012 年，习近平总书记提出了实现中华民族伟大复兴的中国梦。"中国

---

① 《马克思恩格斯选集》第 4 卷，人民出版社 1995 年版，第 247 页。
② 《马克思恩格斯全集》第 3 卷，人民出版社 1956 年版，第 514 页。
③ 《马克思恩格斯全集》第 42 卷，人民出版社 1979 年版，第 132 页。
④ 《马克思恩格斯全集》第 42 卷，人民出版社 1979 年版，第 123 页。

梦凝结着无数仁人志士的不懈努力，承载着全体中华儿女的共同向往，昭示着国家富强、民族振兴、人民幸福的美好前景。"① 同时，习近平总书记根据我国社会的性质与发展需要，特别强调理想信念教育的重要性："坚定理想信念，坚守共产党人精神追求，始终是共产党人安身立命的根本。对马克思主义的信仰，对社会主义和共产主义的信念，是共产党人的政治灵魂，是共产党人经受住任何考验的精神支柱。"② 习近平总书记关于实现中国梦和加强理想信念教育的重要论述，思想内容丰富，不仅为坚持和发展中国特色社会主义事业指明了前进方向，注入了强大动力，还丰富了理想信念教育的内涵，激发了全国各族人民为实现中国特色社会主义共同理想和共产主义理想的信心与决心。

（二）加强意识形态工作和思想政治教育重要性研究

2013 年，习近平总书记在全国宣传思想工作会议上的讲话强调："经济建设是党的中心工作，意识形态工作是党的一项极端重要的工作。"③ 习近平总书记对意识形态工作的明确定位，既是对历史经验的科学总结，又是我国社会发展需要的展现，对加强和做好意识形态工作具有重要指导意义。社会主义意识形态是以历史唯物主义为世界观基础，反映无产阶级和广大人民的根本利益的、自觉的、系统的思想体系，是维护和巩固社会主义制度的思想基础，是共产党领导人民取得革命和建设胜利的精神支柱。思想政治教育，实际上是社会主义意识形态教育。思想政治教育工作者要站在事关党的前途命运、事关国家长治久安、事关民族凝聚力和向心力的高度，进一步研究如何更加重视并切实做好思想政治教育；研究如何正确认识和对待我国意识形态领域的复杂性，自觉抵制、批判错误思潮的影响；研究如何坚持马克思主义在意识形态领域的指导地位，增强中国特色社会主义的道路自信、制度自信、理论自信。

（三）开展立德树人和社会主义核心价值观教育的理论研究

党的十八大报告提出了培育和践行社会主义核心价值观和立德树人的根本任务。党的十八大报告在阐述加强社会主义核心价值体系建设时提出：

---

① 《习近平谈治国理政》第 1 卷，外文出版社 2014 年版，第 49 页。
② 《习近平谈治国理政》第 1 卷，外文出版社 2014 年版，第 153 页。
③ 《习近平谈治国理政》第 1 卷，外文出版社 2014 年版，第 153 页。

"倡导富强、民主、文明、和谐，倡导自由、平等、公正、法治，倡导爱国、敬业、诚信、友善，积极培育和践行社会主义核心价值观。"[1] 社会主义核心价值观既是价值目标，又是价值标准，在国家、社会、个体三个层面上各有侧重、相互贯通、相互渗透，在培育和践行过程中有利于把个人与国家、社会联系起来，有利于推进立德树人活动。为此，2013 年中共中央办公厅印发的《关于培育和践行社会主义核心价值观的意见》，阐述了培育和践行社会主义核心价值观的重要意义和指导思想，要求把培育和践行社会主义核心价值观融入国民教育全过程，强调"培育和践行社会主义核心价值观要从小抓起、从学校抓起。坚持育人为本、德育为先，围绕立德树人的根本任务，把社会主义核心价值观纳入国民教育总体规划，贯穿于基础教育、高等教育、职业技术教育、成人教育各领域"[2]。开展社会主义核心价值体系建设、培育和践行社会主义核心价值观，是集聚社会正能量、增强民族凝聚力的需要，是推动我国改革开放和社会科学发展的需要，是促进人的健康、全面发展的需要，是抵制错误价值观、引领多样价值观的需要，是思想政治教育在新形势下的重要任务。思想政治教育者要研究立德树人、培育和践行社会主义核心价值观的重大、深远意义，研究立德树人、培育和践行社会主义核心价值观的新理念、新方法，研究如何把立德树人、培育社会主义核心价值观渗透到人们的学习、工作与生活中去。

（四）重视"四个全面"战略布局与思想政治教育创新发展研究

习近平总书记根据我国经济社会发展的新特点，总结党的十八以来的发展进程，提出并部署的全面建成小康社会、全面深化改革、全面依法治国和全面从严治党的"四个全面"战略布局，是马克思主义与当代中国实践相结合的新飞跃，是我们党治国理政方略与时俱进的新创造，是我国持续、快速发展进程中更加注重发展和治理系统性、整体性、协同性的必然选择。

服从服务于党和国家的工作大局既是思想政治教育的传统，也是思想政治教育的职责。各个领域、各个单位的思想政治教育要紧紧围绕"四个全面"战略布局，找准教育的接合点和着力点，动员、引导、团结广大群众

① 中共中央文献研究室：《习近平关于全面建成小康社会论述摘编》，人民出版社 2016 年版，第 104 页。

② 中共中央文献研究室：《十八大以来重要文献选编》（上），人民出版社 2014 年版，第 580 页。

为推进"四个全面"战略布局的进程做出贡献。同时，要根据"四个全面"战略布局的新特点、新要求，创新和发展思想政治教育，赋予思想政治教育时代特征。思想政治教育工作者首先要引导人们明确新要求，提高"四个全面"战略布局的思想认识，即深刻认识"四个全面"战略布局提出的时代背景，深刻认识"四个全面"战略布局的逻辑性与发展性，深刻认识"四个全面"战略布局的内涵与实质。其次，要帮助人们坚定新目标，激发推进"四个全面"战略布局的精神动力，即人们所需要的精神力量蕴含在"四个全面"战略布局之中；"四个全面"战略布局的推进尤其需要精神创造力和精神凝聚力。最后，要研究新课题，即研究在"四个全面"战略布局推进过程中的理想信念教育的新发展、改革开放观念的新发展、法制教育的新发展，以及党风廉政建设的新发展，等等。

思想政治教育学原理研究的拓展与深化[*]

所谓原理，是指某一领域或学科中最基本的、具有普遍意义的道理。思想政治教育学原理，就是思想政治教育学中具有稳定性、根本性、普遍性特点的理论。研究思想政治教育的基本要素、基本结构和运行机制的理论，就是思想政治教育学原理。但思想政治教育学原理和思想政治教育理论都源于思想政治教育实践，并经过实践检验是科学的、正确的，因而思想政治教育学原理和思想政治教育理论，也可以在同一意义上使用。思想政治教育学科设立 30 多年来，思想政治教育学原理研究取得了丰富的研究成果，形成了比较系统的理论体系，但也存在一些问题需要深化研究。同时，随着中国特色社会主义现代化建设和中国特色社会主义理论体系的发展，思想政治教育学原理既面临着对象、领域的拓展研究，更面对着"四个全面"战略布局推进的前沿理论与实践研究。

一、思想政治教育学原理研究的成果与任务

丰硕的思想政治教育学原理研究成果是思想政治教育学科形成与稳定发展的标志。目前，思想政治教育学原理研究还存在一些问题，深化研究的任务仍然艰巨。

（一）思想政治教育学原理研究的进程与成果

思想政治教育专业自 1984 年设立，就开启了思想政治教育学原理的研究。研究的内容主要是三部分基本理论：一是关于人的思想产生、形成和变化的理论，二是关于人们思想与行为活动变化的理论，三是关于思想政治教育与管理的理论。这些基本理论由思想政治教育的研究对象、概念范畴、理论基础、地位功能、产生根源、本质、规律、价值、结构、原则、方法论等构成。最早的研究成果是陆庆壬主编的《思想政治教育学原理》（复旦大学出版社 1986 年版）。从 1986 年到 1999 年，几乎每年都有新版或再版的思想

---

  * 原载于《思想理论教育》2016 年第 5 期，收录时有修改。

政治教育学原理教材和专著出版发行。

为了提高思想政治教育理论研究的质量和人才培养的水平，1994 年，教育部（原国家教育委员会）思想政治工作司在已有思想政治教育教材的基础上，组织了第二次教材编写，共编写教材 12 部，其中邱伟光、张耀灿主编的《思想政治教育学原理》于 1999 年由高等教育出版社出版。该教材吸收了其他教材与专著的新成果，经过专家们的研究深化，增加了思想政治教育规律、环境、队伍建设的研究成果，进一步论述了思想政治教育学的研究对象、过程、地位与作用、目标与内容。

思想政治教育专业本科生、第二学士学位学生走向社会后发挥了重要的作用，受到普遍欢迎。为了满足社会对思想政治教育专业高层次人才的需要，1990 年，10 所院校设立了思想政治教育专业硕士学位点；1996 年，中国人民大学、武汉大学、清华大学 3 所高校设立了首批马克思主义理论与思想政治教育专业博士学位点。硕士学位点与博士学位点的设立，既向思想政治教育学原理研究提出了更高的要求，又为深化思想政治教育学原理研究提供了有利条件。高校思想政治教育专家在这期间推出了一批以理论研究为重点的思想政治教育专著，其中影响比较大的是人民出版社 2001 年出版的《现代思想政治教育学》。该专著比较系统地建构了思想政治教育理论体系，使原理研究得到深化，把该专著作为教材的高校很多。2005 年，经教育部学位管理与研究生教育司组织专家评审，该专著被列为向全国推荐的研究生教学用书。2006 年，该专著又进行了修订再版，各章除补充了新的内容外，还增加了思想政治教育目的论、主导论、载体论等内容，使其结构更加完善。全国有 400 多所高校的思想政治教育专业将该专著作为教材或参考教材，有思想政治教育专业硕士学位点、博士学位点的高校几乎都将该专著指定为必读书目或研究生考试的参考书目。2006 年，教育部批准确定该专著为普通高等教育"十一五"国家级规划教材，同年获得教育部第四届中国高校人文社会科学研究优秀成果奖二等奖。

2005 年，马克思主义理论一级学科及所属二级学科的设立，使思想政治教育学科重新获得了独立的二级学科地位。在马克思主义理论一级学科范围内建设思想政治教育学科，更加有利于思想政治教育学原理研究的深化。一方面，一些学者把思想政治教育学原理所涉及的内容，按专题进行深入研究，努力在原理的某一层面进行突破，涌现了一批研究成果；另一方面，教育部把思想政治教育学原理教材编撰纳入马克思主义理论研究和建设工程重点教材项目，招标遴选全国高校思想政治教育的知名专家开展研究和编写。

这些专家对思想政治教育学原理的研究成果进行了全面、系统的调查与分析，既肯定、吸收了有价值的研究成果，又丰富、充实了新的研究内容，力求推出更为完善的思想政治教育学原理教材。

总之，思想政治教育学原理的研究起步早、推进快、成果多、影响大，不仅推进了思想政治教育的科学化，而且成为思想政治教育学科形成、稳定的标志。

（二）思想政治教育学原理研究的主要问题与任务

在充分肯定思想政治教育学原理研究取得成果的同时，也要正视存在的问题。存在的主要问题是在思想政治教育概念、本质、规律的研究上，成果虽然多，但表述、概括、揭示不一致。

1. 关于思想政治教育概念界定的问题

思想政治教育的概念界定是思想政治教育学原理研究的前提，是思想政治教育学科的立论之基。据初步统计，至少有近30部思想政治教育学原理教材和专著，对思想政治教育概念进行了明确界定。有学者将这些界定概括为五种类型：一是"活动说"，表明思想政治教育是一种活动的规定性；二是"行为说"，阐释思想政治教育是一种行为形态；三是"科学说"，把思想政治教育界定为从学科层面研究思想政治教育的属性；四是"功能说"，从思想政治教育的作用、效果对其进行概念界定；五是"系统内容说"，认为思想政治教育包含自身独特的内容。也有学者对各种思想政治教育概念界定的内涵进行了归纳，大体有"施加论"与"转化论"、"培养论"与"内化论"、"需要论"三种类型。比较有影响的界定是，"思想政治教育是指一定的阶级、政党、社会群体用一定的思想观念、政治观点、道德规范，对其成员施加有目的、有计划、有组织的影响，使他们形成符合一定社会、一定阶级所需要的思想品德的社会实践活动"①。这一界定主要受教育学、伦理学和苏联教科书的影响，如苏联教育家加里宁的界定是："思想政治教育是对于受教育者心理上所施加的一种确定的、有目的的和有系统的感化作用，以便在受教育者的心身上，养成教育者所希望的品质。"② 可以看出，这种界定对受教育者的教育需要和在教育过程中的主体性有所忽视。

---

① 张耀灿、郑永廷等：《现代思想政治教育学》，人民出版社2001年版，第6页。

② ［苏联］米·伊·加里宁：《论共产主义教育和教学》，陈昌浩、沈颖译，人民教育出版社1957年版，第48页。

《中国大百科全书》提出，"思想政治教育是培养、塑造一定社会新人思想道德素质的教育实践活动"。这一界定蕴含着培养、转化的含义。20世纪90年代以后，"内化论"界定影响较大，认为思想政治教育是"教育者按照一定的社会要求，通过特定的教育活动，把特定社会的思想和道德规范内化为受教育者的思想意识和道德品质的过程"①。"内化论"比"培养论""转化论"更强调受教育者的内在认可，肯定了受教育者的主体性。

2005年，国务院学位委员会、教育部下发的《关于调整增设马克思主义理论一级学科及所属二级学科的通知》，对思想政治教育学科进行了界定："思想政治教育是运用马克思主义理论与方法，专门研究人们思想品德形成、发展和思想政治教育规律，培养人们正确世界观、人生观、价值观的学科。"这一界定，可以作为思想政治教育概念界定的参考，因为思想政治教育学科与思想政治教育活动既有联系也有区别。有的学者参照以上界定，把思想政治教育归于社会和人的内在需要，认为"思想政治教育是教育者与受教育者根据社会和自身发展的需要，以正确的思想、政治、道德理论为指导，在适应与促进社会发展的过程中，不断提高思想、政治、道德素质和促进全面发展的过程"②。这一界定，一是强调思想政治教育是社会发展与人的发展的需要，是以人为本的活动；二是强调要以正确的理论为指导，具有对多元文化、复杂社会环境影响的针对性；三是强调把教育者与受教育者适应与促进社会发展和不断提高思想政治素质、促进全面发展作为目的。

应当说明，思想政治教育作为一门新兴学科，在概念界定过程中，需要参照、借鉴相关学科的知识，也需要对基本概念从不同层面、视角进行界定，并在各种界定的比较中不断深化，使其更接近事物的本质，经历这样的深化过程是必要的。但思想政治教育概念的不同界定，在不同的思想政治教育专业教材中仍然各有表述，这对思想政治教育学科建设与人才培养是不利的。对学科最基本的概念界定应当大致认同，如果在最基本的概念界定上各持己见、难以统一，只能说明思想政治教育学科立论基础不坚实。要解决这一问题，必须对各种思想政治教育概念进行分析、比较，进一步深化思想政治教育概念研究，才能形成更接近思想政治教育本质的概念共识。

2. 关于思想政治教育本质问题

本质是一切事物之实际存在和变化的深层根据。本质不是该事物与他事

---

① 孙喜亭：《教育原理》，北京师范大学出版社1993年版，第290页。

② 教育部思想政治工作司：《大学生思想政治教育理论与实践》，高等教育出版社2009年版，第2页。

物的区别点，而是该事物区别于他事物的原因。思想政治教育的本质就是指思想政治教育现象存在的根据，决定思想政治教育的存在和发展。思想政治教育的本质理论是思想政治教育学科的立论之本。学术界对此进行了持续的研究，形成了许多有价值的成果，有10多部思想政治教育教材与专著、几十篇学术论文对思想政治教育本质进行了系统和专题研究。纵观思想政治教育本质研究的成果，大致经历了从思想政治教育性质研究入手，逐步向思想政治教育本质研究深化的过程。

思想政治教育本质研究的观点大致有两类：一重本质论和二重本质论。一重本质论认为，思想政治教育的本质具有政治性或阶级利益性或意识形态性；二重本质论认为，思想政治教育的本质是社会政治属性与经济管理属性的统一、政治属性与非政治属性的统一、政治性与科学性的统一。还有几位学者对思想政治教育的本质进行了独到的研究：一是提出"思想政治教育的本质在于思想掌握群众"。这一本质论以马克思在《〈黑格尔法哲学批判〉导言》中的论述为根据，阐述思想掌握群众，体现了思想政治教育的本质属性，展现了思想政治教育的深刻内涵，反映了思想政治教育同其他实践活动的本质区别。二是强调"思想政治教育的本质是灌输"。这一本质论认为，思想政治教育学科所使用的"灌输"概念，强调理论体系教育、学习、运用的自觉性，而非自发性，是揭示"思想政治教育本质"的一种表述，而不是在方法层面上的运用。思想政治教育的灌输本质体现的教育者的责任和使命，就是进行科学世界观和社会主义意识形态的"传递和输送""注入和渗透"，标示的目标是科学世界观和社会主义意识形态的内容在受教育者头脑中从无到有、从低到高，形成思想政治素质并付诸实践。三是有学者从思想政治教育的性质入手，提出思想政治教育的实践性、阶级性的本质。

上述关于思想政治教育本质研究的进展与成果说明，虽然关于思想政治教育本质的研究在不断深化并取得了丰硕成果，但对思想政治教育本质的认识各有侧重，尚不一致。本质是事物的根本性质，是构成事物的各要素之间相对稳定的内在联系，是事物外部表现形态的根据。如果对思想政治教育的本质存在多样表达，说明对思想政治教育的基本矛盾、根本特性的认识与把握还有待深入，还需要对各种思想政治教育本质研究的成果进行比较、分析、深化研究，才能准确揭示思想政治教育的本质。

3. 关于思想政治教育基本规律问题

学术界对思想政治教育基本规律的研究逐步深入，取得了丰硕的成果。但这些规律研究的成果各不相同。学科创办之初，思想政治教育规律研究主要围绕思想品德形成规律和思想政治教育规律、面向个体的思想政治教育规律和面向社会的思想政治教育规律展开。有学者认为，思想品德形成规律是基本规律，因为思想政治教育要遵循这一规律；也有学者认为，思想政治教育规律已经包含了思想品德形成规律。后来，有学者把二者结合起来，概括为遵循思想品德形成规律的思想政治教育规律。

随着对思想政治教育的矛盾、过程研究的深化，思想政治教育过程的基本规律、具体规律研究活跃起来，思想政治教育过程规律与思想政治教育规律关系的争论也随之展开。有学者提出，思想政治教育规律肯定是在思想政治教育过程中体现出来的，无过程即无规律，因而没有必要把思想政治教育基本规律规定为过程规律。如果强调过程规律，就会从思想政治教育不同环节的过程概括出多个规律。有学者概括了五个基本规律，有学者概括了三个基本规律。应当肯定，思想政治教育基本规律绝不会很多，否则就不是基本规律了。同时，基本规律多而且又不一致，遵循规律的思想政治教育行为就会不一致，无疑会因认识的多样性而导致行动的矛盾甚至冲突。因此，加大对思想政治教育规律的研究力度是非常必要的，只有对思想政治教育规律的研究深化了，才能推进思想政治教育学科的理论建设，才能增强思想政治教育的效果。

二、思想政治教育学原理的拓展研究

思想政治教育学原理要随着我国社会实践和中国特色社会主义理论体系的发展而不断丰富和完善。因此，思想政治教育学原理除了继续加强面向世界、面向社会、面向未来、面向网络、面向心理领域的拓展研究之外，更要注重面向对象、面向新的领域的拓展研究。

（一）面向教育对象的拓展研究

教育者与教育对象是思想政治教育的基本要素，是思想政治教育学原理研究的重要内容。思想政治教育的对象具有全员性。所谓全员性，是指我国社会所有人员，包括工人、农民、军人、知识分子、干部、学生等，都要参与和接受思想政治教育，他们既是教育者，又是受教育者。其他社会形态中，包括奴隶社会和封建社会，以及资本主义社会，在事实上都要覆盖全体社会成员进行思想教育、政治教育、道德教育。只不过各个社会覆盖的教育对象有重点与一般的区别。我国社会党政干部、青少年学生是思想政治教育的重点，各级党组织、共青团组织和工会组织担负着思想政治教育的重要职责，各个领域、各行各业因教育对象不同，形成了不同类型的思想政治教育。

中国人民解放军的政治工作依托军队政治工作，是党在军队中的思想工作和组织工作，是实现党对军队的绝对领导和军队履行职能的根本保证。经过长期的政治工作实践，形成了富有我军政治工作特色的系统理论与优良传统，在军队建设中发挥了生命线作用。由中宣部主管，成立于1983年的中国思想政治工作研究会，原名中国职工思想政治工作研究会，由主要研究企业的思想政治工作，拓展到研究农村、社区、学校、机关等方面的思想政治工作，研究全党全社会的思想政治工作。广大思想政治工作者自觉担当灵魂工程师的神圣职责，高举中国特色社会主义伟大旗帜，以爱党爱国、服务人民的高尚情怀，为推动思想政治工作，尤其是企业思想政治工作的理论、实践创新，做出了应有贡献。

我国思想政治教育专业和学科，主要布设在高校和党校，而这两类院校培训、培养的主要是党政干部和青年学生，因而思想政治教育学原理研究往往以大学生、党政干部为主要教育对象，尤其研究大学生思想政治教育的理论成果较多。对军队政治工作、职工思想政治工作的理论成果、实践成果吸收不够，对农民、知识分子的思想政治教育研究少，成果不多，因而容易造成思想政治教育学原理覆盖面的局限性。思想政治教育学原理不是只针对某一类型人员，而是面向所有社会成员。

思想政治教育是以人为对象的实践性活动，没有教育对象就没有思想政治教育。而教育对象不仅年龄、职业、关系、经历、受教育程度等客观条件不同，而且身心特点、思想状况、价值追求、文明程度也存在差异，只有认识和掌握各种类型教育对象的身心特点、思想问题与实际问题、目标取向，熟悉教育对象实践活动的情况，才能使思想政治教育具有针对性、富有实效性。因而，思想政治教育学原理在研究教育对象时，要加强对我国当代社会几大类型人员，包括工人、农民、军人、知识分子、干部、学生的需要、身心、交往、活动特点的研究，为建构不同类型的思想政治教育形态奠定基础，为增强各类人员思想政治教育的针对性与实效性提供指导。同时，随着我国对内对外开放进程的扩大，随着城镇化的加快推进，流动人口与移民人口大幅增加，这些人员的组织、归属变动不居，如何运用网络媒体，研究具有"流动性"的思想政治教育的理论与方法，如何以人们必须遵循的道德与法纪规范为内容，建构自我教育的理论与方法体系，则是思想政治教育学原理拓展研究的空间。

（二）面向生态领域的拓展研究

随着生态领域问题的严重性、复杂性的呈现，生态文明建设日益受到人们的关注，引起党和政府的高度重视。党的十七大报告第一次提出建设生态文明，党的十八大报告强调建设生态文明是关系人民福祉、关乎民族未来的长远大计。《中共中央 国务院关于加快推进生态文明建设的意见》指出："加快推进生态文明建设是加快转变经济发展方式、提高发展质量和效益的内在要求，是坚持以人为本、促进社会和谐的必然选择，是全面建成小康社会、实现中华民族伟大复兴中国梦的时代抉择，是积极应对气候变化、维护全球生态安全的重大举措。"① 党的十八届五中全会把"绿色"发展理念作为全党全国人民必须牢固树立并切实贯彻的发展理念。

所谓生态文明，是指人与自然、人与人、人与社会和谐共生、良性循环、全面发展、持续繁荣为基本宗旨的文化伦理形态。生态文明强调人的自觉与自律，强调人与自然环境的相互依存、相互促进、共处共融。思想政治教育学原理研究生态文明，主要研究生态文明观念的内涵，生态文化、生态道德的形成与发展，生态文明教育的目标、内容与方法，把生态文明教育纳入思想政治教育的内容与方法体系。《中共中央 国务院关于加快推进生态文明建设的意见》已经明确向思想政治教育提出要求："提高全民生态文明意识。积极培育生态文化、生态道德，使生态文明成为社会主流价值观，成为社会主义核心价值观的重要内容。从娃娃和青少年抓起，从家庭、学校教育抓起，引导全社会树立生态文明意识。把生态文明教育作为素质教育的重要内容，纳入国民教育体系和干部教育培训体系。"② 确立生态文明意识是开展生态文明教育的前提。生态文化是人与自然和谐相处的文化，培育生态文化是一项新的文化研究、建设任务。生态道德是生态文明的伦理基础，开展生态道德教育是促进人的全面发展和提高社会文明程度的客观要求。因此，加强生态文明教育的理论与方法研究是思想政治教育学原理拓展研究的重要任务。

---

① 中共中央文献研究室：《十八大以来重要文献选编》（中），人民出版社 2016 年版，第 485 页。
② 中共中央文献研究室：《十八大以来重要文献选编》（中），人民出版社 2016 年版，第 500 页。

三、思想政治教育学原理前沿问题的深化研究

习近平总书记根据时代要求和我国经济社会发展的新特点，总结党的十八以来的发展进程，提出了"四个全面"战略布局（即全面建成小康社会、全面深化改革、全面依法治国和全面从严治党），确立了党和国家在新的历史条件下的战略目标与中心任务，是马克思主义与当代中国实践相结合的新飞跃，是我国社会的前沿理论与实践问题。服从服务于"四个全面"战略布局，既是思想政治教育服从服务于党的中心工作的要求，也是思想政治教育学原理丰富、发展的历史机遇。

第一，"四个全面"战略布局丰富、深化了理想信念教育。理想信念教育是思想政治教育的核心，在思想政治教育学原理中，关系到教育目标、教育内容、教育任务等理论问题。

全面建成小康社会、全面深化改革、全面依法治国和全面从严治党，都提出了明确的战略目标：全面建成小康社会的目标要在中国共产党成立100年时实现；全面深化改革的目标是完善和发展中国特色社会主义制度，推进国家治理体系和治理能力现代化；全面依法治国的目标是建设中国特色社会主义法治体系，建设社会主义法治国家；全面从严治党的目标是巩固中国共产党执政地位，加强党员自身建设，推动我国改革开放和社会主义现代化建设迈上新台阶。这些战略目标都融汇在实现中华民族伟大复兴的中国梦之中。正是这些宏伟的战略目标，表达了广大人民的美好期望，丰富、拓展了理想信念教育的内容。

理想信念是精神力量的源泉，精神力量是理想信念的激发。为此，思想政治教育必须结合各个领域、各个单位的实际，把"四个全面"战略布局所提出的战略目标融入实现中国梦的理想信念教育之中，使理想信念教育富有时代特征与感染力，不断增强我国社会的精神创造力和精神凝聚力。所谓精神创造力，是指在创新创业过程中，认识和改造客观世界所形成的精神力量。这种力量是我国当代的迫切需要，既需要社会竞争机制激发，更需要"四个全面"战略布局目标激励。精神创造力是在人的一般精神力量的基础上形成、升华的最高精神动力。所谓精神凝聚力，是把分散的、多样的精神力量通过凝结聚合而形成的强大精神力量，它是凝聚各种不同的目的、意志与情感所产生的精神吸引力、向心力与亲和力。思想政治教育既要善于联系"四个全面"战略布局的实际，加强个体的理想信念教育，激发精神创造

力，又要敢于正视、面对多元文化影响的现实，抵制、批判错误思潮，传播、凝聚正能量，形成精神凝聚力。研究精神创造力、精神凝聚力的价值、形成与作用，是思想政治教育学原理研究的前沿课题。

第二，"四个全面"战略布局丰富、充实了社会主义核心价值观教育。"四个全面"战略布局以其明确的战略目标，不仅充分表达了社会主义核心价值观在国家层面的价值取向，而且使社会主义核心价值观具体化、形象化。因而，"四个全面"战略布局的推进，不仅保证我国经济社会快速、持续发展，而且为培育和践行社会主义核心价值观提供了广阔的平台。

社会主义核心价值观蕴含着中国共产党的政治主张，标示着我国的奋斗目标，规范着人们的行为准则，体现了人民的美好愿望，既引领、推进经济社会发展的新常态，也指导、规范思想文化建设的新发展。因而，培育和践行社会主义核心价值观，有利于更好地弘扬共同理想、凝聚精神力量、建设道德风尚，推进"四个全面"战略布局的发展进程。正如习近平总书记所强调的："人类社会发展的历史表明，对一个民族、一个国家来说，最持久、最深层的力量是全社会共同认可的核心价值观。核心价值观，承载着一个民族、一个国家的精神追求，体现着一个社会评判是非曲直的价值标准。"[1] 社会主义核心价值观"实际上回答了我们要建设什么样的国家、建设什么样的社会、培育什么样的公民的重大问题"[2]。这就是说，社会主义核心价值观是中国特色社会主义经济、政治、文化、社会、生态建设的价值反映，是实现中华民族伟大复兴的价值取向与价值准则，在"四个全面"战略布局的推进中发挥着引领、规范作用，并赋予精神动力，而"四个全面"战略布局实现目标的过程，为全社会践行社会主义核心价值观、丰富社会主义核心价值观的时代内容提供了实践基础。为此，思想政治教育学原理不仅要立足"四个全面"战略布局的实际，研究培育和践行社会主义核心价值观的理论与方法，而且要研究社会主义核心价值观引领、规范"四个全面"战略布局的作用与效果。

第三，"四个全面"战略布局丰富、拓展了社会主义法制教育。党的十八届四中全会通过了《中共中央关于全面推进依法治国若干重大问题的决

---

① 中共中央文献研究室：《十八大以来重要文献选编》（中），中央文献出版社 2016 年版，第 2 页。

② 《习近平谈治国理政》第 1 卷，外文出版社 2014 年版，第 169 页。

定》，确立了全面依法治国方略，标志着中国共产党治国理政理念和国家治理现代化的重大跨越。思想政治教育学原理要以这一战略实施为基础，拓展社会主义法制教育理论与方式的研究。

在全面依法治国战略布局提出之前，全国持续开展了法制建设与法制教育。法制教育是普及法律常识、增强人们的法律意识、培养人们维护和遵守法律行为的宣传教育。全面依法治国战略布局要求广泛开展法制教育。法制教育包括法律教育、制度教育和纪律教育，着重培养受教育者的法律观念和遵纪守法的品质，并要学会运用法律武器，维护社会秩序，保护国家、集体和自己的合法权益。法制与法治虽一字之差，但两个概念的界定与内涵是完全不同的。法制是指国家法律和制度的总称；法治则是依据法律管理国家和民众的各种事务的一种政治结构，既强调以法治国、依法办事的治国方式、制度及运行机制，也强调法律至上、法律主治、制约权力、保障权利的价值和原则。法制与法治既有联系，也有区别。

《中共中央关于全面推进依法治国若干重大问题的决定》（以下简称《决定》）强调："法律的权威源自人民的内心拥护和真诚信仰"；"必须弘扬社会主义法治精神，建设社会主义法治文化，增强全社会厉行法治的积极性和主动性，形成守法光荣、违法可耻的社会氛围"；"加强公民道德建设，弘扬中华优秀传统文化，增强法治的道德底蕴，强化规则意识，倡导契约精神，弘扬公序良俗。发挥法治在解决道德领域突出问题中的作用，引导人们自觉履行法定义务、社会责任、家庭责任"。《决定》所提出的法治信仰、法治精神、法治文化、法治思维等一系列新概念，提出的法制教育目标、任务和内容，具有鲜明的时代特征与民族特色，需要思想政治教育工作者认真学习、研究，拓展、深化思想政治教育学原理研究的内容。

加强社会主义法制教育，是推进全面依法治国战略布局的根本要求，其主要任务是引导人们"知法"，强调人们"守法"，帮助人们"用法"；同时，法制教育的更高要求，是要研究并培养人们的法治信仰、法治理念、法治思维、法治方法。所谓法治信仰，就是发自内心地认同法律、信赖法律、遵守法律、捍卫法律，把法治作为社会和人生存与发展的方式，克服官本位意识与行为、裙带关系意识与行为、人格依附意识与行为。所谓法治理念，就是依据法律而不是个人的意志管理国家和社会事务，实行的是法治而不是人治；其基本内涵是确立以宪法和法律为治国的最高权威、遵循法律面前人人平等原则和严格依法办事。所谓法治思维，就是将法治的各种要求运用于认识、分析、处理问题的思维方式，是一种以法律规范为基准的逻辑化的理性思考方式。所谓法治方式，就是运用法治思维处理和解决问题的行为方式，办事依法、遇事找法、解决问题用法、化解矛盾靠法就是系统的法治方式。

论思想政治教育的资源优势[*]

一

市场经济体制的形成和社会竞争的加剧，有力推进着我国的物质文明建设。由于物质的、科技的成果因其有形和能被量化、指标化，可以进行直接比较，显示出差距与价值，因而人们可以直接感受到它的存在和作用而被摆在了竞争优位。而隐藏在物质、科技成果后面的精神动力与道德品质则是无形的且无法量化、指标化，因而难于显示差距，无法直接感受到它的作用，这就是功利主义价值倾向普遍化的原因。这种倾向已经导致一些领导的"一手硬一手软"的工作取向，导致人们精神失落、心理疾病与德法失范的加剧。面对这种价值倾向，我们不能采取抑制竞争的方式而妨碍物质文明建设，而只能唤起社会和人们对精神价值的认定与追求，强化思想政治教育，更有力地推动物质文明建设。

随着社会主义民主的推进和社会多样化发展的加快，我国必须加强政治文明建设，特别是民主与法制建设。在法制建设上人力、物力以及领导者精力投入的不断增加，使社会治理成本上升的同时，也使人们在社会治理的比较中容易体察到法治的强度与价值。相比之下，德治的疲软也会导致法治的人文失落与价值偏斜。同样，我们也不能采取削弱法治的方式来延缓政治文明建设的步伐，而只能唤起社会和人们对政治文明建设的合理价值认定与追求，强化思想政治教育，为政治文明建设奠定坚实的思想基础。

随着我国加入世界贸易组织后融入经济全球化发展步伐的加快，人们的民族意识与国家观念受到前所未有的冲击。面对激烈的国际经济、科技竞争，民族竞争力与民族凝聚力的增强也提到了前所未有的高度，弘扬和培育民族精神已经成为文化建设的头等大事。我们更不能采取阻碍开放的方式而限制全球化发展趋向，而只能唤起社会和人们对新的历史时期民族精神的认定与追求，强化思想政治教育，着力于民族精神的弘扬和培育。

---

[*] 原载于《学校党建与思想教育》2004 年第 1 期，作者方涛、郑永廷，收录时有修改。

　　总之，物质与精神、法治与德治、全球化与民族化必须统一。有形资产与无形资产同等重要，物质与精神相互转化，法治与德治相辅相成，全球化与民族化发展互动共进，这些理论问题可以说是人所共知的，但是否真的正确认识精神是财富、文化是综合国力的重要标志、思想政治教育是资源等这些现代观念，仍然是我们在当前背景下增强思想政治教育影响力与有效性的最重要课题。

二

　　在革命战争年代，共产党曾遭遇强大的革命自发性习惯势力的阻碍。为此，列宁提出灌输论反对自发论。中国共产党不遗余力地用马克思主义理论武装人民，实现由自发向自觉的转变，创造了思想政治工作理论与方法，并依靠它取得了胜利。我们要研究的是，在和平建设年代，是否也存在现代自发性问题。例如那种只顾眼前利益、经济利益的功利主义，忽视共同理想、现代观念与可持续发展的倾向，正是现代自发性的集中表现。这种自发性在一定范围能够产生某种推动作用，但对长远发展、全局发展会产生消极影响与阻抗作用。按照人的认识规律，自发向自觉的转变是不能自发完成的，必须通过学习、教育、实践才能实现。因此，在新的历史条件下，我们必须坚定对思想政治教育功能与价值的认定以及对其发展方向的总体把握。

　　在革命战争年代，我们在经济、科技上处于弱势，只有"小米加步枪"。面对处于强势的敌人，我们之所以能够取胜，是因为我们发挥了马克思主义与思想政治工作的优势，这是连战败者都不得不承认的事实。在和平建设年代，当西方发达国家在经济、科技上处于强势地位，我们在经济、科技上却处于弱势地位，而且我们不可能很快改变这种局面。我们要取得竞争、发展的主动权，逐步增强经济、科技实力，只能继续发挥我国文化以及思想政治工作的优势，增强发展的精神动力与民族凝聚力。如果我们忽视这一优势，不仅经济、科技在发达国家强势挤压下难以发展，而且还会在发达国家强势冲击下陷于离散与混乱。因此，面对经济全球化与国际竞争，思想政治工作的传统与优势绝对不可忽视与放弃，我们的重要任务是要研究在全球化背景下如何弘扬和培育民族精神。

　　在现代化建设过程中，有些人因工作重点转移而发生对思想政治教育的误解；有些人借口"文化大革命"中思想政治教育的失误而对思想政治教育产生反感；有些人则试图从西方寻求中国发展的新路，一度出现忽视甚至否定思想政治教育的倾向。为此，邓小平反复强调要加强精神文明建设，要"两手抓，两手都要硬"。江泽民在全国思想政治工作会议上，对思想政治工作进行了重新定位，强调思想政治工作是我们党的优良传统与政治优势，提出依法治国与以德治国相结合的治国方略，肯定思想政治素质是人的最重要素质，并把社会主义文化、民族凝聚力提到综合国力重要标志的高度。这些理论、论述都是我们强化思想政治教育功能与价值的指导思想。如果思想政治教育的实效性还不能令人满意的话，只能说思想政治教育与快速发展的经济与科技、与不断强化的法治还不相适应与协调。思想政治教育如何成为快速发展的经济、科技与不断强化的法治的重要条件，成为影响和引导人们，特别是青年学生生存与发展的强大精神动力源，则是我们需要研究的重点。

三

我们之所以强调思想政治教育是我国的优势资源，既是缘于我国的文化国情，也是缘于世界发展的趋势。

我国的国情既有经济国情，也有文化国情。经济国情是人口多、底子薄、经济落后。古代文化国情是重伦理道德、整体价值与理想信念，国家治理的主要方式是德政与教化，民主与法制传统相对薄弱。我国古代文化的优秀传统由中国共产党人继承与发展，创造了思想政治教育的理论与方法，形成了我国的传统与优势。这种传统与优势在改革开放过程中经受了冲击、考验，其影响与作用依然存在，并在实践中不断发展。针对改革开放过程中出现的以权谋私现象，我们党采取了"三讲"的教育方式，对腐败现象起到了大面积的抑制作用。改革开放以来经常组织的邓小平理论和"三个代表"重要思想的学习、宣讲、研讨、报告等多种多样的活动，有效坚持了在多样化发展条件下马克思主义的指导性、社会主义意识形态的主导作用，形成了共同的思想基础，增强了民族凝聚力。在新的形势下，各条战线、各个单位的思想政治教育都有不同程度的新发展。尽管有些人对思想政治教育及其有效性存有看法以至偏见，但思想政治教育在我国仍然具有深厚的文化基础与心理积淀，仍然发挥着重大作用。

民主与法制建设是现代化国家的关键性建设，是提高国家民主程度和制度化水平的根本途径。在政治文明建设进程中，思想政治教育理所当然地要担当起重要责任。我国民主与法制基础的薄弱，一方面说明加强建设的任务很艰巨，建设的过程很漫长；另一方面也说明，发挥民主与法制的作用会受到我国文化传统与民众心理积淀的制约，不切实际地操之过急只会适得其反。法治与德治、管理与教育是相辅相成的，在我国现阶段，只能扬长补短，而不能抑长护短。否则，社会稳定缺乏文化基础与心理支撑。即使法治能够在社会生活中发挥强有力的作用，德治也必不可少。德治，即思想政治教育，运用社会主义意识形态，对整个社会起到像水泥一样的凝聚作用，对社会运行起到像润滑剂一样的调节作用，对社会中的人起到像信仰一样的支撑作用。法治没有德治的配合，就会发生价值偏差，加大社会摩擦，增加社会运行成本，乃至消解人文精神。

我们应当清醒地看到，随着人类社会的发展，法治与德治正在取向相互渗透与融合。西方国家具有法治的传统和优势，因而管理在国家与社会中的作用相对突出。但西方国家并不局限于管理，而是以管理为载体，不断扩充教育因素，加大德治力度，这可以从西方管理理论的演变中得到证实。20世纪初以前，西方发达国家在企业主要采用被称为"泰罗制"的"科学管理"理论，这种理论是精神文化因素不多的"物本主义"管理理论。从20世纪初开始，经济的竞争促使资本家寻求发展的条件，马斯洛提出了人的需要层次论，美国管理上有名的霍桑实验，得出了人是"社会人"，不是"经济人"的结论，把人际关系、人的情感等非生产性文化因素在企业发展中凸显出来，形成了行为科学管理理论。这一管理理论表明资本主义国家由物本主义管理转向人本主义管理，从而推进了经济的发展。到20世纪中期，国际经济竞争日趋激化，日本经济的快速发展震惊美国，美国一批专家、学者研究发现，许多长期以来为美国所忽视的人文因素正是促进日本经济走向成功之所在。20世纪70年代末80年代初，美国人在日本企业成功的基础上系统地总结了一种崭新的理论，这便是企业文化理论。企业文化理论认为，企业的发展主要取决于企业的团队精神、价值目标、人际关系等文化因素，经济越发展，经济竞争越激烈，越需要精神文化。在当代，西方国家提出了大众投入精神文化创造以及大众共享精神文化的管理理论，其代表人物是美国管理学家彼得·圣吉。彼得·圣吉主张每个单位都应是一个学习型组织，要发展团队学习，进行"深度汇谈"，"建立共同愿景"，"有了衷心渴望实现的目标，大家会努力学习、追求卓越"。从西方国家管理理论的发展变化可以清楚地看到，他们在发挥法治优势的同时，不断重视德治的作用。

重视德治和人文的作用，是当代社会发展由过去以物质资源为主，转向以人力资源为主的必然要求。各个学科从不同层面、不同视角聚焦人的潜能开发。人的潜能包括智能与精神，即智力因素与非智力因素两个方面。发挥人的主观能动性，激发人的精神动力，正是我们思想政治教育的优势所在。在面向世界的科技、教育、人才竞争中，我们一定要紧跟时代发展的进步潮流，致力于发挥我们的优势，特别要防止我们的思想政治教育优势转化为劣势。

"四个全面"战略布局与思想政治教育创新发展*

习近平总书记根据我国经济社会发展的新特点，总结党的十八大以来的发展进程所提出的"四个全面"（即全面建成小康社会、全面深化改革、全面依法治国和全面从严治党）战略布局，是马克思主义与当代中国实践相结合的新成果，是我们党治国理政方略与时俱进的新创造，是我国持续、快速发展进程中更加注重发展和治理系统性、整体性、协同性的必然选择。

服从服务于党和国家的工作大局，既是我国思想政治教育的传统，也是思想政治教育的职责。当前思想政治教育要紧紧围绕"四个全面"战略布局，找准教育的接合点和着力点，动员、引导、团结广大群众，为推进"四个全面"战略布局的进程做出贡献。同时，要根据"四个全面"战略布局的新特点、新要求，创新和发展思想政治教育，赋予思想政治教育新的时代特征。

一、明确新要求，提高"四个全面"战略布局的思想认识

思想认识是指人们认识外界事物的过程。提高对"四个全面"战略布局的思想认识，主要包括提高人们对"四个全面"战略布局的内容、背景、关系、本质和意义的认识。只有提高思想认识，才能增强推进"四个全面"战略布局行动的自觉性。

第一，深刻认识"四个全面"战略布局提出的时代背景。"四个全面"战略布局是在我国经济社会发展速度调整、经济结构不断优化升级、第三产业和消费需求逐步成为主体、城乡区域差距逐步缩小、发展成果惠及更广大民众，以及从要素驱动、投资驱动转向创新驱动的背景下提出来的。只有引导人们正确分析这些现实背景的特点与要求，才能认识"四个全面"战略布局提出的客观依据。如果对当前我国经济社会发展的形势、特点缺乏了解，就难以对我国攻坚克难阶段的复杂问题进行深入分析，也就很难理解

* 原载于《思想理论教育导刊》2016 年第 4 期，作者郑永廷、林伯海，收录时有修改。

"四个全面"战略布局是我国的必然选择。因此,思想政治教育只有站在理论与实际、局部与全局、现实与未来相结合的高度,进行学习、讨论,才能切实认识"四个全面"战略布局的要义。

第二,深刻认识"四个全面"战略布局的逻辑性与发展性。从理论上分析,"四个全面"战略布局是一个大系统,由四个"全面"的小系统构成,即全面建成小康社会、全面深化改革、全面依法治国和全面从严治党,不仅依次对应形成奋斗目标、社会动力、根本保障、领导核心的重要社会功能,而且相互依存、不可分割,成为我国在新的历史条件下的有机整体,全面推进中国特色社会主义事业向前发展。在实践过程中,"四个全面"战略布局经历了四个阶段:党的十八大强调推进"全面建成小康社会"的进程;党的十八届三中全会部署、实施"全面深化改革";党的十八届四中全会加快"全面依法治国"的步伐;根据教育实践活动的总结,党中央提出了"全面从严治党"决策。"四个全面"战略布局无论在理论上还是在实践中,不仅富有逻辑性,而且经历了时间与实践的检验。思想政治教育者只有讲清理论的逻辑性、实践的发展性,才能帮助人们深刻认识"四个全面"战略布局的系统性、科学性与价值性。

第三,深刻认识"四个全面"战略布局的本质与内涵。"四个全面"战略布局是党在社会主义初级阶段基本路线内涵的拓展和深化。全面建成小康社会承接于党的基本路线的"一个中心"与"四个目标";全面深化改革、全面依法治国和全面从严治党,是全面建成小康社会的强大动力、法治支撑和领导核心,与党的基本路线的"两个基本点"相衔接,是实现全面建成小康社会目标的根本保证。因而"四个全面"的本质是我国在新的历史条件下的重大战略布局,是我国快速发展基础上更加注重发展和治理的全面性、协同性、可持续性的必然决策。思想政治教育只有深入阐述"四个全面"的本质和内涵,认识它的来源、基础、发展与前景,才能进一步深化对中国共产党执政规律、中国特色社会主义建设规律、人类社会发展规律的认识。

第四,"四个全面"战略布局是习近平治国理政思想的核心。"四个全面"战略布局是我国治国理政的蓝图,它统领我国发展目标,抓住改革发展稳定这个关键,确立在新的历史条件下党和国家各项工作的战略方向、重点领域、主攻目标,是坚持和发展中国特色社会主义道路、理论、制度的战略抓手。习近平治国理政思想都围绕着"四个全面"战略布局这个核心展开。思想政治教育组织人们学习、贯彻落实习近平系列重要讲话精神,只有围绕这个核心，才能更好统一思想认识，凝聚强大力量，共同推进"四个全面"战略布局的进程。

二、坚定新目标，激发推进"四个全面"战略布局的精神动力

人的精神不仅能够激发巨大力量，推进人们创造社会财富，而且可以激励人们战胜困难、抵御风险、凝心聚力、实现目标。所以，习近平强调："实现中国梦必须弘扬中国精神。这就是以爱国主义为核心的民族精神，以改革创新为核心的时代精神。这种精神是凝心聚力的兴国之魂、强国之魄。爱国主义始终是把中华民族坚强团结在一起的精神力量，改革创新始终是鞭策我们在改革开放中与时俱进的精神力量。"①

第一，人们所需要的精神力量，蕴含在"四个全面"战略布局之中。全面建成小康社会的目标要在中国共产党成立100年时实现；全面深化改革的总目标是完善和发展中国特色社会主义制度，推进国家治理体系和治理能力现代化；全面依法治国的总目标是建设中国特色社会主义法治体系，建设社会主义法治国家；全面从严治党是中国共产党巩固执政地位、走在时代前列、肩负历史使命的关键所在，目的就是加强党员自身建设，推动我国改革开放和社会主义现代化建设上新台阶。"四个全面"战略布局所提出的这些远大目标、总体要求，都融会贯通在习近平关于中国梦的理想信念之中。精神力量同远大目标或理想信念直接相关，理想信念是精神力量的源泉，精神力量是理想信念的激发。"四个全面"战略布局所确立的宏伟目标，激发了广大人民的热情，充分调动了人们的积极性与创造性，形成了巨大的精神力量。因而，习近平对理想信念与精神力量的关系，进行过形象的阐述："理想信念是共产党人精神上的'钙'，理想信念坚定，骨头就硬；没有理想信念，或理想信念不坚定，精神上就会'缺钙'，就会得'软骨病'。"② "就可能导致政治上变质、经济上贪婪、道德上堕落、生活上腐化。"③

为此，思想政治教育要始终把理想信念教育置于核心地位。"坚定理想

---

① 《习近平谈治国理政》第 1 卷，外文出版社 2014 年版，第 40 页。

② 《习近平谈治国理政》第 1 卷，外文出版社 2014 年版，第 414 页。

③ 中共中央文献研究室：《习近平关于协调推进"四个全面"战略布局论述摘编》，中央文献出版社 2015 年版，第 131 页。

信念，坚守共产党人精神追求，始终是共产党人安身立命的根本。"① 理想信念不仅能够源源不断地激发推进"四个全面"战略布局的精神动力，而且可以坚定方向、防止腐败、抗御风险、战胜困难。我们要以实现中国梦为统领，根据"四个全面"战略布局提出的战略目标，结合各领域、各单位的实际，把理想信念教育具体化、形象化、大众化，帮助人们切实认识、理解"四个全面"战略布局所确立的目标及其对国家、集体与个人的作用和价值，自觉认同目标并为实现目标而努力。

第二，"四个全面"战略布局尤其需要精神创造力和精神凝聚力。"四个全面"战略布局所需要的精神动力，在当代社会具有更高的形态，其中精神创造力、精神凝聚力尤为重要。所谓精神创造力，是指精神在创造性地认识和改造客观世界的过程中所形成的巨大力量。精神创造力既是社会竞争的需要，也是自主创新的需要。它包括远大而执着的追求精神、顽强而坚毅的拼搏精神、不怕挫折与失败的牺牲精神、不求安稳与名利的奋斗精神、执着与献身事业的奉献精神。只有这些都具备了，精神创造力才能形成和持久。否则，精神创造力要么陷于抽象的想象，要么只是昙花一现。因此，思想政治教育要培养人们的精神创造力，就要从大处着眼、小处着手，既要引导人们认清全局、长远的发展目标，又要帮助人们在认知、情感、意志、行为上进行理想信念的自觉内化和外化践行。这些多样的要素与复杂的关系，都需要教育者精心策划、认真实施。

所谓精神凝聚力，就是把分散的、多样的精神力量，通过凝结聚合而形成的统一的精神力量，它是凝聚各种不同的目的、意志与情感所产生的精神吸引力、向心力、亲和力。如果说精神创造力主要通过个体来体现的话，精神凝聚力则是通过群体来展示。由于精神在性质上有正确与错误、先进与落后、积极与消极之分，在内容上有政治精神、道德精神、职业精神和科技精神之别，在状态上有理性与感性之差，因而人们在追求精神价值、形成精神动力时，各有选择和侧重，存在个体差异。特别是在当代社会条件下，随着对内对外开放的扩大，随着人们在市场经济条件下独立性与自主性的增强，随着社会发展与价值追求多样化的呈现，人们在精神价值追求与精神动力上的差异更为明显。思想政治教育既要敢于正视、面对这些现实差异，又要善于辨别、分析这些差异形成的原因，还要进行教育、引导、整合，传播、凝聚正能量，形成正面的精神凝聚力。因而，思想政治教育者在形成与强化精

① 《习近平谈治国理政》第 1 卷，外文出版社 2014 年版，第 15 页。

神凝聚力的过程中，要以推进"四个全面"战略布局实践为基础，以培育和践行社会主义核心价值观为主导，以"四个全面"战略布局所确定的目标为教育内容，研究人们认知、情感、意志内在要素的变化与转化，研究人们在共同目标、精神价值追求上的相互交流、协调与激励，研究人们在推进"四个全面"战略布局进程中的积极实践、密切配合。这是一个集主观与客观、理论与实际、主导与多样、传统与创新于一体的过程，是"四个全面"战略布局赋予思想政治教育的新使命与新要求。

三、研究新课题，推进思想政治教育创新发展

"创新是一个民族进步的灵魂，是一个国家兴旺发达的不竭源泉，也是中华民族最深层的民族禀赋。"① 思想政治教育面对不断发展变化的新情况、新问题，必须加强研究、创新发展，才能在推进"四个全面"战略布局的进程中发挥优势与作用。

第一，全面建成小康社会要求推进思想政治教育创新发展。全面建成小康社会是我国的战略目标。全面建成小康社会最根本最紧迫的任务是进一步解放和发展社会生产力。而要进一步解放和发展社会生产力，必须发挥思想政治教育的作用，充分调动人们的积极性、主动性与创造性，继续解放思想，激发内在动力，增强社会活力，为更好推进我国经济社会发展创造主观条件。为此，习近平强调，全面建成小康社会，实现中国梦必须弘扬中国精神。中国精神的弘扬与培育，需要广大思想政治教育工作者在全面建成小康社会的伟大实践中，在马克思主义理论的指导下，研究新情况，解决新问题，继承和发扬中华优秀文化传统，丰富、发展中国精神的时代内容，创新民族与个人精神家园建设的途径与方式，在各自岗位上贡献自己的力量。

第二，全面深化改革提出思想政治教育创新发展新课题。我国全面深化改革包括经济体制、政治体制、文化体制、社会体制、生态文明体制改革和国防、军队改革。全面深化改革特别要把握的重大问题，其一是改革的方向，"我们的改革开放是有方向、有立场、有原则的，我们的方向就是不断推动社会主义制度自我完善和发展，而不是对社会主义制度改弦易张"②。

---

① 《习近平谈治国理政》第 1 卷，外文出版社 2014 年版，第 59 页。

② 中共中央文献研究室：《习近平关于全面深化改革论述摘编》，中央文献出版社 2014 年版，第 15 页。

其二是全面深化改革的总目标，就是要坚持和实现党的十八届三中全会所确立的"要完善和发展中国特色社会主义制度，推进国家治理体系和治理能力现代化"。其三是"改革开放是前无古人的崭新事业，必须坚持正确的方法论，在不断实践探索中推进"①。坚定正确的改革方向、坚持明确的改革目标、掌握正确的改革方法，既是我国社会需要共同面对和解决的重大问题，也是思想政治教育工作者需要深入研究的理论与实际课题。只有围绕推进全面深化改革这个大局，开展坚持正确方向、目标的教育，掌握和运用正确方法，思想政治教育才能真正为党的中心工作服务，才能引导广大群众参与，得到广大群众拥护。

同时，党的十八届三中全会做出了全面深化改革若干重大问题的决定，各个领域的改革正在顺利向前推进，总体形势很好。但也要清醒看到，我国经济社会体制双重转型的压力，不同思想观念、价值取向的碰撞，利益格局多样化的隐忧，加上国内外风险挑战不断，改革的复杂性、艰巨性前所未有，改革进入攻坚克难阶段。为此，习近平指出，中国改革经过30多年已进入深水区，"就是改革再难也要向前推进，敢于担当，敢于啃硬骨头，敢于涉险滩"②。这就要求思想政治教育工作者总结改革的经验与成就，把握改革的形势，研究改革的问题，坚定改革的信心与决心，深入进行理论武装、思想动员，引导人们"把理解改革、投身改革、支持改革、参与改革的人搞得多多的，为深化改革凝聚广泛共识、汇聚强大力量"③。

第三，全面依法治国需要思想政治教育创新发展。全面依法治国就是"全面推进科学立法、严格执法、公正司法、全民守法，坚持依法治国、依法执政、依法行政共同推进，坚持法治国家、法治政府、法治社会一体建设，不断开创依法治国新局面"④。为了贯彻落实党的十八大做出的全面推进依法治国的战略部署，加快建设社会主义法治国家，党的十八届四次全会通过了《中共中央关于全面推进依法治国若干重大问题的决定》，确立了全面推进依法治国的总目标，规定了依法治国坚持的基本原则，明确了法制建设的体系，提出了依法治国的任务。

我国实施从法律体系向法治体系转化的重大战略，标志着中国共产党治

---

① 中共中央文献研究室：《习近平关于全面深化改革论述摘编》，中央文献出版社2014年版，第34页。

② 《习近平谈治国理政》第1卷，外文出版社2014年版，第101页。

③ 《中共中央召开党外人士座谈会》，载《人民日报》2014年7月30日。

④ 《习近平谈治国理政》第1卷，外文出版社2014年版，第162页。

国理政理念的重大飞跃和治国理政方式的重大转型，也是国家治理现代化的重大跨越。思想政治教育及学科建设要适应并推进这一战略实施，必须根据新的任务与要求进行创新发展。党的十八大报告提出："深入开展法制宣传教育，弘扬社会主义法治精神，树立社会主义法治理念，增强全社会学法尊法守法用法意识。提高领导干部运用法治思维和法治方式深化改革、推动发展、化解矛盾、维护稳定能力。"① 《中共中央关于全面推进依法治国若干重大问题的决定》也强调："法律的权威源自人民的内心拥护和真诚信仰。"②要求"必须弘扬社会主义法治精神，建设社会主义法治文化，增强全社会厉行法治的积极性和主动性，形成守法光荣、违法可耻的社会氛围"③。"加强公民道德建设，弘扬中华优秀传统文化，增强法治的道德底蕴，强化规则意识，倡导契约精神，弘扬公序良俗。发挥法治在解决道德领域突出问题中的作用，引导人们自觉履行法定义务、社会责任、家庭责任。"④ 在新的历史条件下，我国全面依法治国提出的目标、任务、内容与方法，具有丰富的内涵与深远的意义，具有鲜明的时代特征与民族特色，是思想政治教育必须承担的教育任务。思想政治教育者开展教育活动，需要先认真学习法治理论，深入了解、研究依法治国形势，增强自己的法治意识与法治信仰，才能有效培养人们的法治精神，引导人们积极主动投入依法治国的实践。

第四，全面从严治党促进思想政治教育创新发展。从严治党是中国共产党治党的重要原则，也是中国共产党为适应执政、改革开放、发展社会主义市场经济的新情况新问题提出的加强党的建设的基本方针和根本要求。从严治党涵盖党的思想建设、组织建设、作风建设、反腐倡廉建设和制度建设各个方面。从严治党包括从党中央到地方各级党组织，都必须落实管党治党主体责任，并将从严治党常态化、制度化。全面从严治党从转变作风入手，通过反腐败发力，用制度做保障，用信仰塑灵魂。坚持从小到大、从外到内，标本兼治、固本培元，是管党治党的实践逻辑。正如习近平所说："腐败是社会毒瘤，是影响经济社会发展、国家长治久安的致命风险。反对腐败、建

---

① 胡锦涛：《坚定不移沿着中国特色社会主义道路前进，为全面建成小康社会而奋斗——在中国共产党第十八次全国代表大会上的报告》，人民出版社2012年版，第28页。

② 《中国共产党第十八届中央委员会第四次全体会议文件汇编》，人民出版社2014年版，第10页。

③ 《中国共产党第十八届中央委员会第四次全体会议文件汇编》，人民出版社2014年版，第10页。

④ 《中国共产党第十八届中央委员会第四次全体会议文件汇编》，人民出版社2014年版，第50页。

设廉洁政治，保持党的肌体健康，始终是我们党一贯坚持的鲜明政治立场。"① 为此，各级党组织集中解决了党内存在的形式主义、官僚主义、享乐主义和奢靡之风问题。2012 年 12 月 4 日，中共中央政治局会议还通过了关于改进工作作风、密切联系群众的"八项规定"；坚持"老虎""苍蝇"一起打，既坚决查处领导干部违纪违法案件，又切实解决发生在群众身边的不正之风和腐败问题，党风廉政建设和反腐败斗争取得了显著成效。

全面从严治党所包含的思想建设、作风建设、联系群众等内容，是党的思想政治教育的重要任务。党的干部队伍中存在的形式主义、官僚主义、享乐主义和奢靡之风、腐败现象，脱离广大群众，侵蚀党的肌体，究其根源，还是思想上出了问题。所以，习近平强调："我们党始终把思想建设放在党的建设第一位，强调'革命理想高于天'就是精神变物质、物质变精神的辩证法。我们必须毫不放松理想信念教育、思想道德建设、意识形态工作，大力培育和弘扬社会主义核心价值观，用富有时代气息的中国精神凝聚中国力量。"② 习近平还要求："对马克思主义的信仰，对社会主义和共产主义的信念，是共产党人的政治灵魂，是共产党人经受住任何考验的精神支柱。"③在新的历史条件下，不仅党面临的执政考验、改革开放考验、市场经济考验、外部环境考验是长期的、复杂的、严峻的，而且党内存在精神懈怠危险、能力不足危险、脱离群众危险、消极腐败危险。广大党员和群众，特别是党的干部，要经得起各种考验，克服面临的危险，必须结合新的实际，创新发展思想政治教育，坚定理想信念，提升道德境界，追求高尚情操。只有这样，我们才能拒腐防变，凝聚力量，担当起实现中华民族伟大复兴的历史使命。

① 中共中央宣传部：《习近平总书记系列重要讲话读本》，人民出版社 2014 年版，第 169 页。

② 习近平：《坚持运用辩证唯物主义世界观方法论提高解决我国改革发展基本问题本领》，载《人民日报》2015 年 1 月 25 日。

③ 《习近平谈治国理政》第 1 卷，外文出版社 2014 年版，第 15 页。

社会治理与思想政治教育的发展[*]

《中共中央关于全面深化改革若干重大问题的决定》确立了"完善和发展中国特色社会主义制度，推进国家治理体系和治理能力现代化"的总目标。治理包括国家治理、政府治理和社会治理。其中，"社会治理是社会建设的重大任务，是国家治理的重要内容"[①]。"要以最广大人民利益为根本坐标，创新社会治理体制，改进社会治理方式，构建全民共建共享的社会治理格局。"[②] 我们党一贯高度重视思想政治教育，不仅将其视为党和国家事业的重要组成部分，而且把思想政治教育作为团结人民完成各项任务的中心环节。在领导改革开放和中国特色社会主义现代化建设进程中，需要思想政治教育引领方向、激发动力、凝聚力量、化解矛盾。在新的历史条件下，我国开展社会治理，同样需要思想政治教育担负起应有的职责和任务，并在推进社会治理进程中创新发展思想政治教育。

一、社会治理与思想政治教育的关联

党的十八大以来，党中央之所以在新的历史条件下强调社会治理，是因为我国改革发展步入关键时期，不断涌现新情况、新问题，带来了各种矛盾和挑战。其中，社会发展的不平衡问题，人口、资源、环境压力加大问题，就业、社会保障、收入分配、教育、医疗、住房、安全生产、社会治安等方面的问题，需要全社会共同解决；一些社会成员诚信缺失、道德失范，其思想政治素质与新形势不相适应的问题，阻碍着社会发展进程。要化解这些矛盾、解决这些问题，必须大力推进社会治理。为此，习近平总书记强调："社会治理是社会建设的重大任务，是国家治理的重要内容。……当前改革处于攻坚期深水区，社会管理面临新情况新问题，迫切需要通过深化改革，

<hr/>

[*] 原载于《思想理论教育》2017 年第 6 期，作者郑永廷、田雪梅，收录时有修改。

[①] 中共中央宣传部：《习近平总书记系列重要讲话读本（2016 年版）》，人民出版社 2016 年版，第 224 页。

[②] 中共中央宣传部：《习近平总书记系列重要讲话读本（2016 年版）》，人民出版社 2016 年版，第 224 页。

实现从传统社会管理向现代社会治理转变。"①

　　所谓社会治理，是指党和政府、社会组织、企事业单位、社区以及个人，通过相互配合，对社会事务、社会组织和社会生活进行规范和管理，实现公共利益最大化的过程。英国学者格里·斯托克认为："治理的概念是，它所要创造的结构或秩序不能由外部强加；它之发挥作用，是要依靠多种进行统治的以及互相发生影响的行为者的互动。"② 因而，我国的社会治理是在各级党组织和政府的统一领导下，依靠各部门、各单位人民群众的力量，运用政治、经济、行政、法律、文化、教育等多种手段，解决社会的矛盾和问题，实现从根本上预防和打击违法犯罪、维护治安秩序、保障社会稳定、促进社会科学发展和人的全面发展的社会系统工程。

　　思想政治教育是在党的领导下在我国各个领域、各个单位广泛开展的重要工作，服从和服务于党的中心工作是思想政治教育的职责与传统。当前，思想政治教育必须投入社会治理并充分发挥作用。思想政治教育是社会治理的重要方式，社会治理为思想政治教育的有效开展创造良好基础。思想政治教育所进行的马克思主义和中国特色社会主义理论体系教育，理想信念教育，爱国主义教育，党的理论、纲领、路线、方针、政策教育，革命传统和中华优秀传统文化教育等，培育人们正确的世界观、人生观和价值观，奠定我国人民的共同思想基础，增强民族凝聚力，从根本上为社会治理做出了贡献。同时，思想政治教育在整合社会思想、引领主流价值、疏导社会心理、规范社会行为、协调社会关系、维护社会稳定、批判错误思潮等方面，发挥着重要的作用。结合社会治理开展思想政治教育，能更有效地实现思想政治教育的价值，在社会治理中发挥思想政治教育的作用，有力推进社会治理进程。

　　因此，习近平总书记在阐述社会治理内容与方式时，提出了"四个坚持"的要求，其中要"坚持综合治理，强化道德约束，规范社会行为，调节利益关系，协调社会关系，解决社会问题"③。这就是对思想政治教育的要求。强化道德约束就是要加强道德教育，发挥社会主义道德的示范和引导

---

　　① 中共中央宣传部：《习近平总书记系列重要讲话读本（2016年版）》，人民出版社2016年版，第224页。

　　② ［英］格里·斯托克：《作为理论的治理：五个论点》，载《国际社会科学杂志（中文版）》1999年第2期。

　　③ 中共中央宣传部：《习近平总书记系列重要讲话读本（2016年版）》，人民出版社2016年版，第225页。

作用；规范社会行为就是要加快建立和完善各类人员的行为规则，通过自律、他律，把人们的行为纳入行为规则的轨道，形成稳定、和谐的社会秩序；调节利益关系就是要善于引导人们正确认识和对待改革发展过程中利益关系的调整，通过沟通、对话、讨论等方式，解决不同利益主体之间的利益矛盾和冲突，形成有效利益协调机制，调节和保护各方面的利益；协调社会关系就是要运用群众路线的根本方法，发动和依靠群众民主讨论、协商共议，达到协调关系、化解矛盾的目的。所有这些治理的内容与方式都直接与人有关，而思想政治教育的对象主要是人，所以习近平总书记指出："加强和创新社会治理，关键在体制创新，核心是人，只有人与人和谐相处，社会才会安定有序。"①

二、发挥思想政治教育的社会治理功能

思想政治教育的功能是指思想政治教育对受教育者和社会生活所发挥的积极作用或影响。思想政治教育功能分为个体性功能和社会性功能。个体性功能是对受教育者个体所产生的正面影响；社会性功能是对社会发展所发挥的积极作用，表现为政治功能、经济功能、文化功能和生态功能等。在社会治理中，思想政治教育在发挥个体性功能的同时，应重点发挥社会性功能，为社会治理做出贡献。

第一，发挥思想政治教育的政治功能。思想政治教育的政治功能是指通过培养具备良好政治素质的受教育者以推动社会政治发展的功能。坚持正确的政治方向、政治立场和政治原则，是思想政治教育最重要的政治功能。我国进入新时期后，国家工作重心发生了转移，推进改革开放，制定党在社会主义初级阶段的基本路线，开辟中国特色社会主义道路，不仅保证、主导我国社会快速发展，深刻改变了我国的政治生态，而且赋予思想政治教育时代特征和强大活力，丰富了社会政治生活，坚定了人们的政治目标。

政治有着引领、规范经济与社会发展方向、发展性质、发展路径的重要作用。进行社会治理，坚持马克思主义指导、坚持中国特色社会主义道路是最重要的原则。思想政治教育加强马克思主义理论教育，坚持中国特色社会主义共同理想教育，就是发挥政治功能最突出的表现。如果马克思主义的指

---

① 中共中央文献研究室：《习近平关于全面深化改革论述摘编》，中央文献出版社 2014 年版，第 101 页。

导地位和中国特色社会主义的方向难以保证，我国就会走向改旗易帜的邪路，所以毛泽东强调："思想和政治又是统帅，是灵魂。只要我们的思想工作和政治工作稍为一放松，经济工作和技术工作就一定会走到邪路上去。"①在改革开放和社会主义现代化建设过程中，党始终坚持不懈地对广大党员和全国各族人民进行马克思列宁主义、毛泽东思想和中国特色社会主义理论体系教育，广泛开展党的基本路线教育、理想信念教育和爱国主义教育，巩固我国社会的共同思想基础，引导社会政治取向和人们的政治行为，协调社会政治关系，抵制、批判各种错误思潮，从而加强了党的领导，维护了社会政治稳定，保证人们沿着中国特色社会主义道路前进。

应当清醒地看到，随着我国改革开放的深入，随着文化多元化、社会信息化的发展，意识形态领域呈现复杂、多样、多变的特点，各种新的文化形态与社会思潮不断涌现，使思想政治教育面临着复杂多变的环境。加上有些人别有用心地提出了用"指导思想多元化"消解并废除"国家意识形态"的主张，导致一些人迷茫困惑，有的人甚至违反政治纪律、丧失理想信念。面对这些现实问题，思想政治教育既不能回避遮掩，也不能简单对待，而是要抓住实质，采取治理之策。对危害、冲击马克思主义指导、中国共产党领导和中国特色社会主义道路的错误观点、错误思潮，必须旗帜鲜明地展开批判、针锋相对地进行斗争，决不能让这些错误观点、错误思潮干扰政治方向、破坏政治稳定。对群众中政治上的大是大非问题、迷惑不解的问题，要敢于面对，分清是非，解疑释惑，引导人们与党中央保持一致，决不能让错误言行放任自流。只有将这些治理方式与正面教育结合起来，才能达到既治标又治本的目的。

第二，发挥思想政治教育的经济功能。思想政治教育的经济功能是指思想政治教育通过调动教育对象的积极性，主动参与经济和业务活动，促进经济工作与业务工作又好又快发展的功能。思想政治教育保证经济建设、业务工作的社会主义性质和方向，为经济建设、业务工作提供精神动力，营造经济建设和业务工作的良好环境。

我国社会主义市场经济体制的建立，增强了个体和集体的独立性与自主权，形成了社会的竞争机制，激发了人们开展经济建设和业务活动的积极性与创造性。思想政治教育要运用马克思主义政治与经济、政治与技术辩证统一的原理，结合经济工作和技术工作的实际，保证其社会主义的性质和方

---

① 《毛泽东文集》第 7 卷，人民出版社 1997 年版，第 351 页。

向。要抵制和反对新经济自由主义割裂、对立政治与经济、政府与市场的关系并鼓吹经济私有化、市场自由化的思潮，坚持以公有制为主导、以按劳分配为基础的经济制度，引导经济工作者、业务工作者坚持以马克思主义和中国特色社会主义理论体系为指导，提高贯彻执行党的路线、方针、政策的自觉性，有效推进经济建设和业务工作的发展。

思想政治教育不仅保证经济工作、业务工作的性质和方向，而且可以为从事这些工作的人员提供精神动力。这是因为，这些工作的基本要素包括物的要素和人的要素。物的要素只有被人正确地掌握和运用，才能形成现实的生产力。因而人的因素起着主导作用，是推动经济工作、业务工作发展的决定性因素。人的因素既包括思想道德素质和主观能动性，也包括科学文化素质和劳动技能。前者是人们做好经济工作、业务工作的动力之源和行为规范，后者则是人们做好工作的本领。思想政治教育既担负着提高劳动者思想道德素质、培养创新精神的职责，也要促进经济工作、业务工作取得成效，还要为经济工作营造良好的环境。当然，思想政治教育发挥经济功能，与经济工作、业务工作本身并不等同，也就是说，思想政治教育不能代替经济工作和业务工作，而是要在实践活动中，通过"物质变精神，精神变物质"的转化来取得工作的成果。人的生产实践和科学实验需要正确思想的指导，正确思想指导实践能够创造物质财富，思想政治教育正是提供正确思想指导和实现转化的方式。应当看到，在经济工作领域，思想政治教育也需要运用治理方式，解决一些突出的问题。诸如，不讲竞争规则，恶意伤害甚至攻击他人的不良言行；唯利是图，损害集体利益、国家利益的言行；生产、推销假冒伪劣产品，特别是食品、药品的缺德行为；弄虚作假、剽窃舞弊的科研与学术不端行为；只顾自身利益和资源占有，污染环境、破坏生态平衡的行为；等等。对这些错误言行，除了进行教育引导之外，还要与有关单位配合加以制止，并根据这些言行所造成的后果，采取公开批评和必要的处罚，为经济工作排除干扰。

第三，发挥思想政治教育的文化功能。思想政治教育的文化功能是指思想政治教育对社会文化及其发展所发挥的作用，涉及文化传播、文化育人和文化选择等方面。

习近平总书记特别强调文化的作用，他说："文明特别是思想文化是一个国家、一个民族的灵魂。无论哪一个国家、哪一个民族，如果不珍惜自己的思想文化，丢掉了思想文化这个灵魂，这个国家、这个民族是立不起来的。"① 因而，要"努力用中华民族创造的一切精神财富来以文化人、以文育人"②。我国的思想文化，不仅有马克思主义及其中国化的成果，而且有在长期革命斗争、社会主义现代化建设和改革开放伟大实践中形成的光辉灿烂历史和人文资源；不仅有几千年积累和传承的中华优秀传统文化，而且有面向世界和未来、富有生命力和竞争力的治国理政资源；不仅有各民族、各地区特色的思想文化资源，而且随着我国开放的扩大和面向世界的发展，正在广泛吸收有益的文化资源走向世界。这些丰厚的思想文化是思想政治教育的主要内容。思想政治教育从"理论掌握群众"到灌输科学社会主义思想，再到广泛进行社会主义建设动员，开展精神文明建设，都是在有效运用思想文化铸塑马克思主义信仰之魂，奠定我国坚实的思想基础，形成中华民族的文化标识，推进中华民族自立于世界民族之林。因而，思想政治教育的文化传播功能、文化育人功能的发挥，为社会治理做出了重大贡献。

思想政治教育之所以要发挥文化选择功能，主要原因是在对外开放和信息社会的背景下，各种文化交会交流交锋的格局已经形成。资本主义文化和封建主义文化，既有可借鉴、继承的有益内容，也有需要扬弃、批判的糟粕。加上在现代化建设进程中，大众文化也具有积极因素与消极因素并存的特点。选择文化实际上就是选择价值取向。面对多元文化，选择什么样的文化，是摆在人们面前的一个现实问题。特别是正在成长的青年，在多种文化交会的矛盾中，会感到迷惘困惑，需要思想政治教育工作者分析思想文化的性质，把握思想文化的渊源，揭示思想文化的价值，引导人们选择正确的、先进的思想文化，抵制、批判腐朽落后的思想文化，做中华民族优秀文化的传承者。

同时也必须清醒地看到，在思想道德领域，存在着一些错误思潮以及攻击领袖、抹黑历史、否定典型、丑化国民的不良现象，动摇人们的理想信念。思想政治教育工作者要站在维护社会主义意识形态安全的高度，拿起批判的武器，旗帜鲜明地批判错误思潮。对错误思潮、错误言行的回避与放任，实际上是对中华民族思想文化的无形伤害，也是对文化自信的动摇。

---

① 习近平：《在纪念孔子诞辰 2565 周年国际学术研讨会暨国际儒学联合会第五届会员大会开幕会上的讲话》，人民出版社 2014 年版，第 9 页。

② 《习近平谈治国理政》第 1 卷，外文出版社 2014 年版，第 164 页。

三、在社会治理中推进思想政治教育发展

思想政治教育发展，就是思想政治教育观念、内容、方式、体制、模式等各个方面适应我国社会发展和人的发展需要，促进社会科学发展和人的全面发展。这里主要论述社会治理进程中思想政治教育领域、功能和方法的发展。

第一，拓展思想政治教育的领域。在社会治理的背景下，思想政治教育领域拓展主要面向社会，具体表现是思想政治教育要同政治、经济、文化、社会等的各种活动相结合。在改革不断深化、中国特色社会主义现代化建设快速发展的条件下，新领域、新问题不断涌现。诸如，激烈社会竞争所导致的复杂利益关系，新媒体所形成的信息空间，人们自主参与的各种活动，以及环境的变化和社会信息的涌动，加速了各种思想观念的交汇、浓缩和挤压，形成了许多思想政治教育需要面对的新局面。大众传媒既为人们提供了形成思想共识的资源，也向人们提供了价值观念选择的多元取向；现代化交通、通讯虽然缩小了人们相互联系、交往的空间，但人们之间的信仰结构、道德追求、生活方式也拉大了距离。

思想政治教育面对的这些新领域、新问题，比较突出的是生态系统和网络领域。党的十八大报告强调："建设生态文明，是关系人民福祉、关乎民族未来的长远大计。"① 生态领域的问题日益受到人们的关注，引起党和政府的高度重视，为此中共中央、国务院专门颁发了《关于加快推进生态文明建设的意见》，并向思想政治教育提出了明确的要求："提高全民生态文明意识。积极培育生态文化、生态道德，使生态文明成为社会主流价值观，成为社会主义核心价值观的重要内容。"② 广泛开展生态文明教育是思想政治教育在新的历史条件下拓展教育和研究领域的重要任务。

随着新媒体的发展，思想政治教育不断开辟新领域。习近平总书记指出："当今世界，信息技术革命日新月异，对国际政治、经济、文化、社会、军事等领域发展产生了深刻影响。信息化和经济全球化相互促进，互联

---

① 中共中央文献研究室：《十八大以来重要文献选编》（上），北京：中央文献出版社 2014 年版，第 30 页。

② 中共中央文献研究室：《十八大以来重要文献选编》（中），北京：中央文献出版社 2016 年版，第 500 页。

网已经融入社会生活方方面面，深刻改变了人们的生产和生活方式。"① 新媒体的发展和信息技术的广泛运用，既为思想政治教育收集、传播、转化、储存信息带来了便捷，也向思想政治教育提出了新要求与新挑战。要适应新媒体的发展，思想政治教育工作者首先要形成跨界思维方式和教育方式，即要提高适应网络特点的思维和教育能力，研究多角度、多视野认识和解决思想政治教育新问题的思路。只有这样，思想政治教育才能在新领域赢得主动并发挥积极作用，才能掌握网络领域的话语权和引领权，切实维护网络领域社会主义意识形态的安全。

第二，发展思想政治教育的功能。思想政治教育作为社会治理的重要方式，必须发展新功能。首先，要发展思想政治教育的政治功能。习近平总书记在党的十八届一中全会上指出："我们必须始终保持对马克思主义的坚定信仰、对共产主义和中国特色社会主义的坚定信念，以此来增强政治定力和政治敏锐性，以此来提高抵御各种风险和经受住各种考验的能力。"② 在庆祝中国共产党成立 95 周年大会上，习近平总书记再次强调："我们要把理想信念教育作为思想建设的战略任务，保持全党在理想追求上的政治定力，自觉做共产主义远大理想和中国特色社会主义共同理想的坚定信仰者、忠实实践者。"③ 所谓政治定力，就是在思想上、政治上排除各种干扰、消除各种困惑，坚持正确立场、保持正确方向的能力。政治定力源于政治信仰、政治修养和内心自觉。习近平总书记以增强"政治定力"为目的，综合思想政治教育内化于心、外化于行、自觉修养的作用，提出了"铸魂育人"的新功能。

在十八届中央纪委五次全会上，习近平总书记强调要"严明政治纪律和政治规矩"④，要"把守纪律讲规矩摆在更加重要的位置"⑤。党的规矩包括党章（全党必须遵循的总规矩）、政治纪律（全党在政治方向、政治立场、政治言论、政治行动方面必须遵守的刚性约束）、国家法律（党员、干部必须遵守的规矩）以及党在长期实践中形成的优良传统和工作惯例。习

---

① 《习近平谈治国理政》第 1 卷，北京：外文出版社 2014 年版，第 197 页。

② 中共中央纪律检查委员会、中共中央文献研究室：《习近平关于党风廉政建设和反腐败斗争论述摘编》，中国方正出版社、中央文献出版社 2015 年版，第 137 页。

③ 《习近平谈治国理政》第 2 卷，外文出版社 2017 年版，第 35 页。

④ 《习近平谈治国理政》第 2 卷，外文出版社 2017 年版，第 177 页。

⑤ 中共中央文献研究室编：《习近平关于全面从严治党论述摘编》，中央文献出版社 2016 年版，第 108 页。

近平总书记强调政治纪律和政治规矩的作用，就是要发展政治的统筹、规范、约束功能。遵守党的政治纪律，最核心的就是坚持党的领导，同党中央保持高度一致，自觉维护中央权威，这不仅是对党员、干部的要求，也是对全国各族人民的要求。

其次，发展思想政治教育的整合、主导功能。社会竞争的加剧、社会结构的调整、社会阶层的变化、收入差距的出现，使社会发展呈现出多样性、复杂性状况。这种状况的实质是利益关系的调整与变化。"不论在任何形态的社会上，都会存在多元的不同利益的集团或群体。他们之间不可能没有差别，有差别就会有矛盾，有斗争。"[1] 为此，社会必须重视在利益层面，运用政策、法规、道德进行调控与整合，确保利益协调、社会稳定与可持续发展。具体而言，思想政治教育要坚持以社会主义核心价值观为主导，通过人们相互之间的沟通、对话、引导，使社会各阶层、各类社会成员把握正确价值取向，纠正价值偏差，正确认识和处理国家利益、集体利益和个人利益的关系。

思想政治教育的主导功能就是引导人们坚持正确的方向和目标。当代社会之所以强调、发展思想政治教育的主导功能，主要是因为社会发展变化复杂多样，坚持主导就是坚持正确方向、正确原则。坚持主导包括坚持马克思列宁主义、毛泽东思想和中国特色社会主义理论体系的指导，坚持共产党的领导，坚持社会主义意识形态的主导，坚持社会主义核心价值观的指导。淡化、忽视甚至否定主导，就会使人迷途不知所向、茫然不知所措、困惑不知所解，甚至陷于错误境地。因而，思想政治教育工作者要掌握、运用一元主导与多样发展的辩证理论，在一元主导下发展多样性，在发展多样性的过程中坚持主导性。

第三，发展思想政治教育的方法。在参与和推进社会治理的进程中，首先要发展人文关怀和心理疏导方法。党的十八大报告在阐述文化建设时强调，要"注重人文关怀和心理疏导，培育自尊自信、理性平和、积极向上的社会心态"[2]。为了适应和推进我国社会主义民主、法治的发展，适应和促进人们主体性和社会化程度不断提高的要求，要克服教育者与受教育者之间存在的疏远倾向，增强教育者与受教育者之间的双向互动，形成相互尊

---

[1] 赵宝煦：《政治学与和谐社会》，载《北京大学学报（哲学社会科学版）》，2005年第6期。
[2] 中共中央文献研究室：《十八大以来重要文献选编》（上），中央文献出版社2014年版，第25页。

重、理解、关心、爱护的和谐氛围，发展自我教育、自我约束、自我管理方式，发展协商、沟通、讨论、评议、自我批评的方法，使思想政治教育成为人们喜爱、关心并自愿参与的活动。

其次，要发展思想政治教育综合方法。思想政治教育与经济工作、业务工作、环境建设相结合，并向经济、业务、环境领域渗透，要采用协调、融合、渗透的综合方法。要改变思想政治教育与经济工作、业务工作、环境建设相脱节的"两张皮"现象，运用综合方法使思想政治教育与业务工作、经济工作相互促进。思想政治教育向经济工作、业务工作的渗透，就是为经济工作、业务工作服务，提供精神动力；思想政治教育向环境领域渗透，就是通过综合建设、优化环境，对人们进行熏陶和影响，使环境成为育人场所。

再次，要发展思想政治教育现代方法。当今社会的思想政治教育，必须开发、利用现代载体和现代方法。现代载体主要是指运用磁、光、电介质，以数字代码方式，制作、复制图文声像信息的产品，这些产品具有图文并茂、声光交织的特点，赋予思想政治教育内容说服力与感染力。思想政治教育工作者可以利用数字图像技术和网络技术，对富有教育意义的典籍文献资料、革命文物、模范人物事迹、最新成果等，进行储存、传播、交流，提高思想政治教育资源的利用效率。

要发展传递、整合、转化思想政治教育内容与信息的现代方式，包括互联网、录像等，综合利用数字图像压缩技术、数字通信技术、大数据技术等，对思想政治教育内容进行编播、制作、存储和传输。电子传播方式正在高速发展并影响人们的思想、工作与生活，因而需要思想政治教育工作者掌握这一方式的特点与功能，并善于利用这一方式进行引导，以增强思想政治教育的影响力。

学习十七大精神　推进高校思想政治教育研究与发展[*]

党的十七大是在我国改革发展关键阶段召开的一次十分重要的大会。深刻学习领会十七大精神，高举中国特色社会主义伟大旗帜，夺取全面建设小康社会新胜利，是全党在当前和今后一段时期内的重大政治任务。高校思想政治教育要紧密围绕党的中心任务，认真学习贯彻十七大精神，努力推进思想政治教育的研究与发展。

一、深入学习领会十七大主题，研究和发展理想信念教育

党的十七大郑重向全世界和全国各族人民提出了会议的主题：高举中国特色社会主义伟大旗帜，以邓小平理论和"三个代表"重要思想为指导，深入贯彻落实科学发展观，继续解放思想，坚持改革开放，推动科学发展，促进社会和谐，为夺取全面建设小康社会新胜利而奋斗。这个主题鲜明地向党内外、国内外宣示，我们党将举什么旗、走什么路、以什么样的精神状态、朝着什么样的发展目标继续前进。

举什么旗、走什么路的问题，对国家而言是一个根本方向、根本目标的问题，对个人而言则是理想信念问题。高举中国特色社会主义伟大旗帜，就是要确立中国特色社会主义的共同理想，坚定走建设中国特色社会主义道路的决心与信心，以邓小平理论和"三个代表"重要思想为指导，深入贯彻落实科学发展观。这是形成中国特色社会主义共同理想的基本内容与根本途径。因此，深入学习领会十七大主题，是当前开展理想信念教育的重大任务，是高校思想政治教育的核心。《中共中央　国务院关于进一步加强和改进大学生思想政治教育的意见》强调，理想信念教育是大学生思想政治教育的核心，对大学生进行思想政治教育的根本任务是要帮助其形成中国特色社会主义共同理想。我们要利用学习贯彻十七大精神的有利时机，研究和发展理想信念教育。

---

[*] 原载于《思想理论教育导刊》2008 年第 2 期，收录时有修改。

（一）党的十七大主题为理想信念教育提供了坚实的实践与理论基础

十七大主题第一次把新时期我们党的理论创新与实践创新所取得的伟大成果集中起来、系统起来；第一次阐明了高举中国特色社会主义伟大旗帜的内涵，即最根本的就是要坚持中国特色社会主义道路和中国特色社会主义理论体系；第一次把党的大会主题与社会主义核心价值体系的主题（即中国特色社会主义共同理想）结合起来，从而为开展中国特色社会主义共同理想教育提供了系统的理论内容与坚实的实践基础。我国自改革开放以来，所取得的理论成果——中国特色社会主义理论体系，是在国内认同程度高、国际影响范围广、经过实际运用和实践检验的理论；所取得的实践成果——中国特色社会主义事业快速、持续的发展，是惠及全国各族人民的宝贵财富。实践充分证明，中国特色社会主义道路是强国富民之路、民族复兴之路。我们围绕党的十七大主题，运用改革开放所取得的理论创新与实践创新成果，是最有说服力的理想信念教育。

（二）学习领会党的十七大主题是立足现实与实现理想相结合的需要

高举中国特色社会主义伟大旗帜，是我国社会发展的灵魂、方向和力量，关系国家的前途与人民的安康。中国特色社会主义，既是改革开放和社会主义现代化建设的理论主题，也是实践主题；既是我们党的理论旗帜，也是广大人民群众的精神旗帜。这面旗帜不仅是我国改革开放取得成功的根本原因，是我国改革开放伟大实践的根本结论，也是我们继续推进改革开放伟大事业的根本保证。因而，深入学习领会党的十七大主题，是持续推进中国特色社会主义事业发展的需要，也是增强个人发展动力和民族凝聚力的需要。

我们应当看到，在现实社会条件下，一些大学生在社会竞争压力下，存在注重眼前、具体利益，忽视长远、全局利益的功利化倾向；在社会信息压力下，出现了注重科技轻人文、注重工具理性忽视价值理性的倾向；在社会风险压力下，表现出注重感性的即时性思维，忽视理性的人文性思维的倾向。这些价值取向上的不平衡性与偏差，是与确立中国特色社会主义共同理想相违背的，是目前大学生理想信念教育面临的现实难题。因此，我们要深入研究现实问题与理想实现的关系，切实加强大学生理想信念教育，使党的十七大主题的学习富有成效。

（三）学习领会党的十七大主题要对来自国内外的各种错误思潮做出批判

在举什么旗、走什么路的问题上，我们面临来自国内外的各种各样的挑战。近几年，美国以武力"扩展民主"陷于困境后，在总结东欧剧变与"颜色革命"经验的基础上，推出了"转型外交"，就是要将外交重点转向中国等"新兴国家"，"支持每个国家、每种文化中民主运动和民主制度的发展"，其目标就是要改变每个国家，特别是社会主义国家的制度，推进西化或美国化。胡锦涛同志在"6·25"讲话中所提出的"四个坚定不移"和党的十七大提出的主题，就是向全世界宣告我们的主张与决心，就是对试图改变中国特色社会主义制度那些声音的有力回应。在国内，针对中国特色社会主义的噪音与杂音仍然存在，如有人政治上主张中国搞民主社会主义，经济上推行新自由主义，文化上鼓吹历史虚无主义。这些思潮的实质就是背离中国特色社会主义，走向资本主义。党的十七大提出的主题，既是对我国社会主流价值体系的强有力的引导，也是对这些噪音与杂音的正面回应。

在深入领会党的十七大主题，进行理想信念教育过程中，我们要适应开放环境与信息社会的客观实际，面向世界和现实，联系中国特色社会主义事业的发展实际，针对各种错误思潮，善于进行比较与鉴别，敢于分析和批判，引导大学生树立正确的认识。

二、深刻认识改革开放的历史进程与宝贵经验，研究和发展爱国主义教育

改革开放以来，我国社会主义现代化建设取得了举世瞩目的伟大成就。党的十七大报告用"三个最"和"三个面貌"高度概括了这一历史新时期，即新时期最鲜明的特点是改革开放，新时期最显著的成就是快速发展，新时期最突出的标志是与时俱进；"三个最"带来了"三个面貌"的历史性变化，即中国人民的面貌、社会主义中国的面貌、中国共产党的面貌发生了历史性变化。

（一）开展改革开放历史进程教育，激发大学生的爱国情感

我国的改革开放是连续的、不平凡的历史进程，当前的青年大学生没有

完全经历这个过程，因而首先要引导大学生正确认识改革开放的历史过程。党的十七大报告用"三个永远铭记"饱含深情而又实事求是地概括了改革开放伟大事业是几代中国共产党人带领人民接力推进的。要永远铭记以毛泽东为核心的党的第一代中央领导集体为改革开放的历史进程奠定了根本政治前提和制度基础，永远铭记以邓小平同志为核心的党的第二代中央领导集体带领全党全国各族人民开创改革开放的新时期，永远铭记以江泽民同志为核心的党的第三代中央领导集体带领全党全国各族人民把改革开放成功推向21世纪。同时要帮助大学生了解改革开放进程是不平凡的。改革开放是从克服"文化大革命"的全局性错误开始的，我国要实现工作中心的转变与经济体制的艰巨转型，顶住东欧剧变的强大压力，敢于面对发达国家经济、科技的强势挑战而融入经济全球化大潮，迅速应对来势凶猛的社会信息化冲击，等等。要让学生了解，我们是在这样一个不平凡的历史进程中开创中国特色社会主义道路、实现快速持久发展的。

(二) 以改革开放的伟大成就，增强学生的民族自尊心与自信心

改革开放的伟大成就，集中体现在党的十七大报告的"三个生动描述"上：一是这场历史上从未有过的大改革大开放，极大地调动了亿万人民的积极性，使中国成功实现了从高度集中的计划经济体制到充满活力的社会主义市场经济体制、从封闭半封闭到全方位开放的伟大历史转折；二是中国的发展，不仅使中国人民稳定地走上了富裕安康的广阔道路，而且为世界经济发展和人类文明进步做出了重大贡献；三是社会主义和马克思主义在中国大地上焕发出勃勃生机，给人民带来更多福祉，使中华民族大踏步赶上时代前进的潮流、迎来伟大复兴的光明前景。

我们可以用我国改革开放前后经济指标的比较和经济总量的国际地位、人均收入的变化和人们生活水平的提高，用国际政治地位的提高和国内民主政治的发展，用文化教育面向世界影响的扩大和文化、科技、教育的迅速发展，用和谐社会建设成果的国际效应与科学发展的现实状况，用本地、本单位改革开放的成果等，赋予爱国主义教育以新的时代内容，坚定大学生走中国特色社会主义道路的决心和信心。

（三）深刻认识改革开放的性质和目的，增强大学生民族复兴的责任感和使命感

党的十七大报告进一步概括了改革开放的性质和目的，改革开放是党在新的时代条件下带领人民进行的新的伟大革命。改革开放的目的，一是要解放和发展社会生产力，实现国家现代化，让中国人民富起来，振兴伟大的中华民族；二是要推动我国社会主义制度的自我完善和发展，赋予社会主义新的生机和活力；三是要保持和发展党的先进性，确保党始终走在时代前列。"三个目的"所要解决的分别是经济基础、政治制度、党的领导问题，集中起来，就是强国富民、振兴中华。认识改革开放的目的，投入改革开放的实践，推进改革开放的进程，是民族精神与时代精神的集中体现。以爱国主义为核心的民族精神和以改革创新为核心的时代精神，是社会主义核心价值体系的精髓。培养以爱国主义为核心的民族精神和以改革创新为核心的时代精神，是时代对大学生的要求，也是高校思想政治教育的使命。

党的十七大报告强调，事实雄辩地证明，改革开放是决定当代中国命运的关键抉择，是发展中国特色社会主义、实现中华民族伟大复兴的必由之路；只有社会主义才能救中国，只有改革开放才能发展中国、发展社会主义、发展马克思主义。因而，坚定改革开放信念，就是坚定国家发展、民族振兴的爱国主义信念。

三、深刻领会和贯彻落实科学发展观，促进学生全面发展

（一）深刻领会科学发展观提出的历史背景与重大意义

科学发展观是以我国社会主义初级阶段基本国情为根本依据提出的，是针对当前我国发展的现实基础与阶段性特征提出的，是借鉴当代世界的发展实践和发展理念提出的。科学发展观是同马克思列宁主义、毛泽东思想、邓小平理论和"三个代表"重要思想既一脉相承又与时俱进的科学理论，它以马克思主义唯物辩证法为指导，揭示了生产力和生产关系、经济基础和上层建筑的矛盾运动，提出了正确处理人与人、人与社会、人与自然关系的准则与要求。科学发展观是我国经济社会发展的重要指导方针和发展中国特色社会主义必须坚持和贯彻的重大战略思想，针对我国发展实际，进一步回答了实现什么样的发展、怎样发展等重大问题，体现了我们党对共产党执政规

律、社会主义建设规律、人类社会发展规律认识的进一步深化。

(二) 深刻理解和全面把握科学发展观的要义，促进大学生适应并推进社会发展

科学发展观的第一要义是发展。科学发展观是用来指导发展的，不能离开发展这个主题。我国坚持科学发展观，就是要着力把握发展规律、创新发展理念、转变发展方式、破解发展难题，推进社会快速发展、持续发展、和谐发展。发展不仅为社会提供丰富的物质、文化财富，同时也带来了许多新情况、新问题。大学生面临迅速发展的社会格局与复杂的社会环境，首先要适应，而适应的根本方式就是要关注社会、面向社会，不断发展自己，跟上时代步伐。只有不断充实自己、提高能力，才可能成为推进社会发展的积极力量。否则，就会使社会发展滞后，甚至成为社会发展的障碍。

(三) 坚持以人为本，注重人文关怀与大学生的民生问题

科学发展观的核心是以人为本。以人为本的实质是，人是目的与手段的统一，即一切为了人，一切依靠人。以人为本体现了马克思主义的人民主体思想，体现了我们党全心全意为人民服务的根本宗旨与群众路线。思想政治教育的对象是人，更应该坚持以人为本。思想政治教育坚持以人为本，其一就是要注重人文关怀，即了解学生、关心学生、尊重学生、爱护学生、一切为了学生，在教育教学过程中，既要"备课"，更要"备人"，改变注重书本、注重理论、注重课堂而忽视学生需要与实际的倾向。其二是解决大学生的民生问题，即有效解决其根本利益、切身利益问题。大学生的根本利益是他们的健康成长与全面发展，是大学生综合素质的提高。大学生在竞争压力、信息压力、风险压力下，在复杂多变的社会环境中，难免存在适应、取向、选择上的困难，难免产生诸多迷惘和困惑。成长过程中的矛盾与问题是大学生最大的民生问题。同时，大学生普遍面临就业压力，此外一些学生经济上有困难，一些学生因家庭变故而苦闷，一些学生存在不同的心理问题等。这些实际问题、实际困难就是大学生的民生问题。解决他们的这些问题，是思想政治教育坚持以人为本的应有之意。

(四) 把握科学发展观的基本要求，促进大学生全面发展

科学发展观的基本要求是全面协调可持续发展。全面协调可持续发展既是对社会发展的要求，也是对人发展的要求。社会的全面协调可持续发展是

人全面协调可持续发展的条件；而人的全面协调可持续发展则是社会全面协调可持续发展的基础。大学生的全面发展是其在德智体美等各个方面既都得到发展，又能够有重点、有特色地发展。当前，重物质轻精神、重智育轻德育的发展倾向在一些大学生中仍不同程度地存在。要研究这种倾向产生的社会原因和导致的不良后果，探索有效的解决途径。大学生的协调发展表现为大学生与社会、大学生与自然、大学生自身的和谐发展。一些大学生不适应社会，存在心理失衡与心理冲突，是不协调发展的主要表现，研究和解决这些问题是实现其社会化与全面发展的重要任务。大学生的可持续发展，要求其在德智体美等各个方面，既要立足现实，又有远大目标，既要注重满足眼前需要，又要着眼于长远发展。一些大学生理想信念模糊，功利倾向严重，缺乏发展目标与动力，对发展前途感到迷茫，这些问题需要我们认真研究和对待。

四、以全面建设小康社会的奋斗目标，激励大学生奋发有为

（一）以自主创新能力显著提高的目标，激励大学生奋发学习

党的十七大报告对未来经济建设提出了新目标、新要求，在五大目标中，党中央根据当今时代科学技术日益成为经济发展决定性力量的趋势，提出自主创新能力是国家发展战略的核心，是转变经济发展方式的中心环节，要求全国自主创新能力有显著提高。

提高自主创新能力，大学生担负着义不容辞的历史责任。因为大学生是未来科学技术的主力军，是推进中国特色社会主义事业发展的生力军。提高自主创新能力，是全面建设小康社会的迫切需要。我国作为一个发展中的大国，科技自主创新能力薄弱、核心技术缺乏长期困扰我国经济的发展。目前，世界上公认的创新型国家有 20 个左右，其共同特征是：科技进步贡献率在70%以上，研发投入占 GDP 的比例一般在 2%以上，对外技术依存度指标一般在 30%以下。我国科技进步贡献率较低，研发投入占 GDP 的比例在1.3%左右，对国外引进技术的依存度在 60%左右。提高我国科技进步贡献率、减少对外技术依存度，是我国科技发展、经济发展的艰巨任务，也是当代大学生的历史责任。

同时，提高自主创新能力也是增强我国国际竞争力的迫切需要。我国科技、人才与发达国家比较，存在明显差距。改革开放以来，我国国际竞争力

排名虽有较大提高，2004 年居世界第 24 位（日本第 23 位，印度第 34 位，俄罗斯第 50 位），但竞争力主要在于 GDP 的增长，其他结构性的指标没有多大改善，经济增长中能源消耗快速增长。2001 年，我国能源消耗排在第51 位（日本第 4 位，印度第 54 位，俄罗斯第 60 位）。与能源的高消耗相对应，我国的劳动生产率却非常低。2003 年，我国全部行业的劳动生产率居57 位，仅为美国的 11%，意大利的 12.3%，韩国的 23%。可见，我国科技对经济贡献率较低的状况并没有得到改善。在 158 个国际一级科学组织及其包含的 1566 个主要二级组织中，我国参与领导层的科学家仅占总数的2.26%，其中在一级科学组织担任主席 1 名，在二级组织担任主席占 1%。国际性八大科学奖，我国只有 1 人获菲尔兹数学奖。第三世界科学院基础科学奖中国有 12 人获得，排第三位（印度 27 人，巴西 18 人）。第三世界科学院会员数，我国有 97 人，也不及印度的 121 人。我国科技人才总体规模虽然位居世界第一，但是缺乏拔尖人才和高层次人才。为此，我们既要研究如何用党的十七大所确定的发展目标和我国存在的差距，激励大学生奋发学习，也要研究拔尖人才和高层次人才培养、成长的条件。

（二）以发展社会主义民主政治的目标，引导大学生正确认识中国特色社会主义政治发展道路

党的十七大报告对发展中国特色社会主义民主政治提出了新的要求，作出了新部署。报告强调，发展社会主义民主政治是我们党始终不渝的奋斗目标，并对中国特色社会主义政治发展道路做出了精辟概括，这就是"一个统一"和"四个制度"。"一个统一"就是坚持党的领导、人民当家作主、依法治国的有机统一。"四个制度"就是坚持和完善人民代表大会制度、中国共产党领导的多党合作和政治协商制度、民族区域自治制度以及基层群众自治制度。"一个统一"和"四个制度"构成了最适合我国国情、最能够把13 亿人民的意志和力量凝聚起来的政治制度，集中体现了我国社会主义民主政治的特点和优势。

我们要根据我国国情的特殊性以及经济制度的性质来研究和讲清政治制度、民主发展的民族性，分析西方国家，特别是美国的政治制度、资产阶级民主的由来与实质，消除西方政治与民主对当代大学生的影响。

（三）以社会主义文化大发展大繁荣的建设目标，调动大学生的积极性

党的十七大报告对文化建设提出了新任务，做出了新决策，强调要推动社会主义文化大发展大繁荣，兴起社会主义文化建设新高潮。要让大学生了解，为什么当前要特别强调兴起社会主义文化建设新高潮。其主要原因有三点：一是发展的规律性使然。按照马克思主义需要层次理论，当社会以及人们的物质条件得到基本满足之后，必然要追求更高层次的需要。二是由于发展的辩证性。物质与精神、科技与人文、经济与政治总是不可分割地结合在一起的，在物质、科技、经济快速发展的过程中，既需要更高的精神、人文、政治作为发展的条件，又要为精神、人文、政治发展提供基础。三是由于发展的需要性。文化，特别是精神文化是社会的思想灵魂。文化与经济、科技的整合互动所要解决的基本问题是，经济、科技决定论与精神动力论的统一，其核心是经济、科技发展的根源、动因，是从经济、科技自身去满足，还是要从人那里去寻找的问题。

我国社会之所以在官场上出现钱权交易，在市场上出现钱德交易，在学术上出现钱学交易，并且一些人存在心躁（即急躁、浮躁、烦躁、焦躁）、精神痛苦、精神疾病等现象，在很大程度上是因为文化发展，主要是精神文化发展滞后，或忽视精神文化。因而，精神文化与物质产品相比较显得稀缺。

（四）我国高校也不同程度地存在着重科技文化轻精神文化的现象

本应重视人文的高等学校之所以存在这种倾向，一是由于科技发展与信息压力造成对人文挤压的现实原因。如联合国发展计划署教育顾问德怀特·艾伦所说的，20 世纪高等教育自发地把如何使学生变得"聪明"当作主要目的。当今，知识量已经翻了好几倍。高等教育忙于应付令人头晕目眩的新知识，无暇顾及价值观和道德教育。教育有两个目的：一个是要使学生变得聪明，另一个是要使学生做有道德的人。如果我们使学生变得聪明而未使他们具有道德，那么，我们就为社会创造了危害。二是高校缺乏有效竞争，受传统资源观影响较深，即以知识资源为重，忽视人才资源开发与运用，如同经济领域以稀有资源为重，忽视人力资源的传统一样。三是高校在认识上没有将科技文化与精神文化的性质、功能、关系分清楚，往往以科技文化代替

精神文化。因而，研究、发展高校精神文化是高校思想政治教育的一项紧迫任务。

研究、发展高校精神文化，首先要以当代社会为背景，以人的文明需要为出发点，研究、发展高校精神文化的价值性，这是发展高校精神文化的前提与基础。其次，要研究我国高校精神文化与科技文化、西方文化、传统文化、大众文化的关系，明确我国精神文化的主导性，明确校园文化建设的核心是精神文化建设。最后，要研究、发展师生的精神生活方式，引导精神文化的正确发展。

五、认真学习十七大报告中关于教育的相关论述，为推进高校改革发展服务

（一）党的十七大把教育提到了更加重要的地位

党的十七大报告把教育由过去放在文化建设部分，改为放在社会建设最先部分，并强调要优先发展教育，建设人力资源强国；强调教育是民族振兴的基石，教育公平是社会公平的重要基础。这些说明，教育不仅是全社会、全体人民生存与发展的重要民生问题，而且是国家强盛、民族振兴的基石，从而把教育提到了更加重要的地位。

党的十七大报告提出了改革发展教育的新要求，即全面贯彻党的教育方针，坚持育人为本、德育为先，实施素质教育，提高教育现代化水平，培养德智体美全面发展的社会主义建设者和接班人，办好人民满意的教育。这些教育的根本要求，其针对性与现实性是很强的。一是针对重智育轻德育的倾向，强调所有教育要坚持育人为本、德育为先；二是针对应试教育倾向，强调所有教育要实施素质教育；三是针对教育相对滞后的倾向，强调所有教育要提高现代化水平；四是针对教育存在的问题，提出人民满意是衡量教育效果的标准。

（二）要进一步加强和改进高校思想政治教育

根据党的十七大报告的这些精神，我们首先要研究，在新的历史条件下，如何切实贯彻落实大学生思想政治教育战略，为推进科教兴国、人才强国战略和建设人力资源强国服务，进一步增强思想政治教育的责任感与使命感，发挥思想政治教育的先导作用、育人作用、开发作用。其次，要针对思想政治教育所存在和面对的问题与困难，研究如何使思想政治教育适应和推

进我国社会的快速发展和学生的多样化需要，改变思想政治教育的滞后状况，进一步更新教育观念，深化教学内容与方式改革，立足于提高大学生的思想政治素质。最后，要根据高校教育规模增大、思想政治教育投入相对不足的实际，研究提高思想政治教育现代化水平与教育质量的对策，加快辅导员专业化建设的步伐，增强思想政治教育的感召力与实效性。

以科学发展观为指导推进思想政治教育的改革与发展[*]

全面建设小康社会是我国在 21 世纪的奋斗目标，也是我国现代化建设的新阶段。在这个阶段，人怎么发展，社会怎么发展，是一个关系全民族以及每个人前途和命运的历史性决策。党和国家以邓小平理论和"三个代表"重要思想为指导，确立了全面建设小康社会、追求物质丰裕、推进社会和人的全面发展的目标体系，提出了以人为本，坚持全面、协调、可持续发展的战略思想。这一科学发展观为进一步推进改革开放、推进人和社会的全面发展，提供了明确的理论指导和思想保证。思想政治教育既要以科学发展观为指导，推进自身改革和发展，又要引导和帮助人们结合实际学习、运用科学发展观，为各项工作改革和人的发展提供正确思想指导。

一

我们党提出的科学发展观，其内涵是极其丰富的，其中以人为本是科学发展观的核心，更是思想政治教育的根本宗旨，因为思想政治教育的对象是人。所谓以人为本，就是社会的一切发展既依赖人的发展又为了人的发展，人既是发展的目的，又是发展的手段。坚持以人为本的发展观，首先要把人的全面发展作为社会和人的根本目标，把社会的经济、政治、文化发展归于满足人的发展需要，就是要代表广大人民群众的根本利益，体现一切为了群众和立党为公、执政为民的民本观。其次，要把人的发展作为一切发展的基础，坚持人民群众是社会发展主体和历史发展动力的唯物史观，广泛发动群众，充分调动群众的积极性与首创精神，推进我国社会主义现代化建设，继承和弘扬党的一切依靠群众、从群众中来到群众中去的群众观。最后，要树立人才资源是第一资源的观念，把人才资源作为最重要的战略资源认识、开发和管理，努力使我国由传统的人口大国转化为人才资源强国，把人口压力转化为人才优势，形成小康大业、人才为本的共识。思想政治教育坚持以人

* 原载于《思想·理论·教育》2004 年第 4 期，收录时有修改。

为本，就是要把代表人民的根本利益、促进人的全面发展、依靠群众和调动群众积极性作为根本任务与根本目的。

在思想政治教育领域，人本发展观是与文本发展观相对应的。所谓文本发展观，就是以书为本、从理论出发的发展观；就是在教育过程中，只重备课，忽视"备人"；只讲抽象理论，忽视人的具体实践；注重文本逻辑性，忽视人的发展需要；强调文本意义阐释，忽视社会实践发展；等等。概括起来就是只重书本，不重人本。这种文本发展观是理论脱离实际的教条主义，抽象化、概念化的形式主义，经院式、学究式的本本主义。教条主义、形式主义、本本主义在党的历史上和过去思想政治教育中曾多次出现，它的基本特征是理论脱离实际，既扼杀了马克思主义理论的生命力，又导致实践发展的模式化，从而使人们思想僵化保守，多次给我国革命和建设造成重大危害。改革开放以来，我们在解放思想、实事求是思想路线指导下，对教条主义、形式主义、本本主义虽然进行了批判并有很大的克服，但是，思想政治教育脱离现代社会发展和人们学习、生活实际的现象依然存在。满足人们在竞争、信息、网络等新的领域发展需要的理论、价值、心理健康教育缺乏；思想政治教育与人们业务学习和业务工作分离的"两张皮"状况还没有得到很好的解决；一些教育工作者、领导者在市场竞争中为了自身现实利益和提升职级而简单应付教育的倾向比较明显；传统、单一的思想政治教育方法与人们的多样化需求和个性化发展产生矛盾；等等。这些现象的特征仍然是理论脱离实际，是忽视人的需要与发展的教育倾向。人们在这种针对性不强的教育倾向中往往难以感受到教育的价值而产生怀疑与疏离，使教育有效性下降，这是当前思想政治教育不容忽视的问题。我们不能简单责怪人们对思想政治教育不重视，而应当以人本发展观反省教育的文本发展观，改革教育脱离社会和人们实际的倾向，真正使教育成为人们的发展需要。

二

坚持社会和人的全面发展是我们党提出的科学发展观的中心内容，也是党的全部工作，包括思想政治教育的根本目标。思想政治教育就是要保证和促进人的全面发展。所谓人的全面发展，就是按照人的本质，"以一种全面的方式，也就是说，作为一个完整的人，占有自己全面的本质"[①]。物质性、

---

① 《马克思恩格斯全集》第42卷，人民出版社1979年版，第123页。

社会性、精神性都是人的本质属性。生活在一定社会条件下的人，既要拥有生存与发展的物资条件，又要不断丰富社会关系，还要有自己的精神生活。在发展取向上既坚持全面又有所侧重，既发展特色又互不替代，以物质、社会、精神的全面方式发展自身，才能坚持全面发展。

在不同历史时期，全面发展观的内涵是不同的，全面发展观是相对于片面发展观而言的。在历史发展进程中，由于受生产水平和社会政治制度的制约，人往往呈现片面发展状态，并在不断克服片面发展过程中走向全面。在我国古代，人的发展侧重道德发展，即所谓"道德人"。"文化大革命"以阶级斗争为纲和政治运动为中心，把人变成单一的"政治人"。西方中世纪的神本价值主导，使人成为在神面前的"否定人"。资本主义的商品拜物教使人成为"经济人"。现代社会一些人对科技的盲目崇拜，又使一些人成为"工具人"。从历史发展的过程来看，人类社会在不同时期具有不同的主导价值取向，形成了人不同侧重的发展趋向，而社会和人在发展价值取向上的替代，则造成了人的片面发展。马克思曾经系统分析了古代人在"人的依赖关系"状况下的片面发展，深刻分析了资本主义社会的人在"物的依赖"状况下的片面发展，提出了人的全面而自由的发展是未来社会和人的发展目标。我们党提出人的全面发展观就是要避免以往社会人的片面发展状况，克服"道德人""政治人""经济人""工具人"的局限，真正按照人的本质属性实现人的物质与精神、科技与人文、政治与道德、生理与心理、知识与能力等方面的全面发展，真正成为"全面人"。

坚持人的发展的全面性，归根结底是人的本质要求和体现。按照马克思主义的观点，人的全面发展从根本上讲是人的本质的全面占有，物质性、社会性、精神性都是人的本质特性。过去，我们在人的发展上过分强调社会性，忽视物质性，产生了一大批热衷于政治运动和政治革命的"政治人"，结果，由于人们物质追求动力不足，社会生产缺乏推动力，不仅物质生活水平得不到提高，而且缺少接受教育、提高科学技术水平的物质条件。当人们可以追求物质利益后，又有一些人忽视政治与道德，表现为"经济人""工具人"，结果在社会上和学校里引发了许多社会问题。如一些人将物质交换原则引入政治活动，为了满足个人私欲玩弄政治权术，以权谋私，大搞钱权交易；一些人滋长享乐主义和利己主义，迷信金钱至上，相信"人不为己，天诛地灭"的自私哲学；一些人为了私利丧失良心大搞欺骗活动；一些人营私舞弊、剽窃他人成果；等等。这些现象都是物本价值取向对社会政治、道德、教育等领域的冲击，也是经济主导价值观单一化而导致的对其他社会价值观的替代性现象。物本价值取向的实质是将物质的满足作为人的最高目的，把物质价值置于价值体系的最高点，是一种典型的片面认识与片面发展。这种物本价值取向与科技为本的价值取向所引发的替代性现象的后果是堪忧的。无论是物质替代精神，还是科技替代道德，都会引起人们以物质、科技作为唯一衡量价值的准绳，忽视自身内在精神世界的耕耘与和谐，于是一些人思想上存在迷惘与困惑，不愿意从精神和理论的层面求解；一些人不自觉地表现出急躁、浮躁、焦躁、烦躁，不明白"人无远虑，必有近忧"的古训；一些人拥有现代化生活的物质条件，但烦恼不断，幸福感缺乏；一些人在激烈的社会竞争中，稍有不顺就怨天尤人，动力不足；还有一些人内在精神缺乏支撑，患上各种精神疾病而遭受精神折磨。所有这些我们可以大量感受到的事实，不仅给社会和个人发展增加了阻抗，而且还要求社会对其所造成的损失做出补偿。

面对现代社会人的发展的复杂状况，思想政治教育要以科学发展观为指导，在理论上启发人们重新学习马克思主义关于人的本质与全面发展理论，克服实用主义倾向与片面性理解，切实全面把握人的本质并确立全面发展的目标。在实践中帮助人们适应社会发展的全面性与丰富性，改变过去非此即彼和抑此扬彼的简单化方式，切实在坚持全面发展中形成重点与特色，在比较中引导人们认识人类的全面发展趋势和片面发展的危害，避免盲目发展倾向，正确吸取发展上的经验教训。思想政治教育坚持人的全面发展观，是一项长期而艰巨的任务。这是因为，从历史上看，以往人的发展取向由于受客观历史条件的限制，存在片面性。这种片面性实际上反映的是社会和人的发展的不成熟性，要克服这种片面性或不成熟性得有一个过程。有些人否定了"文化大革命"时政治替代其他价值取向的错误之后，转向了对政治本身的否定而陷于经济、科技价值取向，从一个极端摆向另一个极端，这仍然是不成熟的表现。从现实来看，科技进步、市场体制所引发的社会竞争力量强大。在竞争中，经济与科技由于直接与人们的物质利益相关，并且可以通过物化、量化和指标化进行比较而显示价值优势，受到重视，精神、道德难以直接比较而常常被忽视，这是造成人的片面发展的现实原因。针对历史与现实情况，思想政治教育只能通过改革，强化理论说服力和精神、道德上的影响力，为人的全面发展创造条件。

三

　　坚持社会和人的协调发展，是我们党提出的科学发展观的重要内容，是思想政治教育在新的历史条件下应遵循的重要原则。所谓协调发展，是指人在发展过程中与所处环境、条件的互动与和谐，而不是分裂与对抗。人的全面发展与协调发展是不可分割地联系在一起的。全面发展是协调发展的基础，没有全面发展，就无法进行各方面素质的协调；而协调发展则是全面发展的保证，没有协调发展，就无法坚持全面发展。因而，人的协调发展是人应有的科学、合理发展状态，是思想政治教育必须追求的工作目标。人的协调发展主要包括人与社会、人与自然和人自身发展的协调。

　　人与社会的关系始终是人生存与发展所面临的主要关系。古代社会"人的依赖关系"把人进行等级分裂，造成人的对立，资本主义社会人对物的依赖关系，使人陷于物质价值的追求而相互争夺，不能实现协调发展。为了解决人与社会的冲突，马克思和恩格斯提出了"自由人的联合体"思想，即在这样一个联合体中，"每个人的自由发展是一切人的自由发展的条件"①。这一思想既是对单纯群体本位又是对极端个人本位的扬弃与超越，是对个人与社会关系割裂的否定与克服。它既肯定了个体的自由发展，又把一切自由发展的个体从本质上统一为整体的社会联合体，即人的"类存在"。这样，人再不是"单子式"的相互矛盾的存在，而是有着共同利益的联合体。马克思和恩格斯提出的"自由人的联合体"思想是人与社会协调发展的理想目标，人类要生存和发展下去，只能向这一目标努力。在我国社会主义初级阶段，人与社会的关系还存在诸多矛盾。既存在自然经济条件下的人际依附关系，以及血缘、地缘、业缘裙带关系，也存在市场经济条件下的个人本位、个人中心的倾向。前者表现为主体性不强，后者表现为社会化程度不高。因此，增强人的主体性、提高人的社会化水平，是思想政治教育所面临的双重任务。人的主体性发展实际上是人自身素质的全面提高，是人内在潜能的充分发掘，它是一切发展的基础与源泉。同时，人的社会化发展，实际上是人与社会的协调和人的社会关系的丰富，是人充分发挥作用的根本途径，它是一切发展的前提与条件。人的主体性与人的社会化发展辩证统一，实质上是个体与社会、人的内在与外在、人作为目的与手段的辩证统

---

① 《马克思恩格斯选集》第1卷，人民出版社1975年版，第273页。

一。然而，对人与社会协调发展的关系不是每个人都能自觉认识和把握的。有的人只看到市场经济体制自主性与竞争性的一面，忽视了市场经济体制高度社会化与合作性的一面；只看到社会主义民主自由性的一面，忽视了社会主义法制规约性的一面。为此，思想政治教育既要发展人的自主性、竞争性，克服依赖性；又要发展提高人的社会化、合作性，克服自由化，要探索人的主体性与社会化相结合发展的协调状态。

人与自然的关系也是人所面临的基本关系。古代社会"人的依赖关系"实际上根源于人对自然的依赖，即人从属、顺从自然而"听天由命"。资本主义社会人对物的依赖关系，导致人为了物质追求而对自然的任意宰割与对立。为了达至人与自然关系的协调，马克思主义认为，人一方面要发展科学技术，发展自己，超越自然，成为自然界的主人；另一方面，人要从私有制和个人本位状态下解放出来，克服孤立个人的偏狭，寻求类主体的人与自然关系的和谐，即"作为完成了的自然主义，等于人道主义，作为完成了的人道主义，等于自然主义，它是人与自然之间——斗争的真正解决"①。从我国的历史和现实情况来看，由于我国科学技术落后，人对自然的开发还不充分，许多人还处在对自然的依赖状态。因此，动员人们提高科学技术水平，提高人认识和开发自然的能力，仍然是思想政治教育长期而艰巨的任务。这个任务不完成，人与自然的协调性只会停留在低层面上。同时，在我国实现现代化过程中，也出现了人与自然的矛盾与冲突，主要表现为一些人在利用科学技术发展工业时，为了追求自身利益而过分开发稀有资源并造成污染，使环境恶化，危及人的生命安全；一些人物欲膨胀，无节制地享用自然珍稀资源和现代物资条件，加速物种灭绝和垃圾遗弃，破坏生态平衡；一些人为了眼前利益，对自然资源进行盲目甚至掠夺性开发，违背自然规律，已经并还将遭受自然界的严厉报复和惩罚。人与自然的这些矛盾和冲突，已经威胁到人与社会的生存和发展，如果思想政治教育不予正视和引导，人们的发展就会陷于片面，其根本利益将遭受损害。因此，思想政治教育在鼓励人们大力提高科学技术水平的同时，要强调统筹发展和对自然的责任，反对物质享乐主义，不断抑制和缓解人与自然的矛盾，探索人与自然协调发展的和谐格局。

除了人与社会、自然协调发展之外，还有人自身协调发展的问题。人自身的协调发展，亦可称之为人的可持续发展，是指人实现眼前发展与长远发

① 《马克思恩格斯全集》第42卷，人民出版社1979年版，第120页。

展的结合，并坚持对自身不断超越的发展状态。人的发展和社会发展一样，也存在眼前发展与长远发展、持续发展与间断发展、缓慢发展与快速发展的状态。市场经济体制下的激烈竞争、现代科学技术发展的日新月异、社会信息传播的千变万化，以及终身教育与学习型社会的形成，都要求每个人持续发展，也为每个人的持续发展创造了条件。但是，在谋求发展过程中，人们由于受眼前利益、局部利益和个人利益的驱使和局限，往往只重视个人的眼前发展而忽视长远发展，结果导致发展缓慢或间断，甚至发生倒退。为此，思想政治教育要根据现代社会的客观要求，按照可持续发展战略，引导人们在注重竞争发展的同时，立足长远发展；在关注现实利益的同时，树立远大目标，坚持眼前与长远、现实与理想的协调统一，防止只图眼前，不顾长远，只求实利，忽视理想的发展取向。

学习贯彻党的十八大精神　加强和改进思想政治教育[*]

党的十八大是在全面建设小康社会关键时期和深化改革开放的攻坚时期召开的一次十分重要的大会，胡锦涛同志所做的十八大报告的新表述、新思想、新论断，为加强和改进思想政治教育提供了新的指导思想、新的教育内容与新的教育要求。本文主要从五个方面研究思想政治教育如何贯彻落实党的十八大精神，以增强思想政治教育效果，提高思想政治教育质量。

一、以科学发展观为指导，加强和改进思想政治教育

党的十八大报告指出："科学发展观同马克思列宁主义、毛泽东思想、邓小平理论、'三个代表'重要思想一道，是党必须长期坚持的指导思想。"[①] 中国共产党第十八次全国代表大会通过的《中国共产党章程》，把科学发展观确定为"发展中国特色社会主义必须坚持和贯彻的指导思想"。科学发展观是新的历史条件下，指导党和国家全部工作的强大思想武器，思想政治教育理所当然地要坚持科学发展观的指导。

科学发展观是马克思主义关于发展的世界观和方法论的集中体现，是与马克思主义既一脉相承又与时俱进的科学理论，其内涵极其丰富。它既包括以人为本的核心思想，又坚持发展是党执政兴国的第一要义；既强调按照中国特色社会主义事业总体布局坚持全面协调可持续发展，也要在认识和处理中国特色社会主义事业重大关系的过程中实现统筹兼顾。

思想政治教育在我国是一项领域和人员覆盖广泛的活动，既要面向社会，引导人们正确认识、实践社会的科学发展，也要面对人，促进人的全面发展。不管是社会发展还是人的发展，都要坚持以人为本的核心思想。所谓以人为本，就是社会的一切发展要依靠人的发展，又为了人的发展；人既是

---

* 原载于《思想理论教育》2013 年第 1 期，收录时有修改。

① 中共中央文献研究室：《十八大以来重要文献选编》（上），中央文献出版社 2014 年版，第45 页。

发展的手段，又是发展的目的。人与社会的发展是紧密相连、不可分割的。社会的经济、政治、文化、社会生态，都要靠人来建设，都是为了满足人的发展需要，人的发展是一切发展的基础，是马克思主义关于人民群众是社会发展主体和历史发展动力的体现。因而，科学发展观是党在新的历史条件下，党的一切依靠群众、从群众中来到群众中去传统的弘扬与发展。思想政治教育坚持以人为本，就是要把代表人民的根本利益、促进人的全面发展、依靠群众和调动群众积极性作为根本任务与根本目的。

坚持社会和人的全面发展是科学发展观的中心内容，是对思想政治教育的目标要求。所谓社会全面发展，就是引导人们全面认识和把握经济建设、政治建设、文化建设、社会建设、生态文明建设"五位一体"的总体布局，坚持生产力与生产关系、经济基础与上层建筑、客观与主观协调发展。所谓人的全面发展，就是按照人的本质，"以一种全面的方式，也就是说，作为一个完整的人，占有自己的全面的本质"①。生活在一定社会条件下的人，既要拥有生存与发展的物资条件，又要不断丰富社会关系，还要有自己的精神生活。在发展取向上坚持全面又有所侧重，发展特色又互不替代，以物质、社会、精神的全面方式发展自己。

坚持社会和人的协调、可持续发展，是科学发展观的基本要求。所谓社会协调发展，是指社会各个领域、各个地区、各个单位相互配合、相互促进、共同发展；所谓个人全面发展，是指人在发展过程中与所处环境、社会、他人的互动与和谐；所谓社会与人的可持续发展，是指社会与人要坚持正确而远大的目标，超越盲目、自发状态，实现自觉发展。

总之，社会与人的全面、协调、可持续发展，是社会与人应有的科学、合理的发展状态，思想政治教育一方面要为促进这种发展状态服务，另一方面也要帮助人们认识片面发展、自发发展以及相互冲突的表现与危害，引导人们全面发展并推进社会科学发展。应当看到，在现实社会中，片面发展、自发发展以及相互冲突，虽然只在一定范围内存在，但它阻碍人的全面发展与社会进步，思想政治教育只有以科学发展观为指导，才能高屋建瓴地对各种阻碍社会发展的状况进行梳理和分析，坚持正确的发展目标与要求，克服不科学、不合理的发展倾向，引导人们全面发展并推进社会科学发展。

---

① 《马克思恩格斯全集》第42卷，人民出版社1979年版，第123页。

二、坚定中国特色社会主义道路，丰富中国特色社会主义共同理想教育

高举中国特色社会主义伟大旗帜，坚定不移地沿着中国特色社会主义道路前进，是党的十八大主题的主要内容。"道路关乎党的命脉，关乎国家前途、民族命运、人民幸福。"[1] 中国特色社会主义道路与中国特色社会主义共同理想，是相互蕴含的两个方面。所谓道路，是指达到某种目标的途径；所谓共同理想，是指社会的共同目标。中国特色社会主义道路和中国特色社会主义共同理想，是要把我国建设成为富强、民主、文明、和谐的社会主义现代化国家。道路为实现理想开辟途径，理想为坚持道路提供动力。这正如毛泽东所说的："社会主义制度的建立给我们开辟了一条到达理想境界的道路，而理想境界的实现还要靠我们的辛勤劳动。"[2]

党的十八大报告追溯了我国革命与建设道路选择与开辟的历史进程，概述了中国特色社会主义道路、中国特色社会主义理论体系、中国特色社会主义制度的内涵及三者的内在联系，分析了中国特色社会主义的总依据是社会主义初级阶段，阐述了中国特色社会主义总布局的"五位一体"建设，强调了中国特色社会主义的总任务是实现社会主义现代化和中华民族伟大复兴。这样，中国特色社会主义的目标更加明确，内涵更加丰富，理论更加系统，价值更加突出。党的十八大报告还根据党的根本宗旨、基本路线、基本纲领和时代特征，提出了中国特色社会主义基本要求，即必须坚持人民主体地位，必须坚持解放和发展社会生产力，必须坚持推进改革开放，必须坚持维护社会公平正义，必须坚持走共同富裕道路，必须坚持促进社会和谐，必须坚持和平发展，必须坚持党的领导。强调在新的历史条件下夺取中国特色社会主义新胜利，必须牢牢把握基本要求，"并使之成为全党全国各族人民的共同信念"[3]。

所有这些关于中国特色社会主义的新概括、新阐述、新思想，是中国特色社会主义理论体系的新发展，赋予中国特色社会主义强大的生命力、感召

---

① 中共中央文献研究室：《十八大以来重要文献选编》（上），中央文献出版社 2014 年版，第 8 页。

② 《毛泽东文集》第 7 卷，人民出版社 1999 年版，第 226 页。

③ 中共中央文献研究室：《十八大以来重要文献选编》（上），中央文献出版社 2014 年版，第 11 页。

力，为开展中国特色社会主义共同理想教育提供了丰富的资料和逻辑思维体系。结合中国特色社会主义现代化建设所取得的伟大成就和我国国际地位的不断提高，对比西方国家陷于百年罕见的金融危机，更加有利于开展中国特色社会主义共同理想教育，增强发展动力和民族凝聚力，坚定不移地走中国特色社会主义道路，为全面建成小康社会奠定坚实的思想基础。

三、深化社会主义核心价值体系建设，培育和践行社会主义核心价值观

党的十八大报告把"文化软实力显著增强"作为全面建成小康社会和全面深化改革开放的目标之一，其主要要求是"社会主义核心价值体系深入人心，公民文明素质和社会文明程度明显提高"①。并强调指出："社会主义核心价值体系是兴国之魂，决定着中国特色社会主义发展方向。要深入开展社会主义核心价值体系学习教育，用社会主义核心价值体系引领社会思潮、凝聚社会共识。"② 报告在重申广泛开展理想信念教育和深入开展爱国主义、集体主义、社会主义教育的同时，首次提出"倡导富强、民主、文明、和谐，倡导自由、平等、公正、法治，倡导爱国、敬业、诚信、友善，积极培育和践行社会主义核心价值观"③。

核心价值体系是一定主体以其需求系统为基础，对主客体之间的价值关系进行整合而形成的观念形态，集中体现主体的愿望、要求、理想、需要、利益等。社会主义核心价值体系包含四个方面互相影响、互相作用的内容，形成一个统一整体，是一系列价值观点的系统综合，具有全局性和长远性、协同性和系统性、主导性和统领性的特点。社会主义核心价值观是指对我国社会的意义、重要性的总评价和总看法，既是价值目标，又是价值标准。社会主义核心价值观具有稳定性和持久性、历史性与选择性特点。社会主义核心价值体系和社会主义核心价值观是具有内在联系的价值表达。

"三个倡导"提出了反映现阶段全国人民"最大公约数"的价值观，是

---

① 中共中央文献研究室：《十八大以来重要文献选编》（上），中央文献出版社 2014 年版，第14 页。

② 中共中央文献研究室：《十八大以来重要文献选编》（上），中央文献出版社 2014 年版，第24 页。

③ 中共中央文献研究室：《十八大以来重要文献选编》（上），中央文献出版社 2014 年版，第25 页。

社会主义核心价值体系建设的新成果，为进一步深化社会主义核心价值体系建设提出了目标与要求，为培育和践行社会主义核心价值观奠定了基础。首先，"三个倡导"的社会主义价值观，既借鉴了人类历史发展进程中进步的价值观念，具有价值延续性，又是社会主义价值的展现与发展，具有历史超越性；既蕴含了我国的优良传统，又反映了我国广大人民的现实需要，是人心所向、众望所归的价值诉求，为我们开展思想政治教育提供了丰富的内容。其次，"三个倡导"的社会主义价值观，在国家、社会、个体三个层面上各有侧重且相互贯通、相互渗透，在培育和践行这些价值观的过程中，有利于人们把自己与国家、社会联系起来，有利于认同、形成我国全局的、长远的价值目标，遵循共同的价值规范，自觉追求于国于社会于己有益的价值。最后，"三个倡导"的社会主义价值观的培育与践行，一方面，可以有效推进社会主义核心价值体系建设，用社会主义核心价值体系引领社会思潮，提高国家文化软实力和面向世界的文化竞争力，把广大人民团结凝聚在中国特色社会主义伟大旗帜之下；另一方面，也可以增强人们的精神支柱，丰富人们的精神生活，使广大人民更富有活力和创造力。

总之，"三个倡导"的社会主义价值观的提出，为思想政治教育提供了新内容，也提出了新要求。思想政治教育工作者要充分认识社会主义核心价值观教育的重要性，立足社会主义核心价值观的培育与践行，进一步进行价值观的凝练与提炼，探索培育与践行社会主义核心价值观的新途径与新方式，提高社会主义核心价值体系建设的水平。

四、始终把人民放在心中最高位置，大力加强社会责任感教育

党的十八大报告有一百多次提到"人民"，在阐述新的历史条件下夺取中国特色社会主义新胜利基本要求时，把"必须坚持人民主体地位"放在首位；在论述坚持走中国特色社会主义政治发展道路和推进政治体制改革时，提出"以保证人民当家作主为根本，以增强党和国家活力、调动人民积极性为目标"①；在讲述党的建设时，要求党员"任何时候都要把人民利益放在第一位，始终与人民心连心、同呼吸、共命运，始终依靠人民推动历

---

① 《习近平谈治国理政》第 1 卷，外文出版社 2014 年版，第 139 页。

史前进"①。报告在结束时强调："必须增强宗旨意识，相信群众，依靠群众，始终把人民放在心中最高位置。"② 党的十八大报告多处提出要加强责任感教育，在论述党的建设时，要求"全党要增强紧迫感和责任感，牢牢把握加强党的执政能力建设、先进性和纯洁性建设这条主线，坚持解放思想、改革创新，坚持党要管党、从严治党"③；在讲教师队伍建设时指出，"加强教师队伍建设，提高师德水平和业务能力，增强教师教书育人的荣誉感和责任感"④；对学校教育提出的重要要求是"着力提高教育质量，培养学生社会责任感、创新精神、实践能力"⑤。

强调人民的地位、作用和需要，与强调责任感具有内在联系。责任感是指对自己义务的知觉以及自觉履行义务的一种态度，主要包括对人民、社会和国家负责的意识。责任感从本质上讲，就是不要只利己，而是要利他人、利人民、利国家，当自己的利益同人民、国家的利益发生矛盾时，要以人民、国家的利益为重。因而，社会责任感教育就是服务人民、服务国家的教育。所谓服务人民，就是和广大人民群众保持密切联系，全心全意为人民服务，一刻也不脱离群众；所谓服务国家，就是具有鲜明的国家意识，对国家有高度认知和情感，愿为国家强大做出贡献。关于服务国家、服务人民的社会责任感教育，胡锦涛在庆祝清华大学建校 100 周年大会上发表重要讲话时就已提出，高校要"着力增强学生服务国家服务人民的社会责任感、勇于探索的创新精神、善于解决问题的实践能力"⑥。

党的十八大报告之所以强调人民的地位、作用和党员的责任感，根本原因是"中国特色社会主义是亿万人民自己的事业"⑦，"只有植根人民、造福

① 中共中央文献研究室：《中国共产党第十八次全国代表大会文件汇编》，中央文献出版社 2012 年版，第 47 页。

② 中共中央文献研究室：《十八大以来重要文献选编》（上），中央文献出版社 2014 年版，第 44 页。

③ 中共中央文献研究室：《十八大以来重要文献选编》（上），中央文献出版社 2014 年版，第 39 页。

④ 中共中央文献研究室：《十八大以来重要文献选编》（上），中央文献出版社 2014 年版，第 28 页。

⑤ 中共中央文献研究室：《十八大以来重要文献选编》（上），中央文献出版社 2014 年版，第 27 页。

⑥ 胡锦涛：《在庆祝清华大学建校 100 周年大会上的讲话》，人民出版社 2011 年版，第 7 页。

⑦ 《习近平谈治国理政》第 1 卷，外文出版社 2014 年版，第 13 页。

人民，党才能始终立于不败之地"①；主要目的是"中国特色社会主义事业需要全体中华儿女万众一心、团结奋斗。团结就是大局，团结就是力量"②。只有增强服务国家、服务人民的社会责任感，社会才能和谐，力量才能凝聚，全面建成小康社会的目标才能实现，中华民族才能振兴；只有增强服务国家、服务人民的社会责任感，才能有效抑制腐败，克服自私，超越功利价值追求。应当看到，在官场、市场、文化教育场所，之所以存在钱权交易、缺德交易、钱文交易，就是从事这些交易的人缺乏甚至没有社会责任感，他们心中只有自己，没有别人，更没有人民和国家。要消除社会的这些丑恶现象，也需要党员和广大群众始终把人民放在心中最高位置，大力加强社会责任感教育。

五、推进公民道德建设工程和开展依法治国教育

党的十八大报告针对"一些领域存在道德失范、诚信缺失现象"，把全面提高公民道德素质作为社会主义道德建设的基本任务，并提出了"推进公民道德建设工程"，要"弘扬真善美、贬斥假恶丑，引导人们自觉履行法定义务、社会责任、家庭责任，营造劳动光荣、创造伟大的社会氛围，培育知荣辱、讲正气、作奉献、促和谐的良好风尚"③。强调要"深入开展道德领域突出问题专项教育和治理，加强政务诚信、商务诚信、社会诚信和司法公信建设"④。

思想政治教育工作者，首先要正视、梳理我国一些领域存在的道德失范、诚信缺失现象，深刻分析这些现象对社会、个人的危害和产生的根源，研究克服这些不良现象的教育对策，促进社会良好风尚的上扬。说到底，道德失范、诚信缺失的表现，实际上是一些人受自私自利价值观的支配，片面追求个人利益，不顾他人利益与社会影响所致。要解决道德失范、诚信缺失

---

① 中共中央文献研究室：《十八大以来重要文献选编》（上），中央文献出版社2014年版，第38页。

② 中共中央文献研究室：《十八大以来重要文献选编》（上），中央文献出版社2014年版，第44页。

③ 中共中央文献研究室：《十八大以来重要文献选编》（上），中央文献出版社2014年版，第25页。

④ 中共中央文献研究室：《十八大以来重要文献选编》（上），中央文献出版社2014年版，第25页。

的问题，既要进行道德教育，也要开展价值观教育。其次，思想政治教育工作者要明确公民道德建设工程的重点领域和要解决的突出问题，就是要对权力机关、商业部门、社会领域、司法系统开展专项教育和治理，重点解决诚信、公信问题，让广大人民对权力运用、商品交流、教育质量、医疗卫生、执法公正放心，促进社会和谐发展。最后，党的十八大报告在提出加强中国特色社会主义法律体系的同时，还提出了"法治体系"建设问题，包含民主、人权、人民有序参与立法、依法行政等价值评价在内的制度运行，加快实现国家生活和社会生活的法治化，从而充分保障公民权利、提升公共决策绩效、建设和谐社会、维护国家长治久安。为此，党的十八大报告提出了"法治思维""法治方式"的概念与要求。法治思维与"人治思维"相对立，法治方式与人治方式相对立。要建设法治国家、形成"法治体系"，必须运用法治思维和法治方式，必须实现由传统的人治思维和人治方式向现代法治思维和法治方式转变。这就需要思想政治教育者研究法治思维和法治方式的形成、内涵、要求、特点与作用，研究人治思维和人治方式的形成根源、主要特点、现实表现与历史局限，帮助人们形成、运用法治思维和法治方式，为推进法治进程、建设法治国家做出贡献。